曾文正公手寫日記

（四）

同治三年七月初一日

早飯後在蕭孚泗營出至孝陵衛望寶城一看旋坐轎
山之腰闖賊匪所築之天保城下至王遠和祠後在營一坐下至龍
脖子觀十六日轟破地道之處所挖地洞距城極近不過十餘
丈耳沅弟於龍脖子山上隨山高下架砲數層每砲百餘另連
攻十餘日晝夜不斷城上之賊不能立足故城外挖地道者極
近而賊莫如何也此次地道破城一在砲大極多猛攻極久矣
城賊立腳不住二在附城極近挖洞極速僅五日而集功出於賊
所不意三在沅弟精識所撥五萬人併力用命以是由人力可奪造
化之權比尋常不得盡諉諸氣數也旋由太平門入城至偽天王府
一看規模僭仿宮殿之制而焚燒無一存者旋出大南門回
沅弟處約共行五十里申刻歸後小睡與魯秋杭圍棋一局閱
本日文件核批札稿剃頭一次傍夕與趙惠甫等暢談夜與
沅弟論行藏機宜三更睡不甚成寐

初二日

早飯後清理文件，旋見客三次，圍棋一局，寫左季高信一件，小睡片刻。巳刻聞李祥雲臣典病故，沅弟傷感之至，蓋祥雲英勇異常，克復金陵論功第一。此李少山作士亦於初一日病故，沅弟亦深悼之。旋寫李少泉信一封。中飯後寫對聯一付，閱本日文件頗多，圍棋一局，旋作摺稿，言李秀成、洪秀全事。傍夕與幕中友談，夜作此摺稿，甫二百餘字。趙惠甫來久談，又觀沅弟與人對奕。二更四點睡，不甚成寐。

初三日

黎明即出門，行十五里至江東橋陳舫仙處早飯，飯後坐舢板出北河口，由夾江出大江，過中關、下關，午刻至劉南雲處，小睡時許。中飯後與南雲一談，旋作摺稿，約千字，至酉初未畢。後出至幕府山張詩日營內，又至白土山朱南桂營內。夜飯後清理昨日文件，旋核批札信稿。二更二點睡。本日稍覺辛勞。

睡不甚成寐

初四日

早起。至朱南桂處早飯，飯後至清涼山，眺覽大江，由金陵城北繞至城東，濱江大山為燕子磯，山後第一重為幕府山，第二重為白土山，第三重為湯山，第四重為鍾山，即省城正北之主山也，凡高阜皆為賊兵駐札。旋至神策門，觀朱南桂所挖地洞五處，已轟開其二處，外月城全轟倒矣。又遙望金川門外對連捷所挖二洞、張詩日、李臣典各挖二洞，未能細閱也。進城行二十里，至易晴谷公館一坐，又至偽英王府、侍王府一閱。午初回至沅弟營，決清理文件，倦甚，小睡。中飯後寫澄弟信一件、紀澤兒信一件。觀沅弟與人圍棋多局，倦甚，小睡。在棋沅弟藏書小房之內，置一生薦，攤在內辦理公事，而倦極多歇。二更後作摺稿數百字，至三更未畢。睡不成寐，五更稍醒。

初五日

早飯後清理文件，旋將摺稿作畢，見客三次，已正小睡約一時許。中飯後將本日及前數日文件一閱，与魯秋杭圍棋一局，旋再閱文件。酉刻小睡，戌閱李秀成所寫供詞，燈後親訊李秀成之供，旋核校批札各稿，二更三點睡，覺用心太過，上床後疲乏殊甚，不甚成寐。

初六日

早飯後清理文件，旋圍棋一局。是日小睡二次。申刻閱本日文件。餘皆閱李秀成之供，約四萬餘字，一一校對。本日僅校二万餘字，前八葉已於昨日校過，後十葉尚未校也。酉刻將李秀成正法。旋再改摺稿，二更四點睡，不甚成寐。

初七日

早飯後清理文件，旋圍棋一局，校對李秀成供詞約八九千字，旋小睡片刻。午刻与沅弟遂談。中飯後再圍棋二局，再改摺稿一葉，將李秀成之供分作八九人繕寫。

共寫一百三十葉每葉二百一十六字裝成一本點句畫段
并用紅紙簽分段落書匡車機處備查酉刻發摺傍夕与
趙惠甫等鬯談旋寫紀澤兒信一件旋核批札各稿廿
三日所發摺件均未奉到批諭殊殷盼盼

附記

○寫信与馬何令邢告病

○寫信与黃寄紀鴻信

○令紀澤查一書照考

初八日

早飯後清理文件旋圍棋二局寫紀澤信一件錢子密
信一件添馬方伯信一葉馮魯川信二葉小睡片刻未移
時飯後接富明阿咨出余蒙　恩賞一等侯沅弟蒙
恩賞一等伯係廿九日　諭旨不知余處何以均未接到
道喜之客甚多接見之下殊形憊乏閱本日文件核

科房批稿簿又寫紀澤信溫古文詞鈔類二更三點
睡不甚成寐
初九日
早飯後清理文件旋與魯秋杭圍棋二局又觀雲與沅弟數
局見客多次午初寫黃南坡信一件紀鴻兒信一件馬
穀山何小宋信一件小睡片刻中飯後寫紀澤兒信一件閱
本日文件天氣酷熱坐於竹床久睡不能治事至酉正治事
核批札信稿甚多傍夕與眉生久談在再核批札各稿至
二更三點畢早睡不甚成寐
初十日
早飯後清理文件接奉寄諭係余廿三日所奏克復金陵
一摺之恩旨也余蒙恩賞一等侯太子太保雙眼花翎沅
弟蒙恩賞一等伯太子少保雙眼花翎沅弟所部李臣典
賞子爵蕭孚泗賞男爵其餘得世職者十六人得黃馬褂十二人得

雙眼花翎二人非常之 恩感激涕零 於摘由錄於 諭旨
日記中 寫紀澤兒信一件 進城至偽侍王府 沅弟請諸將
戲酒酬勞 余与於会看戲至午正開筵 未刻至偽英王府
一看 酉刻回營與沅弟及眉生談 傍夕小睡 核批札
各稿 營務二件 未核畢

十一日

早飯後清理文件 見客二次 寫錢子密信一件 將李秀
成親供及兩道 恩旨寄皖刊刻 圍棋一局 巳刻進城
請客聽戲 午初倦甚 至偽戴王府小睡 片刻 中飯後至
偽英王府小歇 酷熱異常 不能治事 將未搬 即以偽英
王府為總督衙門 因將應行修改之處料理一番 酉正
至善後局一看 圍棋 閱本日文件 核批札稿 即在偽英王府住
宿以房畢 須拆卸也

十二日

是日恭逢　慈安皇太后萬壽　偕傳侍王府後帷帳
率多文武行禮即在該處早飯之後余仍至傳第
府小睡指示委員將房屋應行修改之處一一點簽午
初再至傳侍府聽戲陪蔭萬慶軒忠鶴皋萬壽自
泰州來與之久談申初散回沅甫營後酷熱如火不眠
治可至刻將本日文件一閱校寫馬穀山信一封與
魯卿杭園棋一局二更三點睡不甚成寐歎沅甫
近日三日演戲請客料理極為周密又安兄其小便甚
長出血是壽徵

十三日

早飯後請理文件萬慶軒萬壽來久坐雅又兄客二次園棋
一局小睡半時許校稿二件午初進城劣統領請余與沅
甫吃中飯申初散回至沅甫營後到日如火亢熱異常坐
竹床小睡良久閱本日文件其自安慶送來之文

件於巳刻閱過寄信與澤兒付去矣傍夕與趙惠甫等談

誤文書堆積因疲軌不克清理於左庭院久睡二更四點睡

床鐘頭成寐而神氣甚為昏昭

附記　日內應辦之事

作謝　恩摺　派王達責賚京

送偽玉璽金印呈覽　作一木匣外用牛皮包裹

作李臣典請䘏摺

作聲明李秀成先叙供　並叙偽印另賚

作近日回皖片　並叙偽印另賚軍情

撤蕭慶衍全軍　每營給欠餉二万　餘由鄂省清理

會其速行另案

咨梁美林三營回鄂　每營給欠餉二万

撤韋志浚五營　每營發餉二万　江七鄂三

湘恒二營咨明以後不由鄂發餉

吉字中營留卅營万人守金陵
外留万五千人作游擊之師 中秋後進剿廣德
撤達字二營
親至貢院一看
出房屋分條告示

十四日

早飯後清理文件 見客三次 圍棋一局 旋寫李少荃信一件
澄侯弟信一件 紀澤兒信一件 午刻小睡 是日沅弟請
客二席 余未出陪客 中飯後閱本日文件 核批札
信稿至酉刻 疲甚久睡 傍夕與趙惠甫等一談 核擬作
謝恩摺件 因數多不畢 二更後與沅弟言家常事
甚多 三更睡 不甚成寐

十五日

賀朔望之儀客甚多 余憚煩絕不見 沅弟一一接見 圍

棋二局　改余西　恩稆午刻至竹床小睡　中飯後疲倦改沅
甫函　恩稆四六約五百字　酉刻　閱李見文件　核批札信稿
核袁靖信　告其財錢庵在氏去世　寫紀澤信一件　核稿清
文件　畏熱不能完畢　至惠甫處乘涼極久

十六日

早飯後清理文件　旋圍棋一局　見客二次　惠堂皋談頗
久　天氣亢熱　看沅弟圍棋數局　午刻核改房屋告示
稿　中飯後又圍棋一局　再核改告示畢　約六百字　天氣
鬱熱　轉此風與游友在外望雨良久　於雨未成　至三更始
大雨　傷夕核批札信稿　夜又核批札稿未畢　二更二點睡
至四更風雨大作　便有秋意

十七日

早飯後清理文件　旋圍棋一局　改信稿批稿數件　見客
二次　武祖德談頗久　辰刻大風雨　巳刻少息　進城看貢院

規模極為狹小，號舍十排，每排九號，板全無，明遠樓大致粗存，至公堂、衡鑑堂尚好，監臨、主考、十八房住處、內提調、內監試、內收掌、謄錄、兩對讀所皆無存者，而餘地甚少，因念將後牆外圍入民地若干，以為十八房、內收掌住處，工程計須四五萬金，英少臨以為十月內必可蓋成，余亦不敢必也。旋至英王府一看，出城約共行四十里，到營已申刻矣。中飯後閱本日文件，寫挽幛二分。將李臣典之戰功寫一清單，即就沅弟之信刪改一過。傍夕與沅弟圍棋，極再圍棋一局，又觀沅弟一局。天氣驟涼，已有秋意。三更睡，不甚成寐。

十五日

早飯後清理文件，旋作蒲宰泗丁憂摺，見客三次，作李臣典請卹摺，未畢。午初富將軍來，與之圍棋，留吃中飯，至申初始去。作請卹摺畢，又作覆奏李秀成未解京

談一次。傍夕與沅弟送談摺，將行稿作畢，二更三點睡。亥刻剃頭一次。

十九日

早飯後見客甚多，旋清理文件，核批札稿千餘件。辰正進南門，出旱西門，至船上拜富將軍，談半時許，即坐舢板由旱西門至儀鳳門出，中關由大江上棉花隄，申初至黃昌岐船上，酉初中飯畢，又行二里許，至余船上見客數次，與沅弟送談。旋作近日軍情片一件，約六百字，三更睡。

廿日

早飯後與沅弟送談，旋作密片一件，約三百字。沅弟旋即別去。各客等送者甚多，巳刻開船，至大勝關灣泊，黃昌岐在余船上飯，行十里，說話甚多，已倦矣。午初登岸，至李子甫山之匪拜者數家，回船中飯後，發報，未正開船，行七十里，在宿烈山之上約十餘里之船上，閱五代史朱宣等傳，小睡頗久

核批札稿 寫紀澤信一件 旋与李眉生等鬯談頗多 不可
治事

廿一日
早開船 風不甚順 竟日僅行二十里 在宿松石上五里許 与
幕友之船相失 余上半日閱氏班琮等傳 小睡數次 午初改江
西周石一案摺稿 改至傍夕止 僅改五分之一 旋數多異常 不能
治事 燈後即睡 旋長睡 久至五旋 不復能成寐矣

附記
○復錢國藩程信
○復馬何陳信
○科房各件清理

廿二日
早飯後寫沅弟信數行 旋開船 北風細雨 上水甚順 行至午刻
巳至四合山 午後風漸不甚順 扯縴行二十餘里 申初至

莘洲在船寫與馬方伯等三人信一件 錢子密等信一件 紀澤兒信一件 核批札各稿 科房稿積壓甚多 全數清釐 至午刻畢 小睡片刻 中飯後見客數次 皆莘洲求陸來接者 與化南吳竹莊坐極久 將江西訟案摺稿又作片詳申 初登岸 拜吳竹莊 坐談甚久 傍夕筵宴 初更後回舟 不能治事 閱古文傳誌類上 二更三點睡 是日舟行百一十里

廿三日

早飯後清理文件 無風不能開船 核批札信稿 核閱包來公事 巳刻順風開船 行十里 旋遇逆風 拉縴行十餘里 至魯港之斜對岸 未正泊宿 是日共行二十五里 午刻清理周石一案 未申間作摺稿一段 約一千餘字 旋又將本日包來公事未畢 燥熱殊甚 傍夕坐一小船 泛江中乘涼 極坐小船上小睡 二更回大船 溫古文傳誌類上

廿四日

早飯後風逆不能開船圍棋一局旋寫紀澤信一片澄弟信
一件改江西紳士摺稿約八百字中飯後再與魯秋杭圍棋
一局無轉順風開船行五十五里至舊縣住宿途行次再改摺
一段約千四百字則原底存者十之七八矣寫紀鴻兒信一
件郭意城信一件傍夕與諸客一敘校閱本日文件接
奉 廷寄二件 諭旨一件 內抄御史摺片三件 溫古文傳
誌類上

附記

復龔洪福瑱及撫勇事片 近日軍情片 並言上海裏下河勸捐

廿五日

早飯後開船即遇順風是日共行百里至銅陵夾王上口住宿辰刻
圍棋一局旋改摺稿約千五百字至午正畢 通共江西石昌獄復
奏摺約七千字凡五日乃改完中飯後至船小睡旋寫雪琴信
一封紀澤兒信至正灣泊與肖三眉生等坐談核奉兩次

途寄三件 諭旨一件 查閱本日所書文件 與勤少仲
等議江西訟案摺稿 三更三點睡

附記

○停止廣東釐金摺

○上海勸捐 札潘錢惲劉 丁

廿六日

早飯後開船拉縴二十里至大通 見客三次 圍棋一局 風不順 灣
泊一時許 午刻再開船 行六十里至池州東門寶塔下灣泊 已上
燈矣 是日在船閱五代史劉知俊等傳 張全義等傳 下
半日核批札各稿 核改信稿 寄紀澤兒信一件 倦甚
溫古文序跋類 又將江西訟案摺斟酌數處

廿七日

早飯後清理文件 旋與魯秋杭圍棋二局 小睡片刻 改信
稿二件 旋改片稿 良久至日晏始改畢 是日船以風不順

上半日行二十里黑小河寺扯縴也午刻大雨如注滿船皆漏
黃莊呈處申刻後行十里在宿烏紗夾船際淺數百
人邪許挽拽約二時許始得活動夜与省三諸生大談
搬至小船上住宿因大船窄而且漏也三更睡不甚成寐

廿八日

昨夜搬上小船黎明即開風不甚順全賴邊槳扯縴行甚
快至未正已行百一十里至安慶先在船上改摺稿一件修稿
一件又作片稿一件小睡酉後沅甫初紀澤來舟迎接到
城後賀喜之客甚多迄未少休傍夕小睡片刻夜与
兒女內室小敘旋閱公事數件二更二點睡不甚成
寐

廿九日

早飯後清理文件旋見客坐見者十餘次立見者三
次至繆豐處一坐子密處一坐至部世兄家弔喪久

坐與藩中商本日奏摺應斟酌之數多午刻小睡中飯後寫沅弟信閱本日文件見客坐見者一次立見者三次至正小睡倦甚傍夕至藩府一談旋李申夫來談核批札各稿未畢倦甚二更三點睡積壓之事殊多

廿日

早飯後清理文件見客二次又坐見者一次旋出門拜客拜會者五家親拜者四家午初歸核房科批稿甚多中飯後圍棋一局閱本日文件核批札稿甚多至傍夕未畢見客二次小睡片刻旋再核批稿至二更三點未畢眼蒙不復能治事睡夢殊感蘇

附記

○札司道全江西人證冊籍

○沅信言參事

八月初一日

文武賀朔者止而不見旋圍棋二局見客坐見者三次立
見者二次申甫與陳寬臣坐皆極久午刻核科房批
稿小睡片刻中飯後劉開生等來甚久談閱本日
文件酉刻核批札稿習字一紙傍夕至幕府一敘
夜再核批札稿至二更四點尚未完畢五點睡夢熟
成寐

初二日

早飯後清理文件旋見客坐見者四次立見者二次勒少
仲壽坐甚久圍棋一局巳刻出外拜馬學琪旋至忠義局一
坐午初歸見客立見者二次坐見者二次申夫來談甚
久寫沅弟信一件中飯後見客二次閱本日文件酉刻
核批札各稿旋又核批稿信稿二更三點洗澡一次

初三日

早飯後坐見之客四次清理文件圍棋一局巳刻又坐見之

圍棋二次。午刻小睡片刻。核科房批稿。中飯後書
雨亭來坐談良久。閱本日文件。又立見之客二次。核
批札各稿。接李批摺，即七月廿日所發者。廷寄一道、
諭旨一道。是日天氣極熱，傍夕在外院乘涼。極疲乏之至
甚。夜因燥熱不能多治事，温孟子二十餘章。

初四日

早飯後清理文件。旋見客，立見者二次，坐見者五次。圍棋
一局。午刻核科房批稿。作挽聯一付，挽柯小篁云：目君
為承明著作之才，九列交推能稿；我與親以淚，無然哀而死
若緣前定不由人。中飯後寫澄弟信一封。寫挽聯數
帳。一覽閱本日文件。天氣奇熱，至內室乘涼甚久。核
批札各稿。剃頭一次。傍夕至幕府一敘。核閱李光弼郭
子儀傳。二更後温書經三篇。

附記

○覆奏次查子摺 錢稿 未用
○江李劉何畢密片
再加川鹺一片 杜稿
上海稟下河勸捐一片
○複奏各條一摺 ○貢院 ○滿營 ○江西督撫 ○英山萬人 ○變通輿地

初五日

早飯後見客二次衙門期也旋又見客立見者一次坐見者二次圍棋一局寫沅弟信一封午刻核科房批稿徐嚴甫來久坐小睡片刻中飯後習字一紙閱五代史趙在禮等傳閱本日文件酉刻核批札稿傍夕摺弁自京歸閱京信京報數件 二更後溫孟子書經 三點入內三更睡

初六日

早飯後清理文件圍棋一局旋見客立見者一次坐見者四次午刻核科房批稿寫沅弟信一件 閱五代史華

溫琪等傳 中飯後習字一頁 閱本日文件 王子槐請題其
祖母節孝傳 因將其冊頁細閱一遍 將華溫琪傳閱至傍
夕始畢 天氣漸短 眼鈍而加之以蒙家 良久尚不能看書一卷 念
吾未看之書尚多 而老境頹唐 俗務紛繁 自此恐不復有
寸進矣 為之於邑 至簽押房一談 核批札信稿 二更四點
睡 五更一點醒

初七日

早飯後清理文件 圍棋一局 旋見客坐見者二次 立見者
五次 寫沅弟信一件 巳刻閱宋文進等傳 午刻核科房
批稿 中飯後閱宋代史翟先鄴等傳 閱本日文件 閱歐
公七古詩 核批札各稿 傍夕至縵雲處一談 燈後核批信各
稿 溫韓公七古

初八日

早飯後清理文件 圍棋一局 旋見客坐見者六次 立見者三次

午巳刻閱五代史王峻等傳，午刻核批札稿，習字一紙，中
飯後閱五代史朱守殷等傳，閱本日文件，眼蒙，至內室
少息，旋核批札各稿，傍夕至幕府一敘，燈後核各信稿，二
更後溫韓詩七古十餘首

初九日

早飯後清理文件，見客，圍棋一局，出門拜王子槐，久談
已正歸，寫字一紙，午刻核批札稿，擬作題莫子偲仿唐寫
本說文木部箋異詩，將其原書一閱，中飯後作詩，旋陳完
臣、莫子偲先後來坐談，閱本日文件，毛竹丹來坐，頗久，寫
沅弟信一封，傍夕詩成一半，二更三點作畢，七古一首，約
二百四十字，旋睡，不甚成寐，昔年每作一詩，輒不能睡，近
後遂閣筆不復為詩，今試一為之，又不成寐，豈果體羸
不耐苦吟耶，抑機軸太生，成之艱耶

初十日

早飯後清理文件 旋寫聯詩送莫子偲 見客 坐見者二次 圍棋一局 旋立見之客三次 巳刻習字一紙 午初核科房批稿 中飯後閱五代史杜重威等傳 閱本日文件 甚多 酉刻核批札稿未畢 傍夕至幕府一敘 是日方元徵新入幕府 將寫信稿核 再核公牘 倦極 二更後溫韓文數首

十一日

早飯後清理文件 坐見客兩司 坐甚久 旋坐見者一次 立見者九次 圍棋一局 習字一紙 午刻核科房批稿 閱惲子居書小簡 又閱張王七古 中飯後再閱張王高岑七古 本日應酬集習甚多 憚於構思起草 遍閱各詩以自娛 程伯旉 李眉生 李芋仙先後來見 坐談各二刻許 閱本日文件 改稿 改稿至二更四點畢 稿約二千餘字 改者七百餘字

十二日

早飯後清理文件 旋與魯秋杭圍棋一局 又觀魯與才

元徵一局，閱趙吉士所選五朝七律詩。王子懷、彭
雪琴來，久談，至午正方散。中飯後因說話太多，疲
乏殊甚，不能治事。再閱趙吉士所選七律。旋閱本日文件。
酉刻畫後寫李次青信，改作至二更四點未畢，已四百餘
字矣。余因用心太過，不能多說話，多說則氣接不上，舌
捏不起，本日尤甚，甚矣余之衰也。

附記

○淮北鹽務摺
○函雪琴件
○地圖摺
鈔寫兩摺寄金陵

十三日

早飯後見客，次圍棋兩局，兩衙門期也。清理文件。圍棋一局。
馬兩農來久坐。再作家信至午初畢。核科房批稿中

飯後雪琴來久坐一冊錄寫去，至幕府商本日摺件於
閱本日文件極多，中刻核對摺片，發報二摺四片二清單。
倦極不耐。燈後治可與紀澤兒論詩經。核批札信稿。二更
後溫李杜七古詩。

十四日

早飯後清理文件。圍棋一局。出門至城外雪琴處坐談良
久。歸來見客二次。李雨亭談最久。午刻核批札各稿。小睡
片刻。中飯後寫澄弟信一件，寫沅弟信一件。與方元徵圍
棋二局。見客一次。閱本日文件甚多。溫杜韓七古。倦甚。小
睡。核批札信稿甚多。二更四點睡，久不成寐。

十五日

早飯後清理文件。本日賀節之客極多，一概謝絕不見。
雪琴來久談一時許。圍棋一局。午刻雪琴去。核科房批
稿。改進呈安徽輿圖摺。中飯後改鹽務摺，改各偏恩摺四

件閱本日文件甚多倦甚小睡片刻接又改謝 恩摺三
件其雲琛謝摺則全係余所改二更四點睡本日改奏
摺疲乏已極幸頌孫集蘇而公事多停閣未了者

十六日

早飯後清理文件圍棋一局見客立見者四次核改信
稿十餘件午刻核科房批稿中飯後至幕府談
旋閱方彥聞之駢體文注詩方名履籛常州人幕中方
元徵之父也閱本日文件寫郭意城信一封核批札
各稿倦甚小睡接再核批札稿至二更未畢溫詩經
數篇三點睡本日治事甚多而疲乏亦如昨日蓋衰邁
徵也

附記

條新依瑩衣

十七日

早飯後清理文件圍棋一局旋見客二次習字一紙閱五代史王景崇等傳午刻核科房批稿頗多閱馮道等傳畢若子偲來久坐請霽樑來便飯陪客者為雨生季雨子蓁未正散閱本日文件甚多核批札各稿傍夕小睡夜溫詩經十餘葉核改信稿甚多

附記

○江東鉅 王言垂

○張文虎 周言振

十八日

早飯後見客二次勒少仲及兩司坐均頗久清理文件旋下棋未半局而王子懷來久談另圍一局習字一紙寫澄沅弟信一書季壬琳等來久談閱五代史鄭珏等傳劉昫等傳中飯後閱和凝等傳至呂琦止閱本日文件甚多酉刻添李篆

泉信二葉，傍夕至幕府一談，在樓核批札信稿，二更後溫古文辭類，四點睡。

十九日

早飯後清理文件，圍棋一局，又觀人對奕一局，楊緝亭等來一坐，方存之來久坐，鍾谷奏來久坐，閱五代史薛融等傳。午刻李超高來一坐，核科房批稿，寫沅弟信一封。中飯後小睡片刻，閱李崧等傳，五代史列傳閱畢，閱本日文件甚多，寫郭雲仙信一封，傍夕小睡，在樓核改批札信稿，二更二點後溫古文論著類，三更點睡，四更末醒。

廿日

早飯後見客二次，衙門期也，旋圍棋一局，又觀他人一局，又立見之客二次，習字一紙，閱五代史司天考、職方考，核科房批稿。中飯後陳虎臣來，叔其子得拔貢，久談，閱世家楊行密、楊渥，見客二次，閱本日文件，核批札各稿，寫沅弟信一封。

傍夕小睡。夜核批札信稿甚多，至二更四點未畢。是日
巳午之間寫對聯十付。

廿日

早飯後清理文件。旋圍棋一局。見客，坐見者三次。巳刻趙
惠甫來久坐。習字一紙。寫對聯九付。旋又見客，坐見者
一次，立見者二次。閱南唐世家（楊吳世家畢），至未正畢。見客一次。閱本日文
件。核改信稿、批札稿甚多，至夜二更四點未改畢，而疲
乏甚。夕接沅弟專人送函並一信，精病目不堪，焦慮
之至。睡多成寐，四更未醒，近月餘皆然也。

廿二日

早飯後清理文件。見客，坐見者四次。圍棋一局。習字一紙。
寫對聯六付。午刻核房科批稿。中飯後易晴蒼來問
及沅弟之病，觀勢頗重，又於左脅下乳上生一毒，深為焦慮，不
能治事。閱五代史蜀世家。閱本日文件。寫沅弟信一件。

傍夕至葆甫府一談在紹庭暨等不能籌公事閱錢子
密為吳從馨石先生年譜頗為詳明得體

附記

○廿五(七)日發摺　○謹寫(周)李陳等閱

○初三日發摺　○十四摺　○一表　○一正摺

○作壽詩

○廿四日發家信　○發少泉信　拜○壽辰(○玉○孫)

○馮信　是示　王冊頁

廿三日

早飯後清理文件見客一次五局上衙門期四圍棋一局習字一紙
閱孟紹祥世家已正寫掛屏一付午正核科房批稿中飯後
因念沅弟之病深為廑系不能治事因與程穎芝圍棋二局
本日文件核批札各稿傍夕小睡在与眉生久談政事
甚多三點睡

廿四日

早飯後清理文件，出門至敷文書院月課，題「魯欲使樂正子爲政」一章。旋至孫葉田處弔喪。歸家，與魯秋杭圍棋一局。王子懷來久坐，徐毅甫來久坐。又至兒子處二次。午刻核批札稿甚多。傷風畏寒，亦有不豫。中飯後寫沅弟信一葉。又與育元徵圍棋一局。閱五代史南漢世家。閱本日文件。因有疾，至內室小睡。寫澄弟信一封。賀勝臣自金陵歸，知沅弟之病已愈。思作小詩數首爲沅弟祝壽，沈吟久之而不可得。是夕僅作一首，傳聞之下甚多。二更三點睡。

廿五日

早飯後清理文件，圍棋一局，又觀人一局。旋作詩七絕四首。李眉生來一談。午刻核科房批稿。至馬方伯處赴席，申初散，歸。閱本日文件。傷風未愈，手腕又疼，以膏藥敷之。夜又作詩二首。久不作詩，機軸太生，艱窘殊甚。申

刻見客一次是日公事應閱未辦

廿六日

早飯後清理文件與方元徵圍棋一局又觀才與魯一局旋見客
坐見者四次立見者二次核改嶽州截勦竄賊一摺未畢劉開生來
午刻核科房批稿又改摺稿畢中飯請萬筱卿李芋仙等
便飯本日在此閱卷也未正三刻散飯後改彭玉麐不能去疏
安慶一片閱本日文件極多酉刻摺差自京歸來閱京報十
餘本核批札稿莫子偲來久坐核改沅弟告病開缺回籍摺
一件近日軍情片一件二更四點睡

廿七日

早飯後清理文件與程穎芝圍棋二局又觀程與人一局陳虎
臣趙惠甫先後來一坐朱久香學政來一坐張郭自池州按臨歸來
也習字一紙午刻核批札各稿中飯後出門拜朱久香久談至
河干弔李臣典之靈柩歐陽小岑來久坐申初歸閱本

日文件 接奉批旨 即十三日所發之摺也 俱各發抄 四摺三片 至幕府一談 旋寫沅弟信一封 閱馮魯川詩 倦甚 不能治事 公牘積閣甚多

廿八日

早飯後清理文件 與魯秋杭圍棋一局 又觀魯與方一局 兩司來見一敘 王魯園等來一敘 又見客立見者三次 坐見者一次 午刻核批札各稿 中飯後楊玉輝 蔣孫羽來久坐 穆海航來久坐 說話太多 若不自將其盈 閱本日文件 又作沅弟壽詩三絕句 至二更三點畢 久不作詩 頗窘 若此殊自嘆耳

廿九日

早飯後清理文件 圍棋一局 馬穀山來一坐 帶齋長四人 肄業生多人 呈送行詩冊 約百餘人 皆歌詠功德 讀之滋愧 程尚齋來久坐 旋又見客 立見者四次 坐見者三次 王子懷坐甚久 核改信稿 批札稿 清理近日積閣之件 中飯後清理各件

見客，坐見者二次，立見者二次。閱本日文件，核批札各稿。傍夕
至幕府一談，在曹禹來一談，二更後再核信稿。

附記

金眉生捐款內另織人若干　一千懷託查

張仙舫捐款內不應分外府

○改折色一案

○裁陋規一案

廿日

早飯後清理文件，見客一次，出門答拜川西司及朱馬西學使
首府首縣及王子懷侍郎七處，拜會午正歸。圍棋一局，見客
二次，中飯後見客，立見者三次，坐見者三次，朱久香坐頗久。核批札信
稿，閱本日文件未畢，燈後始閱畢，倦甚。閱陸放翁詩集，二
更四點睡

九月初一日

是日起行赴金陵。早飯後清理文件，圍棋一局，見客二次，檢點各件行李。慈禧皇太后萬壽，賀本巳刻起程，在舟應酬甚久，說話極多。午刻留程尚齋、何丹臣、穆海航三人便飯。一面開船行走，行二十里，司道送後在舟話別，申初客散盡。舟行六十里至李陽河灣泊。閱本日文件，核批札各稿。至船後亭子憑眺，極再作沅弟壽詩二首，寫陳氏妾墓志碑九字。二更四點睡。

初二日

早飯後清理文件，旋方圍棋二局。改詩二首，共改七絕十三首，至是始畢。午刻核科房批稿，在公館積閱者本日始得完畢。是日因逆風未得開船，申刻以後風雖稍漸亦不開行。午中飯後再圍棋一局，閱本日文件，寫手卷一箇，即沅弟之壽詩十三章，跋尾云使兒輩歌以侑觴，蓋欲使後世知沅甫立功之苦與家之不易，常丑敬慎以守之也。酉刻至舡尾眺覽，檢温古文以閒編，并温論著類。二更三點睡。

九月初三日

早飯後逆風縴行九十里，至午正風太大，不復可行，即在王家套往宿。辰初清理文件，核批札稿，已刻圍棋一局，習字一紙，閱五代史楚世家、吳越世家。中飯後再圍棋一局，閱本日文件，勒少仲、錢子密、程伯旉來久坐，閱閩世家未畢。核寫沅弟信一封，温古文敘記類。二更三點睡。

初四日

黎明開船，行百一十里至銅陵下夾灣泊，距荻港當只二十里，未正即泊，蓋舟人畏風過於慎重也。早飯後清理文件，旋閱閩世家畢，閱南平世家、東漢世家。圍棋二局，將乾隆府廳州縣記於府名上，着硃圈以識別之，至未正圈九省。核批札各稿，閱錫雲來一坐，寫李少荃一件，沅甫信一件，傍夕至岸上散步，与幕中諸友暢談，核改紀澤讀書宜放

聲歌誦以引其情韻擬改詩稿數件於溫古文詞跋類二更四點睡

附記

覆莫李吳等

初五日

早飯後清理文件開船行一百三十里未正至蕪湖住宿午刻習字一紙圍棋二局閱五代史契丹傳傳中飯後寫馮景亭信一封見客十餘次皆文武迎接者竹莊談最久午刻往看蕪湖街道由河南上約四里許過浮橋進城南門出西門西河內外新屋甚多商民欣欣向榮巡視還船平平云舊歲二年二月遇此劫一片瓦礫也傍夕回船核寫南坡信一葉沅弟信一葉溫古文序跋類

初六日

早飯後開船行一百廿里至烈山上夾泊宿清清午刻清理文件

圍棋二局，習字一紙，閱五代史四葉，附錄三，是日將五代史閱畢。見客二次。彭杏南來，常於舟次相遇，一談。錄雅刊雜記。中飯後核改江福雅批安徽兩司約束州郡事，約四百字。登樓船尾一眺，與幕中諸友久談。戌刻黃昌岐軍門來，接久談。夜閱安徽兩司漕糧輕征折色一詳，未盡加批，眼蒙故也。溫古文奏議類。二更後又溫蘇詩十餘首。

初七日

早飯後開船，行八十里至金陵棉花地灣泊，午正即到。黃軍門在船上久坐。酉刻清理文件，習字一紙，圍棋二局。沿途見客二次，到金陵後見客十餘次。令紀澤先至沅市公館請安。余因應酬太多，太陽蒸熱，疲倦殊甚，剃頭一次。酉刻核安徽兩司詳漕務一案，至夜間擬批，二更四點睡。未批畢。

初八日

早飯後清理文件，旋批定皖省鹽漕務一案。巳初進城，行二十八里，進南門，至沅弟公館看病，與之久談。中飯後又與之談，見客數次，易周甫來久談。沅弟談久，稍發抒其鬱抑不平之氣，余稍阻止勸解，仍令畢其說，以暢其懷。沅弟所陳，多切中事理之言，遂相與縱談至二更。其陳余之短，言處兄弟骨肉之間，不能養其生機而使之暢遂，深為忠告，曲盡。三更二點睡，余因說話稍多，不能成寐，弟則不成寐者已六七日矣。

附記

○李供後數條咨軍機

○十六日沅疏咨軍機

初九日

早飯後清理文件，旋與沅弟久談，辰正至貢院看屋，歷勘至公堂、衡鑑堂、主考住屋、房官住屋、監臨、提調、監試、供給所等處，赴兩上江縢錄所下江縢錄所對讀所外收掌所西文場各號舍官生家職號舍西文場各號舍并江府姚家巷等處號舍均已細閱工堅料實屬整齊 旋出頭門外勘驗應於東西兩頭各添牌坊一座商定一切午後回沅甫處中飯後至吳同甫處一談坐水西門回船約二千五里 清理各文件極倦 寫小鄉試摺一件 二更三點睡屢次驚醒不能成寐

初十日

黎明接奉 廷寄諭旨沅甫准回籍開缺養病賞人葠六兩飯後進城入署行三十餘里巳初至署賀客甚多內人及兒女輩次第入署沅甫亦力疾來賀應酬至申正始畢酉刻圍棋一局傍夕小睡片刻極倦 改稿一件 溫詩經數篇 袁氏婿於五月來金陵另住公館一所本日亦不入署居住浮蕩可嘆

十一日

早飯後清理文件見客坐見者五次立見者七次圍棋一局改
折稿一件巳正至沅弟處鬯談午正歸請晏同甫來
便飯申初散見客坐見者二次立見者五次閱本日文件
再圍棋一局改折稿一件在溫古文雜記類十餘首

十二日

早飯後清理文件見客坐見者五次立見者十六次圍棋二局
午刻與李眉生鬯談說話太多倦甚核科房批稿中飯
後核畢未正至沅弟處一敘談不甚暢申正歸閱本
日文件擬多倫夕畢核閱批札各稿二更畢溫古
文雜記類十餘首三點睡是日輪應發報之期已於昨
夕發一摺三片

十三日

早飯後清理文件見客坐見者一次立見者十九次皆新
得保舉謝　恩者也圍棋一局雜記縣存各件巳正

閱段說文十四頁 中飯後錄詁訓雅記 閱本日文件 核批札各信稿 見客二次 至姜中丞府樓上一看 與幕僚經理以候眾友 核核批信稿數件 溫古文敘記類十一葉

附記

容縣戴履忠一案

一人　二客　三信　四科

五書　六文　七批　八歌

十四日

早飯後清理文件 見客多次 坐見者二次 立見者一次 寫澄弟信一件 圍棋一局 旋又與薛炳炜二局 見客多次 立見者五次 坐見者二次 午刻核科房批稿 中飯後寫扁字二十餘個 閱本日文件 申正至沅甫處談 燈後核飯始歸 核科 文案 房批稿札稿 二更後溫古文敘記類

附記

微山湖東省客民打劉庄圩一案
○查少泉等撥銷二摺六冊一案

十五日

早間文武賀望者極多不見 飯後清理文件 吳竹泉李芋仙先後來見一談 又立見之客多次 與客圍棋二局 巷子偲來一談 午刻核科房批稿未畢 中飯後核畢 寫扁字三十餘个 閱本日文件甚多 閱段說文六葉 見客坐見者二次 立見者一次 核批札各稿未畢 在間始畢 倦甚 溫杜工部五律三十餘首

附記

松太海漕 蘇撫海擬摺先運海京米 餘分濟金陵 蘇州 至吉後
面請於海京米之外全解敵需否 另撥三成
問少荃蘇撥軍餉否 能出月撥此間

十六日

1889

早飯後清理文件旋見客二次談頗久与薛炳煒圍棋一局閱
段說文數頁旋又見客坐見者一次立見者一次午刻核科房
批稿中飯後補核始畢又閱說文數頁錄雅訓雜記
閱本日文件極多傍夕至幕府一談夜核批札各稿溫
古文敘記類二更四點睡近每於四更二點醒後不復成寐
本日卻成寐矣

十七日

早飯後清理文件旋見客坐見者二次黃少崑等久坐又立見者三
次与薛炳煒圍棋二局旋又見客坐見者二次坐均頗久午刻核科房
批稿閱段說文七頁中飯後又閱四葉寫扁字二十餘個閱
本日文件申正至沅甫處一談燈後歸龐省三來与論沅
甫祭孝陵祭品儀注核批札各稿至二更三點後溫古文敘記
類

附記

○以孫錫器代還丘盧[illegible]

寄孫吳館信

○札朱朱驛宿太劉縣安慶

○札四款舒江外糧台發五軍之餉

○羅雅吉對

○彭之鏇送館

○咨少穆作○少穆專差送京

十六日

早飯後清理文件 旋見客坐見者四次立見者二次与薛炳煒圍棋二局 旋見淮南監掣同知徐瀛坐談頗久 又寫扁字數十個 將連日所寫之扁清理一番 送交黃少崐 午刻核科房批稿 閱說文四葉 中飯後又閱九葉 閱本日文件 見客立見者四次坐見者一次 傍夕至孝甫府一叙 桓龐省三來久談 核批札各稿 二更三點後溫孟子二十餘章 四點睡

十九日

早飯後清理文件，旋立見之客三次，与鮮炳炜圍棋二局，又立見之客二次，坐見者四次，閱段說文四葉，午刻核科房批稿。中飯後孫蕖田來一見，閱說文五葉，閱本日文件極多。蕭開印送一活曆，因寫信与沅弟，寄敎以祭明太祖孝陵，因沅弟奉旨派祭明陵，將以二十日行禮也。傍夕至節府一叙，旋核批札信稿甚多。二更二點後溫詩經，倦甚，不能抗聲朗誦，四點睡。

二十日

早飯未畢，沅弟來小坐，蓋祭畢歸來，已行三十餘里矣。旋見客，坐見者四次，立見者一次，圍棋二局，徐閱仙等來談頗久，清理文件，閱段說文三葉，午刻核科房批稿，見客二次，陶立夫來久坐。中飯後再閱段說文七葉，見客一次，閱本日文件，核批札信稿，倦甚，小睡，酉刻再核批札信稿，二更四

點睡

廿日

早飯後清理文件旋見客坐見者二次與群炳煒圍棋二局
又見客立見者四次坐見者二次核改批稿午正請客陪王
文梅世兄陸世兄朱世兄等未正散閱本日文件旋又改批稿
一件申正至沅弟處久談燈後為弟改謝恩摺二更三
點歸室閱程伯敷家來游勇八人闖入內室可惡之至
派戈什哈二人勇八人前往彈壓因至彼巡邏一夜四更
擎獲二人余因此亟亟不能成寐

廿一日

早飯後清理文件旋見客立見者五次坐見者三次閱說文三
葉圍棋二局午刻核科房批稿中飯後閱本日文件萬
方伯來到任一見久談核批札稿未畢傍夕至藩府一談核
核批札稿二更後作季弟蕪湖擬和彰修祠字聯一首四

點睡五更醒

廿三日

早飯後清理文件旋見客二見者五次談頗久移時看程希轅

与薛炳煒象圍棋二局午一刻赴李少帥祠中聯偏溫歐陽

小岑來一談午正至沅甫處中飯申正歸閱本日文件

傍夕至蓉帥府一談在省三來一坐核批札各稿四點二更四

點睡

廿四日

早飯後清理文件旋見客二次談頗久又立見之客二次与薛

炳煒一局又觀人二局見客立見者五次坐見者一次午刻

核科房批稿中飯後小岑來久談閱本日文件核批

稿信稿寫澄沅信一件傍夕至蓉帥府一談夜核郵局

江二保举單改批繕摺稿二更五點睡

廿五日

早飯後出見某某次之見某四次旋清理文件與魯秋杭圍棋一局
寫季少荃信一書旋又見客三次惟談頗久中飯後又出見之客
二次馬雨農往甚久閱本日文件至沅弟處久談燈後歸
核王可陞保單改雷清全皖招稿二更三點後倦甚誦
放翁七絕以自怡

廿七日

早飯後見客周子瑜談良久旋圍棋一局旋又見客三見某
次寫黃南坡鄂意城信中飯後大嘔吐一次因吃飯稍過度
也旋又圍棋一局閱本日文件申正至沅弟處談二更
後歸眼蒙不能因翻誦放翁七絕選之七古以自娛本日
有嘔吐之疾有（右）眼（瘡痛）蒙之患又有左腳已爛不能著靴之
苦頹然老矣不能自振矣

附記

○至黃審局

札周子瑜幫辦科場房務

廿七日

早飯後清理文件旋見客生見者一次立見者二次圍棋一局已刻又見客二次生見者二次核科房批午正至妙香庵赴宴司道公請共三席申正歸閱本日文件歐陽小岑來一坐傍夕王箴甫府丞談極久核批札稿甚多二更四點睡是日天氣始漸有深秋之意矣至刻核擬四摺二清單

廿八日

早飯後清理文件旋見客生見者三次立見者三次圍棋一局核信稿批稿午刻核科房批稿有裁撤衙官及屯糧歸州縣一案沉吟良久不能下筆中飯後見客二次溫伊卿談頗久閱本日文件未畢沅弟來久談至傍夕去核摺稿因京歸接閱京信十餘件麗眉三來久坐核改批札各稿二更三點後溫史記二首目

附記

○札各局紳

廿九日

早飯後清理文件 旌兄客三次 圍棋一局 再寫扁字十餘个

午初至若農處至府及藩署 并各候府公館 看四處 以為主

考學政行臺 中初至沅弟處中飯 至初更歸 閱本日文件

未畢 沅弟來久談 燈後始去 將本日文件閱畢 改沅

恩摺一件 二更四點睡 是日閱京報二十餘本 沅弟將

於日內起程 料理一切 本日未余署印 發門簽

附記

○黃楊薛吳修主監學四館

○膳對考軍住滿營或帳房或貢院

○北夾帳棚千餘架以備士子栖止

張國樑之戶開沅派員之名

李供沅疏張尸明陵霞叟

十月初一日

早飯後見客一次旋出城送沅弟之行應酬甚繁与沅弟久談竟日未能治事即本日文件亦未能一閱夜与沅論文詩二更三點睡沅弟之情最篤摯余偶誦東坡獄中寄子由二首及子由彭城別東坡二絕沅乃悽然欲涕又論及出處大端沅弟所見与余略同

初二日

是日在沅弟船上一日早飯後清理文件与沅弟久談甚久午刻開船行十里至大勝關中飯後与劉霞仙圍棋二局閱本日文件改郭芸圃閻芝台吳竹如信稿三件核批札多稿傍夕又与劉霞仙圍棋一局旋与沅弟久談一切

初三日

是日早飯後開船後行一百里至采石住宿与沅弟談甚久

已刻閱昨日文件申刻核批札各稿酉正与劉、黄圍棋
二局旋接廷寄一件又与沅弟鬯談以仇十洲畫劉石
庵書与沅弟各題數字於上以識歲月二更三點睡不能成
寐五更醒

初四日

早飯後与沅弟鬯談作別即自采石開船東歸命紀澤送
沅至蕪湖余以午正至大勝關申初即至署内与義帥府洪
君鬯談核公牘稿數件閱本日文件傷多倦甚小睡
旋圍棋一局倦甚不能治事二更三點睡是夜作對聯廿
一首粘於府縣官廳聯云雖賢哲難免過差願諸君
讜論忠言常攻吾短凡堂屬略同師弟使僚友行修名立
乃盡我心

初五日

早飯後見客三次坐談甚久旋立見之客若干次羅麓森來

一生圍棋一局次兒紀鴻外甥王興韻自湖南來與之一談核改信稿札稿中飯後織造松瑞來見久談派摺差劉傳僉曹金進京寫澄侯弟信閱本日文件極多傍夕粗畢夜核批札稿甚多二更三點睡接部文出江南主考放劉崐平步青

初六日

早飯後見客坐見者四次立見者三次清理文件圍棋一局寫沅弟信一件何祥垣其與自山東歸來一會年七十六矣聾了不聞一句矣午刻核科房批稿未畢中飯後倦甚甚不願治事因與方元徵圍棋一局旋閱本日文件甚多見客五次並倦夕始閱畢至幕府一敘夜核改批札信稿至二更三點未畢倦甚早睡

初七日

早飯後清理文件是日考試本衙門書吏請周錫

雲點名監考余出題二道金陵善後告示十條蕭曹
佐雜論旗圍棋一局見客之竟甚〻五次出見甚〻一次午刻
核科房批稿中飯後再核一時許始畢閱本日文
多不甚多申刻至幕府一談見客一次傍夕倦甚小息
植核批札稿信稿甚多二更三點後温古文序跋類
四點睡是夕接上海解到銀十七万疊洪多可以清釐餘以
當之謝

初八日

早飯後至城隍廟行香求雨旋回署見客坐官二十六人竟見
一次又出見之客三次竟之客〻之次出門看貢院出上江下江
學院〻嘉歸署〻未正〻中飯後圍棋一局魁副都
統玉來坐談〻〻刻閱本日文件傍夕至幕府一談客
聯〻付紀澤自蕪湖歸問及沅弟之病云稍〻痊勝
洩多次屢〻之至安多沅弟信一件 植核批札信稿

二更三點後溫韓詩七古卷，甚不能治，乃老態畢

露矣

初九日

早起，率家人叩祝顯考光祿大夫竹亭府君七十五冥誕。旋

出門至城隍廟求雨，歸見客，坐見者三次，立見者三次。圍棋

一局，又觀人一局。午刻核科房批稿。李繼荃來，久坐。中

飯後與黃軍門久談，旋見客三次，閱本日文件，對

偕英來生談片刻，再圍棋一局，傍夕睡，肖三來一談，核

批初七日所看書籍卷通閱一遍。二更四點睡。

附記

○與少荃商江寧鹽兌函，仿常州之例

○江蔭雲函　○柳壽田函

○東征局委員

初十日

早至公所拜 慈禧皇太后萬壽 即沉東南北公館之處
旋再至城隍廟求雨本日巳三次矣歸辰刻早飯飯後見
客二次坐談頗久衙門期也旋圍棋一局又觀人一局
又見客坐見者三次午刻核科房批稿甚多中飯後
莫子偲來一坐寫對聯六付內作督署官廳一聯云雖賢
哲難免過差願諸君讜論忠言常攻吾短凡堂屬略同
師弟使僚友行修名立乃盡我心閱本日文件歐陽小岑
來久談核批札各稿核一摺二片至二更四點核畢眼覺費
心不勝其勞

十一日

是日為余五十四生日而絕無客往家中兒女輩慶祝飯
後清理文件旋圍棋一局又觀人一局改摺稿片稿二件
午刻核科房批稿頗多中飯後核改信稿數件倦
甚懶於治事又與方元徵圍棋二局閱本日文件傷久

與紀澤兒論古人用字之法燈下核改批札各稿二
更後改摺稿一件四點睡
十二日
早飯後清理文件旋見客坐見者三次王大經小蓮李朝
斌質堂談甚久圍棋二局旋又見客立見者二次坐見
者二次改近日軍情片稿一件午刻核科房批稿中
飯後李繼荃來一談旋出門至城外拜魏副都統玉又
拜織造松瑞歸閱本日文件寫親筆崇楷書百
餘字未畢偕文至幕府一談二摺四片成稿發報
摺核批札各稿二更後溫信陵君平原君列傳二更
四點入內室三更睡五更四點醒日內恐沅弟病垂常不
放心醒後尤甚
十三日
早飯後清理文件見客三次均坐談甚久圍棋一局巳刻出

門生張嘯山李壬垿來久談 核科房批稿 閱段說文二葉
中飯後又閱四葉 閱本日文件 申正寫對聯七付 改信
稿數件 傍夕至勒少仲房一坐 渠本日移入藩司府也
旋接奉 廷寄 命余帶兵至皖鄂交界勦賊 命
李鴻章署江督 吳棠署蘇撫 富明阿署漕督 旋
又與客圍棋一局 二更後錢子密等來久談 二更三
點睡 竟夕不能成寐 是日巳刻將楷書告示寫畢
約百餘字

十四日

早飯後清理文件 旋圍棋二局 閱說文三葉 巳刻李繼
泉來久坐 二刻許 中飯後李眉生來一談 又立見之客二
次 閱本日文件 寫澄弟信一件 沅弟信一件 閱邵位西所
箸禮經通論 似是咸豐十一年將在杭城殉難以前所已
三十篇 上卷十九篇 下卷十一篇 下卷遺失 茲存上卷者

吴仲宣丁栢唐高伯平新刻於清江淹貫精深汪不
易及是夜至二更閱畢旋溫禮記禮運一過檀弓十餘
葉二更四點睡尚能成寐

十五日

早間各文武賀望甚倦尚不見旋見司道及首府等立談圍
棋二局旋竟見之客三次閱段注說文十一葉午刻核批札各稿
未畢中飯後又核半時許畢閱本日文件陳寬臣鼐省三
來先後久坐傷久至紀澤處一坐旋核批稿信稿溫古文
敘記類旋又溫書經數篇孟子十餘章二更四點睡不甚
成寐

十六日

早飯後見客一次旋圍棋二局陳寬臣涂朗仙來与之鬯論
出處進退之宜旋又見客坐見者一次立見者一次作摺稿一
百字許午刻核批札各稿歐陽小岑等來一談中飯

後再改摺稿閱本日文件極多輪船自安慶來得兄
沅弟閏信已加封並無一字寄我在安慶並未見家禮
泊船二時許即行上駛為之憂系無已旋又改摺稿至
二更二點畢 約八百字 三點後朗誦詩經文王等篇

十七日

早飯後清理文件旋圍棋二局見客一次出城接李少
泉中丞在新西門官廳等候時許午刻少泉同至署內
久談即在此便飯直至申末酉正方去閱本日文件核王
壬秋來久坐半時許疲倦殊甚核批札各稿二更後
温書經微子篇

十八日

早飯後清理文件見客各營官一次共二十四人旋又見客三次
坐談頗久已初出門拜李少泉午初與少泉同出水西門接
朱久香學使旋回寓請少泉及黃李兩軍門及繼泉中

飯。申正散。閱本日文件頗多。立見之客二次。傍夕至幕
府鬯談。在龐省三來久坐。困倦殊甚，不能治事。二更後溫《呂
刑》篇，朗誦四遍。二更四點入內室，五點睡。

十九日

早飯後清理文件。旋見客，坐見者五次，立見者二次。圍棋一
局。閱胡文忠公文集。閱王文成公書《君子亭記》。厲伯符等
求題跋者四。旋又見客，立見者五次，坐見者三次。萬慶軒、李
眉生坐甚久。中飯後閱本日文件。見客，立見者一次，坐見
者二次。凌曉嵐、趙惠甫二起，談甚久。傍夕倦甚，小睡。核
批札稿。二更三點後溫韓詩七古。四點入內室。

廿日

早飯後見客，坐見者四次。衙門期也。清理文件。圍棋二局。出
門拜朱久香先生。午刻歸。李筱泉來久坐。中飯後見客
二次。閱本日文件。剃頭一次。閱梅伯言詩集。龐省三來

一坐李繼菴來久坐燈後倦甚小睡於核批札各稿二更三點後温各語未畢三更睡五更醒

廿一日

早飯後清理文件於見客坐見者三次立見者四次圍棋二局於又見客坐見者二次立見者二次趙惠甫談甚久核批稿未畢中飯後又核科房各稿李眉生來久談歐陽小岑來久談傍夕李少荃來久談核將科房稿核畢改摺稿一件信稿二件二更四點睡

廿二日

早飯後清理文件於見客洪汝奎劉松山黃翼升三人僅談議甚久於圍棋一局改信稿一件於又見客二次立見者二次午刻核科房批稿中飯後至幕府一談甚久閱本日文件閱魏默深文內集外集酉正小睡戌刻黃昌岐來久坐核批札信稿頗多二更二點温古文辭[illegible]

類

廿三日

早飯後至善後局與撫院司道文武等步行至城隍廟禱雨

旋歸寓見客三次坐談數次清理文件圍棋二局午初至通

濟門公所迎候宜春學政直至申正始到與撫院并各文武

恭請

聖安旋歸寓閱本日文件倦甚在見客

二次核改信稿批札各稿二更四點入內室三更睡四更末醒

廿四日

早飯後至善後局步行至城隍廟禱雨旋又至貢院一看

至宜學政處回拜午初歸至少泉處一談見客坐見者三次立見者一次

核科房批稿中飯時尚未核畢飯後圍棋一局

閱本日文件寫澄弟沅弟信一件見客二次倦甚

至藩府一談核批稿信稿二更二點後溫韓詩七

古四點睡

廿五日

早飯後至城隍廟求雨因昨夕下有微雨本日即行酬謝旋歸寓旋見客坐見共五次立見共二次圍棋一局午刻核科房批稿中飯後見客立見共二次坐見共一次作一碑文於新修龍騰子缺口處家未及繕正少荃中丞來久談至更初始查閱本日文件不復能治它事矣

廿六日

早飯後清理文件旋見客一次圍棋二局見客劉軍門銘傳朱學攻彭侍郎三次坐見甚久旋又見客立見共二次坐見共二次午正核科房批稿中飯後李眉生葉子偲來一談閱本日文件旋又坐見之客二次添毛寄雲信二葉添胡蓮舫李筱泉信各一葉在添陳季牧信一葉核批札各稿二更三點後溫古詩未畢四點睡頗能酣寢

廿七日

早飯後見客一次，旋清理文件，圍棋一局，雪琴來久坐，拜發
長至賀表，旋又見客，坐見者一次，立見者二次，寫對聯四付。
午刻核科房批稿甚多，汪梅村來久談，請梅村與張
嘯山、李壬叔等中飯，申初散。閱本日文件。陳虎臣來
久談，偶又至幕府一敘。旋核批札各稿，二更後溫史記儒
林傳，甚有所會。

廿日

早飯後清理文件，旋見客，立見者一次，坐見者二次。出門拜
客，至旱西門拜雪琴，常儀葊鄭來，與之久談，旋至妙
香庵看主考公館，午正歸，見客，坐見者三次，立見者
一次。中飯後閱本日文件，見客，坐見者二次，寫碑一通，
百四十字，又二十許字，即記勝子修地道之缺口處，旋核
批札各稿，核溫酷吏傳，溫匡衡各疏及出師表，二更
三點倦甚，早睡。

附記

○方濬益保盱江知縣

○休寧黟免

廿九日

早飯後清理文件 旋圍棋二局 立見之客三次 談俱不甚久 出門拜朱久香先生 歸 常儀庵等來久坐 旋寫郭雲仙信 又書 請雪琴儀庵等中飯 見客坐見者三次 立見者一次 儀庵等申刻散去 李雨亭及劉開生等先後來坐談 閱本日文件 傍夕倦甚 在閱羅羅山人極衍義 姚江學辨等書 服其見理甚真 所志甚大 信為吾鄉豪傑之士 二更後核批札各稿 至蓮中府与陳小浦一談鹽務 歸簽押房時 頭暈 幾欲傾跌 近日如此者屢多 老境日侵 德業並無進步 深為可懼

卅日

早飯後清理文件 旋圍棋二局 見客坐見者五次 馮景亭
晏邢甫坐最久 午正核科房批稿極多 中飯後再核 乃
畢 閱本日文件 核批札各稿 申刻李少荃來久談
至更初始去 核各信稿 二更後溫古文哀祭類 讀格竟
數遍 四點睡

附記
梁國璉不論雙單月

十一月初一日

早飯後清理文件 旋見客坐見者三次 談頗久 巳正出門
至旱西門觀沅弟所咨明為季弟靖毅公專祠者 旋至
妙香庵看主考公館 陳設極為整齊 即在庵中吃飯
司道亦同在該處 未刻回 至南門觀黃少鷗所相度為
靖毅公專祠者 嫌處偏 不甚愜意 南門一所 殊勝於旱
西門一所 因與少鷗議定 姑將該處修好 入主開祭 以妥靖

敬之靈又看鼓樓昭忠祠即傳旌王府軒敞宏深極為
愜意定於日內入署今日閱本日文件會
客一次傍夕與常儀庵久談渠本日搬入署內居住也
核批札信稿龐省三來久談二更後溫古文大括溫
貨殖傳四點睡

初二日

早飯後清理文件旋圍棋一局見客坐見者五次李雨
亭等來談最久午正核科房批稿未畢中飯後見
客坐見者二次再核科房批中酉刻閱本日文件傍夕至幕
府一坐鐙後万方伯來一談核收治否而氣浮意倦又圍
棋二局二更後閱史記自序與紀澤論自序及漢書
敘傳後漢贊語實小司馬述贊之謬於溫匡衡三
疏譯其精雅

附記

○核供應單
○核保單
○世儀送元包費單
○房屋告示兩條

初三日

是日爲先妣江太夫人冥壽蓋八十生日也早間備祭席率家人行禮飯後清理文件見客坐見者五次立見者二次圍棋一局後又見客坐見者七次內汪梅村劉仲良坐頗久又馬銘樵其兄馬釗之傳及集韻校勘記來談頗久又看影宋抄本集韻今東南亂後僅存之本可貴也李少荃來久談余本日交卸揩蒙派接印後來一敘也中飯請凌煥劉仲良等便飯飯後閱本日文件極少萬簣軒來一談厲伯符來久談燈後核批札信稿多件二更五點溫韓文數首

初四日

早飯後清理文件見客一次圍棋一局旋出門拜客數家李
少荃馮景亭兩處久談又登南門城樓一看是日王考
進城派人迎接午正歸中飯後見客坐見者四次立見者
四次閱本日文件酉刻徐壽蘅侍郎來久談至更初
散即在此住宿核內信底各物〻隨一大半二更五點核畢
睡尚成寐小雨數日三月本日在下雨雖於農事稍順而於
科場大不便

初五日

早飯後清理文件旋見客坐見者六次立見者二次衛[illegible]斯
世圍棋一局宜春宇朱久香兩學政先後來會接奉
寄諭飭余毋庸赴安慶亦不必交卸督篆李戎並吳漕
帥富將軍各回本任周子佩來久坐中飯後寫澄沅弟
弟信一件鄧寅城信一件見客坐見者二次閱本日文

件　酉刻見客二次，李仙九師一，殷世兄坐甚久，崔徐壽衡來久談，二更後核批札各稿，三點温孟子，三更睡，五更醒

初六日

早飯後清理文件，旋圍棋一局，見客五次，是日主考入闈，余於午刻至監臨公館，未刻主考亦到，余與李撫院、宜朱兩學政暨各司道恭請聖安，旋相見，正主考東屋，副主考西屋，朱學政次東屋，宜學政次西屋，余又次東屋，李部院又次西屋，因文宗尚未永遠奉安，停止筵宴，進茶三次，各更朝服，望闕謝恩，行三跪九叩禮，余與兩學政歸寓，監臨與兩主考入闈，歸後見客三次，請徐壽衡中飯，至酉始散，閱本日文件，至吳帝府一談，旋核批札稿，温古文序跋類，二更五點睡

初七日

早飯後清理文件，旋見客，坐見者一次，立見者二次，圍棋一局

又觀人一局見客坐見者三次立見者二次中飯後西潘伊
卿蕃芳德先後見各久談閱本日文件至箴帥府一談片刻
伯來久談傍夕弄孫以自怡更初徐壽蘅來久坐至
三更始散是日未治一事意思倦殘深以爲媿三更睡後至
五更醒聞雨雪聲念明日文闈頭場點名憂灼無已

初八日

早間雨雪紛紛念文闈點名之苦十分焦灼飯後見客
立見者二次坐見者三次圍棋二局至箴帥府與壽蘅暢談
壽蘅旋來話別又暢談陳子奉周子佩勒少仲先後
來辭暢談中飯後雨雪不止屢派人至貢院探問人
衆擁擠東頭點名尤覺寒深憂悶閱本日文件寫
掛屏一付對聯三付申正雨雪漸歇心爲稍紓傍
夕至箴帥府一談酉刻核批札各稿在政房屋告
示稿一件二更後溫名語似與所念五點睡竟夕未

雨雷三聲俾庭試歸號共少得舒展爲之一慰

初九日

早飯後清理文件圍棋一局旋見客嘗共四次閱段校文十葉午初出門至城外弔陸立夫先生渠於咸豐三年二月十日城陷遇害其家丁和祥爲之收瘞本年九月其次子陸式穀來尋忠骸十一月皆擬爲換棺重斂也旋至朱學政宜學政兩處一談未正歸中飯後閱本日文件傍夕方伯來久談旋核批札信稿頗多二更後溫洛誥五點入內室三更睡

初十日

早飯後清理文件旋見客次衙門期也圍棋二局趙惠甫來一談閱段說文十葉中飯後始畢出場共衡多接題紙首題葉公問政二章次題有餘不敢盡三題湯執中立賢無方詩題賦得桂樹冬榮得風字五言八韻一

誤閱本日文件 作家訓四條 家訓兒婦諸女 約六百餘
字 至二更始畢 核再溫洛誥 不可解之處甚多 本日天
氣陰雨 至申刻後雨轉大 念應試者之苦 憂灼無已

十一日

早飯後清理文件 旋圍棋二局 天氣奇冷 寒雪交加 士子
才進二場 可憐也 見客 立見者一次 坐見者二次 閱魏默深
書古微十餘篇 中飯後風雪轉盛 焦灼之至 又圍棋
一局 閱本日文件 聞二場點名不甚擁擠 稍以為慰 傍夕
至節帥府一談 核改批札信稿 二更後溫古文序跋類 三
點睡

十二日

早飯後清理文件 旋圍棋二局 見客 坐見者三次 立見者二
次 大雪紛紛 念應試者在闈中寒苦異常 憂灼之至 繞屋
旁皇 不知何以為計 旋閱段說文十一葉 午正朱久香前輩

來宜委宇學使馮景亭潘季玉來中飯申初散万方伯
來久坐陳綸修彝來一談傍夕天氣開朗極則寒月皎潔
着之大圍閱本日文件二更後溫古文哀祭類五點入
內室睡

十三日

早飯後清理文件戈什哈因京函閱京報十餘本旋見
客一次圍棋二局天氣大暖熱之一圍閱段注文十一葉
見客一次中飯後至幕府一談閱本日文件接沅弟
漢口所發之信病愈十之六七欣慰無已意亦悔惡
不能治事聞李少泉患病惦念殊深寫信之後極核
保舉一單至二更四點困倦之至眉骨酸疼目光昏眛
老態畢呈自度此生不復能有寸進愧歎無已

附記

○竺云支百金　○官恤閱稿　○蕭渠餉

○年終優獎冊范陵張供 ○屯次霞獎司道

十四日

早飯後清理文件倦極不願治事李雨亭來久坐雷溍沅西東信至黃中府一談中飯後圍棋一局歐陽小岑來久坐旋又見客一次倘夕王子蕃來久坐棋路二指三行精力略好二更三點入內室睡

十五日

早起各官賀望飯後見客坐見者三次立見者二次巳正雲桀來久談圍棋一局朱久香學政來一談潘季玉李芍泉來久談是日鄉試三場午初已有出場者余遣人至闈中視少泉之病較昨已增加懸念之至中飯後坐見之客一次閱本日文件寫對聯數付至劉請李芍泉王子蕃來一敘令原入場診少泉之病極核保舉單二更後溫

古文哀祭類五點睡

十六日

早飯後清理文件見客坐見者一次忠運司彭雪琴坐
談久接少泉親筆信多讕語不可解寫之夏燭甚
巳圍棋一局唐桂生來一坐中飯畢邢甫來久坐見
客三見者五次閱本日文件寫對聯三付又見客坐見
者二次立見者二次寫信與少荃二次燈後接少泉信
精清明豈語得矣夜核保舉單至二更三點粗畢
詠歎遂核馮景亭所著議四十篇之首溫李太白七
古五點睡

十七日

早飯後清理文件圍棋一局雪琴來久坐旋又見客坐見
者二次立見者二次寫對聯六付核科房批稿閱少
荃亦文之病重進灼至中飯後再圍棋一局閱本日

文件 再核保單 寫信復朱久翁与少荃二信 宜
第叔來久談 与子密商發奏件 改信稿數件
傍夕小睡 查核札稿信稿 二更後溫雜鈔類四點
睡

附記

三惡 三等 三知 三樂 三不

三經 三史 三子 三集 三實

八本 八德 八常 八國 修身 刑家 尚賢 重民 勤政 節用 田虛 祀 詰戎 八敗

八源 八理 八文 八考 八書

十八日

早飯後見客三次 圍棋一局 常儀庵本日告辭歸去 又
見客立見者四次 坐見者一次 擬改一審信未畢 李眉生
來久坐 中飯後見客坐見者一次 立見者一次 改審信畢
約三百餘字 閱本日文件甚多 酉刻 王子蕃來久坐

言步之業之病已愈大且把握暢屆之至本日發報

罷稿五行三請單金陵續案條華在內細核一過在

寫四男信一葉溫古文辭類纂二更四點入內室牙疼

用藥擦之三更睡四更未醒

附記

○胡蓮舫來行　○陶履仍可

寫告示

十九日

早飯後清理文件往見客坐見共三次立見共四次閱報一

局核批札各稿閱段祺文四葉中飯後見四鄉庠生信

桐稚又見客坐見共二次立見共二次閱本日文件甚

多寫電之信二封備夕至黃市府一樓見客一次惟

疲倦殊甚不能治事二更三點睡是日電崔邦以誠

送一硯之條韓嘉毅雍之硯刻畫一瓶形嘉毅自題

曰韓瓶硯後歸王文成公題背硯跋十字至本朝
乾隆中歸阿文成公王蘭泉侍郎昶題硯匣百餘
字咸豐中孔宥涵繼鎔以贈雷侍郎今雷又以詒
我也

二十日

早飯後清理文件見客坐見者二次衙門期也圍棋一局已
正至翁西門送宜學使閱說文數葉核科房批稿中飯
後核畢見客坐見者二次立見者一次閱本日文件倦極
不願治事酉刻倦極小睡旋坐床小睡起溫古文哀祭類
朗誦韓公祭張署文二更三點睡

廿一日

早飯後清理文件見客坐見者三次立見者一次圍
棋一局閱段說文十二葉午刻見織造一次核科房
批稿中飯後寫少荃信一件萬方伯來一談閱本

日文件　方存之來一坐　歸雅訓雜記五幕府一談在
溫古文哀祭類　二更後誦杜詩五律倦甚不能朗誦
低聲微喝而已　二更三點睡

廿二日

早飯後清理文件　程圍棋一局　見客一次　程忠崔皋來
久談　閱段說文　卯正至朱子安霞舍考拔貢優貢　拔貢題
待其人而後行　優貢題　子路問政子曰先之　午刻核
科房批稿簿中飯　請唐桂生潘伊卿等便飯　申
初散　閱本日文件　寫少荃信一片　傍夕剃頭一次
閱段說文十葉　燈後始畢　核批札各稿　二更二點
溫孟子　溫古文哀祭類二首

廿三日

早飯後起至公所拜牌　本日冬至　各節如自衙門至公所
約十餘里許　天黎明始自署起行　到後行禮　巳稍

是日歸賀客甚多見客十餘次至巳正始粗畢
清理文件 午刻核科房批稿 中飯後孫琴西來
久談陳虎臣來久談閱本日文件接家信知東
陽叔祖於十月廿一日亥刻去世因寫祭幛一付傍
夕倦甚核溫飛卿類三首溫庭筠二首 二更三點睡

附記
○何小宋籍來百石与朱久翁

廿四
早飯後清理文件見客四次朱學使忠運安生頗久雅
出門至貢院看學中委之病即在彼處中飯未刻
歸見客三見者三次圍棋二局閱本日文件寫澄
沅二弟信至正丞 幕府与孫琴西久談植深何小
宋信二葉溫李文紀辰類五首二更四點睡

付記

。与馬穀山論休寧等兩縣免予 。方寬軒論儀徵

廿五日

早飯後見客二次，衙門期也圍棋一局巳正出門至水西門送朱學政回皖旋歸家立見之客五次核科房批稿甚多未畢中飯後閱本日文件見客坐見者一次立見者二次寫對聯七付改紀澤所寫五代史家人傳後暮二蕭偏夕至幕府一談核批札各稿二更後溫哀祭類三首

附記

。李師濂 河南林縣人 庚申進士 質樸樸厚 器宇安詳

廿六日

早飯後清理文件旋見客坐見者一次立見者二次圍棋一局旋見客坐見者二次溫段說文十二葉午刻學申

又未久坐留渠便飯飯後子偲來申初散閱本日文件寫
對聯五付清理公牘倦矣至幕府一談核改批札
信稿摺稿甚多二更三點後溫黃山谷七律四點入
內室三更睡

附記

○黃南坡請開缺夾片　言黃屢次函請速撤東局

○池州府范守言歸各條覆奏

張燧　臧天麒　徐國楨

廿七日

早飯後清理文件見客坐見者三次立見者一次汪梅村
談甚久圍棋二局巳刻潘伊卿談甚久午刻何子貞來
談至未末方去中飯後閱本日文件見客三次倦甚不
能治事倦久小睡核改批札信稿溫古文哀祭類旋
又朗誦山谷律詩四點睡

附記

○楊提塘　王少康

馬鴻翔山東濟寧人丙午舉人清而有情

張裕釗　萬斜泉　修省志

時日純嘉定茂才

廿八日

早飯後清理文件　旋拜發元旦賀表　圍棋二局　見新陸營官二次　旋又見客坐見者三次　立見者四次　中飯後李申夫來久坐　眉生來一坐　閱本日文件　李筱泉來久坐　派摺差潘文質等進京　寫京信十九件共發三十三封　料理一切　傍夕至幕府一談　核批札各稿　溫京報類纂　溫李杜七古　二更四點睡

廿九日

早飯後清理文件　見客二次　圍棋一局　又立見之客三次

出門拜何子貞，又至貢院與少泉一談，午正歸。見客一次。閱何子貞詩集，已未、庚申、辛酉三年，卷廿一、二、三。未正請客一飯，子貞、申夫、子偲、開生、惠甫、魏盤仲、洪人至上燈始散。閱本日文件，核批札稿，溫古文傳誌類下。二更四點睡。

三十日

早飯後見客二次，又立見者二次，圍棋二局，閱段《說文》九葉。午刻申夫來，史生、歐陽小岑來久談。中飯後閱本日文件，接沅弟自湘潭來信，十一月十四日所發，具悉到省後諸事平安。成此大功而清吉返鄉，皆祖宗之餘蔭，全家之福也。核科房批稿甚多，復溫古文傳誌類下。二更後核批札各稿，四點睡。

十二月初一日

早飯後清理文件，見司道一次，此外各客概行辭謝，圍棋一局。核閱說文十六葉。核科房批稿。中飯後閱本日文件。見客李季荃、歐陽小岑等，均談甚久。寫對聯七付。因思用筆宜頫腹，用取勢宜正斜，并見用筆之疑則取正勢，已破然而下之象，用筆之勝也；取斜勢有亂屬扁翮跪蹌之象。傍夕至幕府一談。核稿。廷寄　聖意似已嚴，不怡不勝悚惕。核温古文傳誌類下。

初二日

早飯後清理文件。圍棋一局。閱說文十二葉。巳正何子貞來，久談一時餘去。中飯後又見客一次。閱本日文件。寫對聯六付。核批札稿。傍夕至幕府一談。核信稿數件。温古文傳誌類下十葉。又温詩經小旻、巧言等篇二。更四點睡。

初三日

早飯後清理文件圍棋一局見客坐見者二次立見者二次閱段說文數葉朱守謨來一坐馬穀山來久坐中飯後見客坐見者一次立見者一次閱本日文件核奏批摺即十二月十六日所發者 寄諭飭劉連捷劉銘傳等歸僧邸調遣殊多窒礙寫桂屏三幅約二百餘字傍夕至幕府一談核批札稿補閱說文五葉溫杜韓七古二頁四點入內室三更睡

附記

豫李甘翁。霞齋 問夢

沅信言續保。彭飭知。問病孫否去。速集美另請簡。明年一月一專差。

初四日

早飯後清理文件見客坐見者二次申夫坐談甚久午

初劉開生程穎芝來觀天圍棋二局何子貞來三人便
飯飯後再觀程劉圍棋一局中正客散是日已初出
門至李少泉處一坐渠病已全愈但氣尚微喘申
刻閱本日文件寫沅弟信未畢燈後寫畢
批匡雅圭洪爵孔明奏疏二篇與沅弟論文名甚要
日寫原要二更二點批畢 又溫奏議數首核批札稿數
件五點睡

附記

○曾徽點免　○首涂　○劉朱塹不黃
僧張李劉李潘　○傲徽

初五日

早飯後見客三次又立見者二次衙門期也清理文件圍
棋二局羅茂堂來一談 又見之客一次閱段說文數
葉少泉來久談馬穀山來久談未正中飯後送兩客

亥閱本日文件傷文閱本日文件五芝中府一謨在核批札各稿

二更後溫古文傳誌類下 五點睡

初六日

早飯後清理文件圍棋二局閱說文十餘葉午刻核科房批稿未畢請馬穀山中飯未初散少泉亦來渠二人本日起行赴蘇赴浙余與司道送至妙香庵至初歸閱本日文件第五女與陳氏婿由長沙來與之小敘在核批札各稿二更二點溫傳誌類下五點睡接沅弟十一月十七信悉已於十六日到家病體全愈真可慶也

附記 丁酉生說

曹錫燾 寶山令 劣

金山令

陳蘭斌 廣東人

黎兆棠

初七日

早飯後清理文件圍棋一局又觀人一局旌兒寫字兒共二

次立見者一次閱段說文八葉午刻核科房批稿中飯後
江人鏡蓉舫來久談閱本日文件見客立見者二次丁雨生
滬尹來函談深以沅甫夏間無米為憂焦灼任民難詠嘆
長言因即刻帶醫赴鎮江為少泉診病依依不忍
別去傍夕至藩府一談旋核摺稿批稿二更二點後
朗誦杜詩七律四點睡

初八日

早飯後清理文件閱段說文十葉圍棋二局見客坐
見者二次午初出門至貢院看橋式旋至太平門觀李
祥和所修龍膊子缺口即在李寓中飯飯後至昭忠祠一看
嫌所作神主太大傍夕始歸 核閱本日文件 核批札稿
溫傳誌類歐公二篇 二更四點睡

附記

余龍光 三品封職 洪修政

江桂芳 戶部主事

陳程煇中書科中書　潘光斌知縣用知銜

○候補知縣楊澍康熙年間提督楊捷之裔題授世襲輕車都尉去年姓常李溆

初九日

早飯後清理文件見客立見者三次坐見者一次圍棋一局見客坐見者二次立見者一次申末來蔣虎軒未久坐閱說文五葉核批札稿中飯後見客坐見者二次何子貞坐最久示以所為金陵雜詩二十二首閱本日文件再核科房批稿燈下又核批稿二更後溫古文書經朗誦數篇韓文朗誦數篇四點睡

初十日

早飯後清理文件見客二次衙門期也圍棋二局閱段說文十餘頁核科房批稿中飯後見客二次坐時頗久曉岑談何子貞所作詩請一刊刻閱本日文件核批札各稿偕文五至藩帥府一談歸再核批札稿二更後

改摺稿未畢 四點睡

十一日

早飯後清理文件 旋見客〻見共二次 圍棋一局 閱說文十葉 莫子偲書 申夫 方筱軒先後來久坐 申夫至中飯後未正始去 閱本日文件 改摺稿片稿四件 傍夕至弟府一談 核改摺稿未畢 摺差自京回 閱京報二十餘本 見李次青文部撤[illegible]為之慨歎 夕不好睡 不成寐

十二日

早飯後清理文件 旋見 圍棋二局 改奏摺稿 午刻見客二次 中飯後閱本日文件 改奏摺稿至[illegible]傍夕改畢 至弟府一談 核改奏一案件 至二更四點改畢 既睡 是日所[illegible]絕世多改正再停 閱未竟

附記

何紹彩捐備一摺　○皖省豁免摺

○、鎮江金丹溧陽三屬豁免片　○三條密摺

入郵寄密片不發　○周僻密片　○三大諡

十三日

早飯後清理文件　擺圍棋一局　與李申夫李眉生熟商本日應發密片兩件　巳刻至貢院鈐摺　未初歸　何子貞來久談　因留便飯　方元徵呈遞說話　極言三條密摺及僻郵密片不可輕遞　因與老中府恩君商定本日不遞　閱本日文件　核科房稿極多　傍夕至老中府一敘　夜核批札各稿　二更四點尚未完畢　是日巳刻發摺　三摺五片

十四日

黎明即入貢院寫榜　共正榜二百七十三人　副榜四十八人　余代監臨照料一切　闈墨極佳　有書卷有心意　蓋一卷多廣手所能者　自辰正榜寫起　至傍夕將正榜寫畢　余

九江璧江都人戎裕寫圖稿至亥初三刻寫畢余隨
稿出閱到署後閱本日文件 三更睡五更醒

十五日

早間賀望者絡繹不絕 飯後見客坐見者二次圍棋二局
龐省三來一坐又立見之客六次午刻核科房批稿中飯
後閱本日文件萬方伯來一坐批蘇東坡上皇帝書與沅
弟論文也 傍夕至幕府一談 燈後涂閬仙來一談又批
蘇文至二更四點倦甚早睡

十六日

早飯後坐見之客五次立見者一次清理文件圍棋一局寫澄
沅兩弟信一又寫沅弟信一見客坐見者一次中飯又坐見之次
客料理發放之各件 閱本日文件未畢 申刻出
門至西王考處一敘酉刻歸閱本日文件仍未畢至
陳氏婿處一坐 校書文件 閱畢 核批札諸稿未

畢倦甚二更後溫白蘇黃七言律詩三四點睡

十七日

早飯後清理文件見客坐見者六次何子貞本日來辭行將赴鎮江蘇州談頗久圍棋一局說話太多復不能治他事中飯後見客坐見者四次劉韞齋先生坐最久閱本日文件傍夕至幕府久談核批札信稿極多二更後溫孟子韓文倦甚不能朗誦三點早睡夢見姚姬傳先生頎長清癯而生趣盎然

十八日

早飯後清理文件圍棋二局旋見客郭陸堂良各見一次又坐見之客二次立見之客一次午初至妙香庵公請王孝等候良久申初客到旋坐席燈後始散歸署閱本日文件核批札各稿添張廬州李小泉信各一葉二更後溫孟子廿餘葉二更四點睡尚能成寐

十九日

早飯後清理文件 旋見客 坐見廿一次 立見廿五次 圍棋一局 巳刻見客 坐見廿一次 立見廿三次 閱段氏文六葉 寫祭幛二幅 對聯二付 未刻請兩主考飲宴 申正始散 閱本日文件 偶至幕府一談 旋歐陽小岑來談 旋核批札稿 二更後溫古文傳志類下歐文數首 二更四點睡

附記

羅姪 魏屋 魏行 富訥

廿日

早飯後清理文件 衙門期例不見客 圍棋二局 閱說文十五葉 午初書即川禮 未初至慶軒 赴宴會 司道公請主考 余作陪也 至酉刻散 歸寓 已上燈矣 閱本日文件 批閱紀澤擬陸士衡文一首 二更四點睡

廿一日

早飯後清理文件，旋圍棋二局，見客，立見者一次，坐見者三次，趙惠甫、潘伊卿談甚久，閱說文數葉，午刻核科房批稿，中飯後至幕府久談，閱本日文件，倦甚小睡，核批札信稿，溫古文傳誌類下歐、王二家，二更二點後溫詩經，朗誦數篇

廿二日

早飯後清理文件，旋圍棋二局，見客，立見者三次，坐見者三次，金眉生談頗多，寫對聯五付，大橫直幅一張，約二百餘字，中飯後再寫掛屏二葉，對聯三付，見客，坐見者二次，立見者二次，閱本日文件，閱從政遺規，感余於督撫之職不克稱者多矣，在燈上再閱從政遺規，核批札各稿，二更後溫傳誌類下，五點睡

廿三日

早飯後清理文件 圍棋一局見客坐見者四次立見者一次 閱說文五葉 核科房批稿中飯後再核批稿寫掛屏三幅 對聯六付閱本日文件傍夕睡少未甚久談稍核批札信稿二更後溫蘇詩寫信一葉與劉韞翁 二更三點睡 閱羅與仁元將娶一難婦 而羅婿不以為然謂其家業有妻子不應在此再娶先嫁之婦遂派人奪取此婦入署 鎖於次日旋即逐出署外 而牽牛蹊田暴桀究覺理觀聽不雅實深焦慮

廿四日

早飯後清理文件出門至王君處久談韞齋太僕出示寄沅甫信及對聯等件巳正歸万方伯來久談 又立見之客三次圍棋一局核科房批稿中飯後兩王君先後來辭行談均極久閱本日文件寫對聯六付以鳴原堂與沅甫論文批賈生治安策約千餘字直至二更三點 批點始畢 核批札各稿

五點睡

廿五日

早飯後清理文件，旋見客，圍棋二局，見客又一次，閱說文十葉，寫澄沅信一件，又寫沅弟信一件，至未正畢，閱本日文件，申刻至主考處送行，酉刻歸。傍夕，訓兩兒言作人之道，以習勞苦為最要。夜續閱韓范歐陽等傳，二更後核批札信稿，旋溫孟子數章，三更睡。

廿六日

早飯後清理文件，旋圍棋二局，閱范韓歐蘇等傳。巳刻見客，坐見者二次，立見者二次，午正至漢西門送兩主考之行，寄請 聖安。未初歸，中飯後立見之客二次，閱本日文件，申初改豁免皖省錢糧摺，傍夕至幕府一談，再改豁免清單，又改二摺三片，核批札信稿，二更[illegible]睡

附記

○玄健勇　三節核薪冊單　○魯內冊

○傳潘

廿七日

早飯後清理文件　圍棋一局　坐見之客二次　潘伊卿談甚久　旋改摺稿　未畢　中飯後寫對聯　有三未一張　閱本日文件頗多　見客坐見者二次　立見者二次　又改摺稿　傍夕至幕府一談　復將摺改畢　又作密片一件　二更五點畢　用心太過　在睡不甚成寐

廿八日

早飯後清理文件　旋見客　立見者二次　坐見者二次　巳初至駱忠行禮　是日各營設祭　余定於正月初九日開祭也　旋至周繆雲家一坐　午初二刻歸　見客二次　李茂高來　余薦其速至湖南赴質　中飯後圍棋二局　寫對聯五付　閱本日

文件。再從夷陵一件，校對各摺件，是日簽發三摺六件。

倦甚，小睡，起核科房批稿，不能了畢。倦極，溫杜韓七

古。二更三點早睡。

廿九日

早飯後清理文件，旋見客一次，圍棋二局，寫李少

泉信。午刻核科房批稿，中飯後閱本日文件，核

批札信稿甚多，倦，夕小睡，起再核科房批稿，本年

所辦案牘，尚有四件未了，餘皆一律辦清。二更

三點早睡，困倦殊甚，耳鳴如雷，五更醒

同治四年乙丑正月初一日

卯初起朝服至貢院率文武百官於卯正行禮旋歸署率家人於祖先前行禮署中內外文武紛紛慶賀早飯後見客二十餘次巳正清理文件圍棋一局閱說文六葉午正請蒋府園蔚程方陳等中飯飯後閱本日文件倦甚小睡溫信誌類下畢二更四點睡是日上半天陰下半日雨夜大雨天氣太熱不似今歲雪雪無若何頻切廑畫

初二日

早飯後清理文件見客坐見者一次旋出門拜客十餘黃昌岐方虎軒李眉生歐陽小岑雲陔皆得會晤午刻歸閱段說文中飯後共閱十一葉閱本日文件至程伯敷處談申正寫鄂寶仙信未畢倦久小睡夜將鄂信寫畢約六百字溫古文雜記類九葉二更四點入內室三更後睡閱福建軍事不甚順手江

西湖南米價亦貴不知幾歲刷有波瀾否寔余
甚已

附記

淮安買米

三忌 三薦 三知 三樂 三不
三經 三史 三子 三集 三實
八本 八常 八德 八敗 八國
八源 八程 八交 八考 八書

初三日

早飯後清理文件旋圍棋二局見客坐見共三次立見
共二次閱段說文十三葉中飯後寫對聯五付寫霞仙
信科閱本日文件傍夕至伯勇處一坐夜温左傳
十餘葉温孝經記古人批注於雜抄本內二更四點
睡

初四日

早飯後清理文件 見客坐見者二次 圍棋二局 又坐見之
客二次 閱說文五葉 巳正二刻出門 至太平門 朝陽門 拜
李趙二鎮 未正至黃麗軒家赴宴 申正二刻歸 見客
立見者三次 坐見者二次 閱本日文件甚多 傍夕至英帥府
一談 飯後寫屏字頗多 旋核批札稿 信稿 多件 因
倦眼疼 二更四點入內室睡

附記

沅甫信 外祖書

初五日

早飯後清理文件 旋見客三次 又立見之客二次 衙門
期也 圍棋一局 批孫文定公三習一弊疏 喻原重論文
寄沅甫也 旋又見客 立見者三次 坐見者三次 鍾表雪琴自
江西來談甚久 午飯後 戲雪琴來坐甚久 寫澄沅二

東洋文案沉東洋見客坐三見者三次閱本日文件核
改洋稿備文至蕭甫府送錄核校批札洋稿甚多二
更四點睡

初六日

早飯後清理文件旋見客坐見者四次立見者一次圍棋一局
午刻雪琴來一坐又竟見之客三次午正出門拜客七家
至惠蒙局一坐未正至黃翼升處赴宴酉刻歸閱本
日文件核閱畢閱李小湖好雲樓全集核洋稿
批札稿二更四點畢溫詩經數篇是日鞫訊吳常桂
間大雨如注

初七日

早飯後清理文件圍棋二局旋見客坐見者二次立見
者三次改彭雪琴所為父母行述午刻春霆來久雪
琴昌岐旋來本日請三人春酒也申初散閱本日文件

見客，坐見者二次。旋又改雪琴行述，傍夕改畢。夜核
批札稿、信稿，倦甚。二更四點睡。是夕閱兩淮運司鹽
務政。

初八日

是日為 祖考星岡公九十二誕辰，率家屬行禮。早飯
後清理文件，旋見客，立見者二次，坐見者三次。雪琴坐甚
久。圍棋二局。午刻潘伊卿來，久坐。核科房批稿。請幕友
程國熙等午飯，飯後閱本日文件。小岑來，久談。改紀澤
所作昭忠祠祭文，傍夕改畢。見客，坐見者一次，立見者一次。
夜核批札各稿，倦甚。添何子貞信二葉。溫古文聲調
數首。二更三點早睡。

初九日

早飯後清理文件，旋圍棋二局。魏蔭亭來，久坐。巳
刻核科房批稿，極多，午正二刻畢。中飯後閱本

日文件潘伊卿來久坐明日祭昭忠祠刪定禮節命
兒輩衍(溪)禮金逸亭來久坐傍夕小睡枕閱訓俗遺
規核批札各稿二更後溫書經箋逸田吳文正公纂
言平若臣所會

初十日

早五更起至昭忠祠未明內外省視至黎明至三獻禮
通城文武各官皆往陪祀辰初禮畢內三席外廿四席
筵宴畢回署巳正矣與人圍棋二局閱說文十
葉核科房批稿中飯後閱本日文件見客坐
見者三次核批札各稿傍夕小睡枕閱李小湖文
集溫李韓七古二更四點睡

十一日

早飯後清理文件圍棋見客坐見者二次立見者一次圍棋
二局又見客二次何鏡海談甚久核科房批稿閱

李小湖文集午正至李眉生家赴宴係善後局四人公請申刻歸閱本日文件見客三次又閱李小湖文集傍夕小睡核核批札各稿二更後溫古文雜記類四點睡

十二日

早飯後清理文件 旋見客坐見者五次立見者一次如畢蓮舫及徐芸渠之世兄二人坐皆甚久圍棋二局午刻劉松岩方伯來久坐常儀庵等來坐又坐見之客一次立見之客一次中飯請畢純齋等便飯未正散閱本日文件 尹繼美來久坐江西永新舉人續學士也旋閱李小湖文集傍夕至幕府一談核核批札各稿二更後溫古文雜記類溫詩經十餘章

附記

宣城二次

伯東傳後

○鳴原書對向二篇　○李小湖信　致

○年終密考　致　四五日

十三日

早飯後清理文件旋見客立見者二次坐見者六次內劉松岩劉連捷談均久湖南舉人来見者八人內長沙七人瀏陽一人張蓀泉之子祖同与焉坐甚頗久圍棋二局趙惠甫来一坐中飯後常儀庵来久談閱本日文件核批札各稿閱李小湖文集倦久小睡核批對向兩疏鳴原書論文將以明日寄家信二更四點睡醒蒙殊甚殆以会客說話太多而夜間又多寫細字之故与

十四日

早飯後清理文件見客一次圍棋二局出門至黄昌岐處拜劉松岩方伯巳正歸見客一次邀劉南雲来署居住与之一談核科房批稿未稿請劉松岩及司道

小宴申正散閱本日文件寄澄沅二弟信一件傍
夕至花中府一談核寄沅弟信一件閱李小湖文集
二更後誦杜公七律四點睡是日發報三摺四片一清
單

十五日

早飯後清理文件各文武賀節皆辭不見圍棋二局見
客坐見者一次立見者一次午刻核批札各稿中飯後見
長善会試者黃湘圃等四人江西王老翁彬蔚來久談是
日大雪奇寒閱本日文件申正後核批札各稿傍
夕小睡核改寄李小湖信稿未畢二更五點睡

十六日

早飯後將李小湖信改畢清理文件圍棋二局魏蔭
亭來久坐旋又見客坐見者口三次核科房批稿午刻
錢子密來李眉生來一談姜子偲來一坐中飯後閱本日

文件閱說文十一葉大雪竟日酷寒難禁核批札各稿傍夕小睡夜溫雜記類溫書經閱誦蔡說呂刑三點睡

十七日

早飯後清理文件見客坐見者二次立見者五次圍棋二局閱說文十葉對杉岩來久坐未初中飯後至藩府署談龐省三來一談閱本日文件見客二次摺差自京回閱京信二十餘件京報二十餘本傍夕小睡夜核密考單二更後溫詩經小雅節南山正月二章四點睡

十八日

早飯後清理文件見客坐見者四次立見者一次李芋仙方篋軒談甚久邢陸各坐良久見衙門期也又立見之客二次圍棋一局又見客立見者一次坐見者一次陳虎臣等談

甚久午正核科房批稿閱段說文五葉飯後又閱說
葉閱本日文件至恭邸府久談五刻容鄭意誠
傍夕小睡起核注察考單 二更二點後溫孟子朗誦數
十葉四點睡

十九日

早飯後清理文件圍棋二局閱說文十葉午刻閱邸
朝服行禮旋見客並見某一次未見某二次中飯後見客
並見某二次剃頭一次至翁子良處回拜至刻歸閱本
日文件傍夕小睡起閱批札稿核江西察考
單未畢 眼蒙殊甚 二更後溫左傳 四點睡

廿日

早飯後見客三次又至見某二次圍棋二局旋又見客坐
見某三次並見某一次將江西察考單注畢 核科房批稿
未畢 中飯後至恭邸府一敘旋核察考摺又核一件

閱本日文件見客二次閱城內外日內凍餓死者甚多因令各營煮飯賑濟傍夕小睡 核核京信稿札稿數件 溫史記儒林游俠傳倦甚竟不能張目二更三點早睡

廿日

早飯後清理文件旋見客立見者一次坐見者三次圍棋二局清理各件點名摺弁進京 涂朗仙來見久談核科房批稿閱說文十葉中飯後見客三次潘伊卿萬篪軒俱久坐閱本日文件看書審考摺酉正摺發傍夕至幕府一談核批紀澤書伯寅信後二更後溫雜記類柳文五首旋又閱東方朔傳

附記

何敦五 保府　　弓嵩保　　梁國璡

金泰椿 桐鄉人安瀾子海門釐卡　　依勒通阿 白客

○美織造仿照杭例　宋板漢書

廿二日

早飯後清理文件旋見客坐見者四次立見者一次圍
棋一局閱說文十葉核科房批稿又坐見者一次午
正請客蔣子良壽申祁敬之子偲來一散閱本
日文件旋又見客坐見者二次說話太多疲乏之至
倦久小睡旋又見首府一次閱經文共編十餘首都選
入簿原無稱意者二更後溫韓文數首朗誦若
有所得余昔年嘗慕古文境之美者約有八言
陽剛之美曰雄直怪麗陰柔之美曰茹遠潔適
蓄之數年而余未能發為文章略得八美之一
以副斯志是夜將此八言者作十六字贊之至次日
辰刻作畢附錄如左

雄　劃然軒昂盡棄故常跌宕頓挫捫之有芒

直　黃河千里其體仍直山勢如龍數轉換勢迹

怪　奇趣橫生人駭鬼眩另立山經張韓為兄

雅　青春大澤芬丹稍施詩騷之韻班揚之華

茹　羅蒐輻湊吞多吐少涵稽咀含不求共曉

遠　九天俯視下界聚蚊瘖寐周孔落落寡群

潔　不意陳言類字盡芟慎於襲貌神人共鑒

適　心境兩閒無營無待柳記歐跋得大自在

廿三日

早飯後清理文件　於兒客坐見者五次立見者一次涂閣仙劉松岩魏蔭庭坐均久圍棋二局　旋又兒客二次朱豐山岩坐極久核科房批稿　中飯後寫對聯六付閱本日文件　雜有二翁子嘉來各久坐說話極多疲乏極矣倦　夕小睡　旋核批札信稿　二更後溫歐文　三更睡

廿四日

早飯後清理文件旋見客坐見者三次立見者一次圍棋二局閱說文十餘葉核科房批稿午正見客一次孫文川賈鍾麟皆紳士之有才者也中飯後省三等來一談至幕府一叙閱本日文件唔厚堂抄陸宣公瓊林大盈二庫狀批點一過寫沅弟信一封傍夕小睡燈寫澄沅二弟信核批札信稿甚多二更三點未畢旋溫李杜五古數首四點入內室五更醒

廿五日

早飯後清理文件見客坐見者四次旋圍棋二局閱說文八葉核科房批稿又見客坐見者一次中飯後周縵雲來久坐凌煥來一坐閱本日文件倦甚不能治事涉獵叢書中之齊民要術傍夕至內室小睡燈涉獵小學紺珠將莊韓二公續閱首未游添馬谷

出信二葉二更三點早睡

附記

盧驥豐 河南密縣人 寄署陽山

袁桓 四川蓬州人 寄署寶應

廿六日

早飯後清理文件旋見客坐見者二次立見者三次圍棋二局將顏注急就篇粗為涉獵倦甚不能治事午刻潘伊卿來久坐核科房批稿中飯後見發審委員一次閱本日文件閱六書音均表二十餘葉酉刻核批札稿傍夕小睡夜核改信稿十餘件二更後倦甚不復能治事溫杜詩五律三點睡

廿七日

早飯後清理文件旋見客立見者一次坐見者三次圍棋二局潘伊卿來坐甚久核科房批稿閱六書音

韵表中飯後閱本日文件 又坐見之客二次閱音均
表申正小睡丞刻核批稿各件傷多又小睡夜添
毛寄雲信三葉核批札稿二更三點畢溫書經
堯典困吳文正本 四點睡 疲乏殊甚老態日增德
業難進矣

廿八日

早飯後清理文件 旋見客坐見者二次立見者三次
圍棋一局 又坐見之客一次 閱六書音均表畢 核科
房批稿 中飯後羅茂堂來久坐 閱本日文件 又坐
見之客一次 閱戴東原緒言 閱錢竹汀聲類 既而未
刻形本集其凡例亦不分明 酉刻倦甚小睡 附許
不能成寐 移時睡 岑未久 談 核批札信稿 閱彭
刻江忠烈集 二更二點後溫史記二首 三更睡

附記

甘布政批牘口

念九日

早飯後清理文件圍棋二局潘伊卿來久坐旋又見客坐
見者二次立見者一次午刻核批札各稿寫李少泉信
一件約六百字中飯請朱雲岩便飯飯後萬篪軒羅
茂堂先後來坐閱本日文件閱黃子壽編修所
為賢母錄述其母之賢徵采近人文字丐劉蓉府以
叙傍夕小睡核批札稿寫對字甚多閱江忠烈
公行狀將作神道碑答其弟達川方伯之請也狀為左
季高郭雲仙二君所為多至四十葉二更四點始閱畢
睡不甚成寐

附記

吳永鴻 長毛僧

趙惠甫 寒儒可用

王學懋 新署常州

劉藻 元甚

三十日

早飯後清理文件圍棋二局見客坐見者六次立見者一次午刻核科房批稿寫澄沅兩弟信中飯後閱本日文件撰為神道碑兩次未下筆小睡時許旋始作三百餘字二更四點睡

二月初一日

早飯後清理文件批文武賀朔者皆辭不見旋見客立見者三次坐見者二次作神道碑屢作屢輟約作千字至二更四點止寫未畢巳正圍棋二局午刻核科房批稿未刻閱本日文件季君梅世兄來談極久即在署內二寓居酉正又久談核又久談本日信稿批稿亦酌閱核訖

初二日

早飯後清理文件見客坐見者一次立見者一次圍棋二局又見

客坐見者三次立見者三次何廉昉談甚久午刻核科房
批稿旋小睡片刻中飯後立見之客二次閱本日文件潘
伊卿龐省三先後來談甚久再作江公神道碑至二更四點
止約五百字嘗余畢久不作文機軸甚生思亦遲鈍言
尚不能成篇亦因見客太多頭目煩憒神智昏擾故也
然余向來每作一文用心稍過輒竟夕不能成寐近三夕乃
能成寐豈氣體反勝於昔年耶抑心思并未深入耶

初三日

早飯後清理文件旋見客坐見者二次立見者二次圍棋一局
倦甚不能治事午刻核科房批稿有一竊盜案與
委員商處治之法中飯後萬篪軒來一談又立見之
客二次閱本日文件再作神道碑約二百餘字酉刻
脫稿旋至幕府眉談旋與晏梅一談閱批札各
稿蓋停閣三日矣夜後溫古文數首四點睡

初四日

早飯後清理文件　旋見客坐見者一次立見者一次圍棋二局閱王懷祖先生文集午刻閱批札稿中飯後見客二次坐均頗久閱本日文件寫對聯六付掛屏四幅約四百字傍夕倦甚小睡　夜核批札稿甚多二更三點後朗誦韓文數首四點睡

初五日

早飯後清理文件旋見客二次談頗久衙門期也圍棋二局又立見之客批東坡代張方平諫用兵書以原書論文移寄沅弟也李文森來久坐核科房批稿寫沅弟信　倦甚小睡中飯請季君梅何廉昉等叙宴申刻畢閱本日文件核批札各稿傍夕至幕府一談核信稿二更後極倦竟不能治一事雷電大雨直如傾河下注三點睡

初六日

早飯後清理文件李臬司恕皆來久坐圍棋二局曹委
門來一談閱漢書本紀二十葉至未正止午刻核批札
各稿申刻閱本日文件倦甚小睡酉刻核信稿
批稿傍夕小睡夜核信稿三件閱雜記類十一葉
二更四點睡疲困殊甚睡亦甚不安神

附記

袁愛存　蔣士奇

初七日

早飯後清理文件旋見客立見者一次坐見者一次圍棋
二局閱漢書十五葉核科房批稿中飯後閱本日文件
倦甚不能治事至內室逍遙自適潘伊卿龐省三先
後來久談閱李小湖文稿十餘葉傍夕小睡一時許夜核
摺稿二件信稿一件批札稿數件閱雜記類歐曾

數首二更四點睡今年正月十三日震雷大雪二月初五
日雷雷大雨初六初七皆竟日大雨如注嚴寒逼人麥
苗必傷天道可畏不勝悚懼

初八日

早飯後見客一次清理文件圍棋二局旋見各堂官又見
客三見者三次坐見者一次錢子密條陳附子請積穀以備
荒因檄湖南湖北江西四川襄下河五處各買穀二五万
石閱譚書二十餘葉核科房批稿中飯後至幕府
一坐陰雨嚴寒愁悶之至不能治事繙閱惲子居大
雲山房集數十首傷久小睡後核批札各稿二更二
點後閱雜記類二首四點後睡

初九日

早飯後清理文件旋圍棋二局閱譚書武紀略紀廿餘
葉午刻陳兒臣来潘伊卿来先後久坐核科房批稿

中飯後對伯山莫子偲萬麓軒先後來久坐閱本日文件 寫少荃信一件 倦甚小睡 袁壻穗澤强封民房倡妓多人 本年尚未入署辦事 本日聞將帶人去打保甲局 因派人去拏其家丁四人杖責三百一百不等 惟許滿未責 令與中軍同去拏倡家哈氏母子立掌嘴數百 發交首縣管押 竟夕為之不怡 閱惲子居大雲山房集數首 二更四點睡

初十日

早起閱袁壻於昨夕吞鴉片煙服毒 有一筆呈條 又有一書與袁小榮以自鳴其屈 亦頗出自為引咎 其毒甚重 指甲已青 兒輩以藥救醒之 直至申刻嘔吐二次 始有轉機 早飯後見客一次 旋圍棋二局 閱漢書宣紀元紀二十餘葉 核科房批稿 中飯後閱本日文件 因袁壻之事寸心愁鬱無聊 又

圍棋二局。閱張皋文古文，有惲子居批點者。傍夕至紀澤處，与睦岑鴻人談，在兒女輩自袁婿處歸。其毒已解，可生，家人皆為一慰。核信稿二件。二更後閱古文雜記類五首。五點睡，不甚成寐。

十一日

早起，閱袁婿毒已盡解，能食粥。飯後清理文件。見客坐見者四次，立見者三次。李文森、唐煥章一談甚久。圍棋二局。閱漢書成紀、哀紀、平紀。核科房批稿。中飯後閱本日文件。核現審二案。閱張皋文集。傍夕至幕府久談。核疲甚，不能治事，仍閱皋文集。二更後改招稿一件，約改三百餘字。五點睡。疲倦殊常，筋骨酸疼，老態積然矣。

十二日

早飯後見客，坐見者一次，立見者一次。清理文件。圍棋二局

又吐瀉一次，身體不豫，若甚畏寒，亟請王子蕃來看

診脈，服藥一帖。閱漢書洪表未移動。午中飯後閱本

日文件，閱漢表。敖藥病軀頹孄，不能治事，在外小睡

酬許僑夕核批札稿，核改摺稿二件，約四百餘字。二更

二點入內室，早睡。內人亦病，竟夕呻吟

十三日

早飯後清理文件，旋圍棋二局。閱漢書百官公卿表、古今人

表。因織造言龍江西新關事，繙閱會典戶部工部核

替科，批稿。中飯後倦甚，小睡。李日病尚未愈，竟日不食

飯。油筆，不見客。閱本日文件。申刻龐省三來一談

酉刻因畏寒，至上房圍爐良久。偏夕至季君梅處一

坐，渠亦病已半月矣。核改批札稿頗多。二更後閱古

文雜記類。二點早入內室，睡不甚成寐

十四日

早飯後清理文件 見客坐見者一次 立見者二次 圍棋二局 袁壻力疾來此說言願圖自新 為之少慰 核科房批稿 閱律曆志十葉 中飯後劉開生來久談 閱本日文件 寫澄沅兩弟信一件 核對各摺 於申刻發摺 傍夕與方元徵談 核批札稿 閱古文雜志類畢 又溫典志類二三頁 本日寫禁草 小睡數次 倦疲甚 二更三點睡 頗能成寐

十五日

早飯後清理文件 因病未愈 謝客不見 而坐見者甚多 旋見揚州守孫恩壽 方伯萬篪軒 坐均甚久 歐陽雲楙 王鴻訓來坐亦久 圍棋二局 閱律曆志十餘葉 李雨亭來久坐 核科房批稿 中飯後何廉昉來坐一時許 閱本日文件 潘伊卿來坐甚久 傍夕至季世兄處一坐 旋寫零字百餘 核批札各稿 二更三點後

溫曹阮詩數首本日上半日身體爽快因說話太多人
頗又倦乏矣
附記
○周錫祉
十六日
早飯後清理文件旋見客立見者二次坐見者一次李雨亭
談最久圍棋二局黃軍門來坐頗久又立見之客一次閱漢書
律曆志畢閱禮樂志十餘葉核科房批稿中飯後歐
陽小岑來一談閱本日文件劉開生來一談天氣寒
身體又病頭頸酸疼作瘧腰部亦疼不復治事因至內
室圍爐於飯後又圍棋二局旋至內室久坐二更三
點睡是日仍禁油葷
十七日
早飯後清理文件旋見客坐見者二次立見者一次圍

棋二局　是日大雪竟日寒殊孔有氣象書行冬令
不出今年更有何變為之心悸　閱禮樂志刑法志
畢　核科房批稿　又見省三一次　中飯後閱本日文
件　身體不快　至內室圍鑪長久　後見客一次　傷多盡
幕府一談　植核批札稿頗多　至二更四點未畢　睡
不甚成寐

十一日

早飯後清理文件　雨亭來久坐　各營官來坐　圍棋二局　旋又
見客坐見者二次　午刻核科房批稿　中飯後閱食貨志
十葉　閱本日文件　兩目疼痛　疲困異常　不能治事　至內室
久坐小睡片刻　旋又至簽押房小睡　天氣果奇冷　余亦畏寒特
甚　植以鑪盛炭火烘之　又圍棋二局　閱李仙九師年譜
將為墓志　二更四點睡　尚能成寐　細思近日之所以衰積
固由年老精力日減之故　亦由圍棋太多　讀書太久　目光

昏澀精神困乏血虧也嗣後當戒圍棋即看書亦宜
少減每日靜坐時許以資調攝

十九日

早飯後清理文件圍棋二局旋見客坐見者一次立見者一次
閱季公年譜畢午刻核科房批稿中飯後閱本日
文件改信稿札稿數件將爲季仙九先生墓志
銘經營艱窘至傍夕始一下筆僅作二百餘字二更
四點睡是日天晴氣象朗一掃近日陰霾之象

二十日

早飯後清理文件見客坐見者二次立見者二次衙門期也旋
圍棋二局作墓志銘又見客一次午刻核科房批稿
中飯請李雨亭季君梅便飯飯後閱本日文件甚多
旋又作墓志至二更四點寫作千三百字尚未畢是日作文
之際寫黑字甚多

附記

○七員補缺　○富將軍馬隊

○詹添一月粮　○吳濟帥兩信

○三司議條覽　○松織造光文二案錄請示

○杜案批　○暇蒼翁民二章程

○赴会館一看　○訊王茂元等　○陳植梧一案

廿一日

早飯後清理文件見客一次將萬士志銘作畢巳刻圍棋二局潘伊卿來久談午刻核科房批稿中飯後閱本日文件甚多作銘詩久不能成直至燈後始作畢酉刻黎純齋來久坐楷寫冊頁八十字核批札各稿至二更四點未畢蓋三日內作文諸事積閣未治也睡尚能成寐五更乃醒昔年每作一文輒數日不能成寐不知老年何以轉覺此病豈反健於壯歲耶抑用心未能銳入耶是日見諭旨惲中丞交部嚴加議處憤悶

參似近年黜陟此次之取為失當

廿二日

早飯後清理文件四公案竟見客四次坐見者三次圍棋二次寫對聯五付掛屏四幅午刻核科房批稿中周縵雲來一談中飯後季君梅歸去一談閱本日文件旌出城送君梅於舟次又至湖南會館相視修葺之法申正歸省三來一談核批札稿數件傍夕至幕府一談[illegible]市河十字河工程一案眼蒙字亦未能遂完二更二點後誦古文數首三更睡殊不成寐

廿三日

早飯後清理文件見客一次談頗久圍棋二局李眉生來談甚久閱食貨志下卷十餘葉核科房批稿中飯後倪豹岑來久坐閱本日文件萬方伯來一坐閱王陽明集選鳴原堂抄奏議周縵雲帶汪醇卿之子來一見

談頗久。核市河十字河一案，起一信稿，二更始畢。旋又
又核信札稿數件。三點後温古文數首，四點睡。

附記

黄管穀米　陳毓藻　如皋　氣象好

廿四日

早飯後清理文件。旋見客，坐見者四次，立見者三次。李朝斌、万
篪軒談甚久，万擬告病開缺，先來說明也。圍棋二局。潘伊
卿、王子蕃先後來久坐。核科房批稿。閱潭古郎祀志中
飯後閱畢，計十二葉。閱本日文件甚多。見客，立見者二
次。小岑來一談。申刻核批札各稿。燈後核摺稿一件、信
稿畢。程稿多件，二更畢。前三日積閣之件至是粗
了。二更後温古文序跋類數首，書寫數葉。四點睡。

附記

皖省裁撤卡　應復

廿五日

早飯後清理文件，旋見客，坐見者二次，立見者一次，圍棋二局，旋批鳴原堂文一首。見客，坐見者一次，立見者一次。午刻核科房批稿。中飯後寫兩弟家信，閱本日文件，閱莫府公送壽屏及安慶公送壽屏，因內人於廿九日五十生辰也。酉刻核批札各稿，傍夕至幕府鬯談，核信稿數件，核現審案二件，旋溫古詩數十首，二更三點睡。是日接澄沅兩弟正月十一信，又接沅弟二月初二信，寄之一函，惟沅弟肝家之病久未痊愈，殊為懸系。

附記

武職升遷調補　應查　江寧勤農章程

廿六日

早飯後見客，立見者一次，坐見者二次，清理文件，圍棋二局，閱鄧祀志十餘葉，核科房批稿。中飯後閱本日文件，日

內修葺署中舊花園往一層閱閱望溪文集墓志
墓表十餘首核批札諸稿甚多傍夕擬拆後面高
牆以便眺遠測量一番核寫要字百餘又核批札稿
二更後溫左傳韓文各數篇三點睡

廿七日

早飯後清理文件（杼筱荃壽帽來）圍棋一局彭雪琴來坐其奉命署
漕督吳仲仙署兩廣總督李小泉升湖南巡撫旋又見
客坐見者三次立見者四次雪琴亦巳末始去核科房批
稿簏省三本至中飯後閱本日文件寫楷書告示
筆太壞未能寫畢意緒不怡不能多治事閱望
溪文集數十篇至二更四點止是日天又雨陰寒

廿八日

早飯後清理文件雪琴來久坐旋圍棋二局閱望溪文集
二十餘首午刻核科房批稿中飯後閱本日文件將

、摺字等營欠餉冊細核一遍，旋核批札諸稿，巳刻雪琴來一坐，傍夕小睡，夜改湘後左右等營欠餉冊，查核一遍，批杜道漢鎮潛銷局獎賞甚多一案，句稽良久，更四點批畢，三更睡

廿九日

是日為內子五十生日，早間雪琴即來，余因漱痛概不見客，只有數人來簽押房一見，餘俱由紀澤等款待內外，吃麵起客，席晚飯六盤，旋清理文件，圍棋二局，午刻核批稿，雪琴來坐時許，余因內熱油葷，體中小有不適，中飯後寫告示一張，閱本日文件，旋小睡，片刻看雪琴畫梅，又看李質堂等射箭，酉刻批摺字等營欠餉案，直至二更三點始畢，句稽數目，最勞心神，睡後不甚成寐

三月初一日

早起，辭[illegible]不見，早飯後清理文件，見客立見者二次，旋

出門拜客十餘家彭雪琴黃昌岐李質堂等至雲姬拜會
午初二刻歸圍棋二局見客一次旋睡頗久中飯後閱本日文
件改雪琴函思摺稿一件寫扁字甚多傍夕至幕府
一談核核批札信稿二更後閱古文書說類三點睡倦
甚一覺已天明矣

初百

早飯後至貢院甄別鍾山尊經兩書院出題待文王而後
與共一章詩題雪近蓬萊常五色得常字稚至彰耳
之鍾山書院一看辰正歸清理文件見客一次圍棋二局
彭雪琴來久坐陳慶長等來一坐潘木君之子搬父柩來
歸來一談中飯後閱本日文件甚多寫對聯十付潘伊
卿來久坐雪琴來簡軒繼來均坐至更初始去核批札信
稿頗多二更二點後溫古文奏議類四點睡

附記

○覆奏黔洪各摺　○運西各片
○覆奏杏南瘡摺　○沅病片
○水師保摺　○皖南保摺

初三日

早飯後清理文件，旋見客，坐見者一次，立見者二次，圍棋二局；又見客，坐見者一次，立見者三次，閱漢書天文志十一葉，中飯；閱本日文件甚多，龐省三來久談，又立見之客一次，遍署中一處可以觀星，擬於小樓之側架一平臺，帶匠人審視一番；核科房批稿，酉正小睡，附許樓核批札，核信稿，添何小宋信二葉，二更後溫韓文各書，三點睡。

附記

○王成穀　考書院　張蘭孫和蕭蘭舫殺及新安工程
○江北勸捐告示

初四日

早飯後清理文件 旋見客 坐見者二次 立見者一次 圍棋二局 黃子儒 羅茂堂 賀宜勳三人先後來久坐 核科房批稿 閱天文志畢 中飯後閱五行志 寫澄沅二弟信一件 約五百字 閱本日文件甚多 至後園樓上一看 拆牆之後 即望見鍾山清涼山矣 傍夕小睡 夜核批札信稿甚多 二更一點後溫古文莊子 離騷 四點睡

初五日

早飯後清理文件 旋見客 坐見者二次 衙門期也 請錫雲與倪豹岑及蔭甫府試君閱書院卷 至後園看新拆外牆 圍棋二局 閱漢書五行志 午刻核科房批札稿 閱志至未正共十六葉 中飯 請錫雲等便飯 寫李少泉信一件 約七百字 閱本日文件 核批札各稿 傍夕與錫雲絮一談 小睡片刻 夜閱古文典志類 二更四點睡

初六日

早飯後清理文件旋見客竟見共三次圍棋
二局閱譚書五行志十餘葉核科房批稿閱梅伯言文
集中飯後李小湖來久談閱本日文件小湖自鹿軒處歸
又談即留在署中一宿批鳴原堂文朱子戊申封事翻年
譜一過核對太長未能閱畢倦久小睡在飯後與小湖
久談二更後核批札信稿四點睡疲倦已極因說話太多
也不甚成寐

附記

○送閱　　○家信　　○發摺

○蒙營發餉

初七日

早飯後清理文件旋見客坐見共二次圍棋二局寫家信
一件又坐見之客二次睡若三坐甚久午刻核科房批
稿閱五行志十葉中飯後寫書院摺照料一切閱

本日文件見客坐見者二次倦甚不願治事至後新樓一看
傍夕小睡在閱惜抱軒序跋文二更三點睡不甚成寐

初八日

早飯後清理文件李眉生來久坐旋見客各堂官來久談劉松山亦久談又立見之客二次圍棋二局又見客立見者一次坐見者二次核科房批稿閱五行志十葉中飯後閱惜抱軒文閱本日文件寫對聯九付至後院看作郭壺申刻核批札稿一冊許傍夕至幕府一談植齋雲字甚多溫古經三篇四點睡

初九日

早飯後清理文件旋見客坐見者二次圍棋二局已初出門至鍾山書院送飯賓主各行四拜禮山長即李小湖大理也又至尊經書院與山長周縵雲行賓主禮午初歸核科房批稿閱五行志十葉未初畢閱本日文件見

客坐見者五次黃子壽潘伊卿坐俱甚久說話太多倦
甚稍核批札各稿稍延片刻即開一詳單請夢卿
子密子公作二更二點後閱古文辭類纂傳誌類

初十日

早飯後清理文件旋見客坐見者三次立見者二次衙門期也
圍棋二局潘伊卿來一坐閱漢書五行志十二葉核科房
批稿中飯後至城北潘宅弔唁前任雲貴總督潘公鐸
字木君謚忠毅在雲南殉難本日靈柩到籍也申
刻歸閱本日文件至李小湖處借得宋搨閣帖觀
玩良久核批札各稿傍夕小睡核批稿信稿二更
後溫詩經數篇四點睡內人病已數日醫治無效

附記

○林沈先生　　○請忠義局

十一日

早飯後清理文件，圍棋二局，見客坐見者二次，立見者一次。批朱子成申書，至未初始畢。午刻核批札各稿，未正將書寫過硃筆圈點，至申正未畢。閱本日文件，再看宋搨閣帖。傍夕陪蔣帥府洪友至花園一看。核批札各稿。閱惜抱軒文數首。二更後溫左傳，坐黃芽蕭。四點睡。

附記

安慶另派員掣驗

十二日

早飯後清理文件，旋見客二次，圍棋二局，出門至古局拜沈葛門先生，請為本年西席，敦兒輩，巳刻歸。批朱子成申書，多過硃圈，至未正畢。午刻核科房批稿，申初閱本日文件。方伯來一坐。至後園眺玩良久，核批札各稿。傍夕小睡片時。許植改通籌淺黔摺稿，僅成二百字。二更四點睡。

十三日

早飯後清理文件 旋見客二次 衙門期門圍棋二局 巳刻沈
先生來 上學与談良久 旋又見客 坐見者三次 立見者一次 改摺稿
三百餘字 中飯請汪梅村 薛小宴 陪先生至後園一遊 未正
飯畢 閱本日文件 旋又改摺稿五百餘字 至酉正二更始畢
旋又改一片稿 又改一密片稿 未畢 二更四點睡 自覺用心太
苦 目睛作疼 不甚成寐

附記

○鹽道札

十四日

早飯後清理文件 旋見客 立見者三次 坐見者二次 圍棋二
局 改密片稿畢 趙惠甫又來久坐 又立見之客二次 坐見者
一次 核科房批稿 中飯後龐省三來一坐 閱本日文件
目睛作疼 眼倦殊甚 傷多 夕伊水溪軒談 坐至燈後未

一坐檢改一行稿文四點畢　是日寄澄沅二弟信一件
睡不甚成寐
十五日
早起見文武賀望者多起至辰正畢　圍棋二局已刻又見客
坐見者一次核科房批稿小睡片刻夜倦殊甚中飯後至
幕府一談閱本日文件發報摺四件一清單　至後園散步
逍遙因疲困不能治事也核批札稿傍夕小睡已又核敘
主錫以剛陽美陰美陽懸陰懸之法家於溫史記　二首　二更三
點睡
十六日
早起飯後清理文件見客二次見者二次圍棋二局已刻後以見
客坐見者五次立見者一次李延辰李眉生坐甚久請其小鄉
同年至安慶一行鴻兒擬以四月廿一日完姻請其圓媒以其
與友郭雨生為同年也午初李小湖來久談是日請渠

小宴趙菁屏泉程可山等在坐申初散寫夢鳧信一件兄
寄之兄共之次閱本日文件傍夕核批札稿甲四甲六
姪自家来閱其去年要有外婦令未遣之因怒斥之非
小睡後刻在核批札稿數件 二更後眼蒙殊甚不能
治多讀古文辭雖類數首三點睡

十七日

早飯後清理文件於兄處見共之次圍棋二局向師樣表久
坐接奉初旨 廷寄一道首行荃議政王之銜為之大詫与
幕中幕友漢評良久午初核批札稿寫對聯九付中飯後
又至幕府一談雁省三来一談閱本日文件於至後園居
玩片時核信稿十件約一册有餘傍夕至後樓与紀澤
一談時再在核批札各稿二更後溫史記三首四點睡
頗能成寐

十八日

早飯後清理文件 圍棋二局 見客坐見者四次 立見者一次 丁雨生談最久 適羅氏女於巳刻生一子 大小平安 萬篪軒來一談 午刻習字一紙 核科房批稿 寫對聯九付 中飯後寫沅弟信一件 核批單發去 閱漢書五行志畢 閱本日文件 潘伊卿 歐陽小岑來久坐 傍夕至後園一看 遂睡 燈核批札信稿 二更四點粗畢 睡

十九日

早飯後清理文件 旋見客坐見者一次 圍棋二局 習字一紙 丁雨生來久坐 附許送渠所得書目一閱 又送大火箭一閱 方世兄來一談 午刻核科房批稿 閱漢書地理志 中飯後寫對一付 閱本日文件 龐省三來久坐 至後園觀競 核批札各稿 傍夕小睡 後刻極寫少荃信一件 閱古文士相見禮 二更時 摺差李鼎榮自京歸 閱京信京報 至二更五點睡

閱捻匪已至泰平渡上 僧邸於三月追五六百里 趕到步星

在兗州甚苦紀律甚深為可畏

附記

○問丁雨生華天兄雪影樓　○核水師保單

廿日

早飯後清理文件，旋司道來見，雪琴來久坐，旋又見客，坐見者三次，立見者二次，圍棋一局，習字一紙，閱漢書地理志畢，核科房批稿。中飯，請雪琴與蘇州府諸人便飯，在後園談。歸與之聯覽良久，閱本日文件，見客一次，倦甚，小睡。核批札各信稿，旋溫古文士相見禮、覲禮，二更四點睡。是日雪琴帶到硃批，仍令赴漕督之任，雪琴又擬呈摺固辭。

廿一日

早飯後清理文件，旋見客，坐見者二次，立見者二次，圍棋一局，習字一紙，閱溝洫志，核科房批稿，倦甚，小睡。閱方望溪

年譜中飯後寫對聯六付閱本日文件出門拜雪琴未晤
丞繆雲臺一坐歸黃軍門來久坐旋閱望溪年譜畢
核批札各稿傍夕小睡看又核批札稿二更後　○斜七
古數首

廿二日

早飯後清理文件彭宮保丁雨生來久坐圍棋二局習字一
紙核水師保單午刻核科房批稿未刻閱本日文件
寫何子貞信一件李小湖來久坐核批札各稿傍夕至花中府
久談旋核批札各稿溫古文二首二更四點睡

廿三日

早飯後是日恭遇　皇上十歲萬壽至貢院拜牌寅正
至卯初二刻行禮卯正回署早飯後清理文件見客三次
又立見之客一次圍棋二局曹鏡初來久坐小岑三孫歐陽述來久
坐習字一紙閱藝文志十五頁核科房批稿小睡片刻中飯

後孟瞻通來先生壽亭之子也閱本日文件 寫李小
湖信 附致摺稿一件 倦交亦睡極寫雲字甚多 小
湖體以呈其先父惠湖先生所製羊毫一試之也 擬改信稿一
件又核批札各稿 閱書文出說類 二更四點睡 疲倦極
矣

附記
○六合案
○孫鉅批
○劉信由上海寄京
○望溪疏
○家信
●○王茂元案

廿四日

早飯後清理文件 旋見客坐見者一次 立見者二次 圍棋二局
習字一紙 閱漢志二十餘葉畢 核科房批稿 見客一
次 坐談頗久 中飯後又見一次 何璟熙自京師來 與談良
久 閱本日文件 圍批方望溪奏議一首 係原書抄本也

傍夕至幕府一談 校核批札信稿 二更後溫孟子數十章 三點睡 疲困殊甚

廿五日

早飯後雪琴來 同去大校場閱走 余閱四十三人 取二十九人 彭閱四十九人 取二十九人 午初二刻回署 與雪琴共定高下 畢 中飯後雪琴久談始去 見客二次 圍棋二局 閱本日文件甚多 申刻坐見之客一次 寫家信一件 歐陽小岑來久談 校核對摺件 後核批札稿數件 改鹽務信一件 三更睡

廿六日

早飯後見客二次 鄭守之坐甚久 與程圍棋二局 午刻李壬叔 李眉生 李小湖 彭雪琴四人先後來 清談均久 閱核科房批稿 中飯後坐見之客五次 閱本日文件 核批札各稿 直至二更四點始畢 將料理一切 明日出門也 說 疲困極矣

廿五日

早飯後剃頭一次，旋見客二次、、帥府一談，已而出門出（由）岸西門登舟，見客二次，旋於巳正開船。与方元徵圍棋三局，又与之久談一切。中飯後小睡片刻，溫古文類纂中數首。傍夕至浪洲口灣泊，凡行一百七十里。雪琴來久談，極熱。熱，小睡，二更四點睡，不甚成寐。

廿六日

早飯後清理文件。開船赴焦山，舟次圍棋一局。已初至焦山，見客多次。方丈大和尚名芥航，常鎮道許緣仲亦自常州至山。周覽各院寺樓，各寺皆在山之南。觀寺中所藏楊忠愍公所書手卷二件，近代名人題識甚多。又觀王夢樓所書壽屏等件，又觀純廟所賜平定安南、平定台灣等印圖。午初芥航請吃高麗午飯，午正緣仲請吃中飯。未正飯畢，登焦山絕頂一覽。同游者為彭雪琴侍郎、王廣文、李小

晤大理聯琇黄昌岐軍門翼升 鄧守之布衣傳密 方
元徵大令駿謨陳小浦廣文方坦皆隨余自金陵來者
也李雨亭都轉宗羲莫子偲大令友芝張芑堂觀察
富年皆自揚州來者也在山頂山腳兩寺小憩良久酉刻歸
寺僧索題識於冊手卷各題數字以記歲月 又觀瘞鶴
銘及寺中所藏周鼎阮文達所推置薄堂隨影 又
觀西漢碑完白墨蹟傅文觀雪琴守之所書數幅燈
後雨亭請吃晚飯旋歸舟倦甚小睡是日早間閱京報見
三月八日革恭親王差事 諭旨有目無君上語多挾制
暗使離間不可細問等語讀之寒心惴慄之至竟日怦怦如
不自克 二更三點睡不甚成寐

廿五日

早飯後清理文件旋由焦山開船至北固山登山四望雄壯佇立
良久旋入鎮江城拜副都統富陞知府周輯瑞生均頗久坐

府署後望城一望，与北固山相距兩箭許，守府城不可不兼守
北固。城周約十七八里，離北城八里，望金山已在南岸，不復在江
心矣。晚覽甚久，旋渡江至北岸八濠口，現擬於此處開一
新河，俾鹽船由瓜州之小口子轉入新河，庶小船免行江
路，而大船灣泊鎮江對岸，亦無風濤之險也。与雨亭等
步行查勘。中飯後坐轎，申至八濠口，至瓜州大口，沿途細看。
旋開船移赴揚州。舟中圍棋二局。閱邑書公事。閱丹
徒生員戴所著書，名釋弓湖舟古文二本，讀書錄條貫二
本。傍夕泊於九里灣。権与雲槎、寧之等晤談。二更後寫
吳仲仙信一件。核批札各稿。寫紀澤信一件。二更四點
睡，不甚成寐。

四月初一日

早間各員弁賀朔。飯後清理文件。進城，揚州府城至公館，接見各員
甚多。許仁山亦來久談。倦甚，小睡。中飯後應酬良久，又小睡片

雨亭笆重論開河事宜申正拜客數家出城至五台山吳師芬所
帶淮勇四營駐扎於此在城東五里許名曰山寨平地也
師芬吳伯華勇丁精壯器械鮮明為之一慰順南城外河
沿而歸戌初回船圍棋一局在樓　王寄二函即十五日專摺
之批旨也將移撥事宜核閱批訂陳小浦來久談二更三點
睡甚不成寐

初十日

早間各客來僅辭而不見飯後見客多二次李雨亭來坐甚久
與論開河事宜旋自揚州開船出江與方元徵圍棋三局
至三汊河觀行宮舊址　聖祖仁皇帝於康熙四十三年南
巡過此御製碑文賜寺名曰高旻寺其右有　高宗五
言律詩碑一道此外一片瓦礫蕩然無所有也午正至
瓜洲口中飯後出江嗣錢平輪船將長龍船拖帶於後
逆風逆行又值退潮之際輪船亦不能速行至二更始行草

雖夾外又換小舟入夾行十里許至藍子磯灣泊是日共
行百九十里旋在輪舟看鄧寄之册頁四本睡頗能成
寐

初三日

早飯後清理文件開船行卅餘里至中關登岸入張仙舫鹽
局一談旋至雪琴船上談 國子與渠家子散戲久之
渠旋下別回裕溪口余亦回省午初進城見客立見者六次
坐見者三次中飯後至幕府久談旋閱本日文件及吾
內書用巨封送閱之文約二百件寫扁二幅歐陽小岑
來久坐傍夕睡旋核改信稿三件 二更後閱陳小泉
所刻敬敷書院課藝小睡片刻三點入內室倦極睡
尚不成寐

初四日

早飯後清理文件旋見客立見者六次坐見者七次朱子典

汪梅村及寅皆十弟三起坐最久圍棋二局寫孫文節公祠聯一付聯云以文來以節歸毅魄長留勵江上下因孝勸因忠死苦心可質万世鬼神中飯後至萃帥府一談鄂省之在此患病請人為之診視立見之客三次坐見之客二次周曼雲等久坐閱本日文件見筆問通鑑等稿發見客太多倦甚積閣公事不能清釐偶爾睡在核批札各稿二兒及一甥兩婿觀星至後園望樓教之二更四點入內室三更睡

初五日

早飯後見客二次衙門期也清理文件圍棋二局又坐見之客一次立見一次出門至河干送孫文節公靈柩至滿城將軍魁玉又查看東邊溝推至汪梅村家久坐午正三刻歸中飯後見客坐見一次立見二次閱本日文件

將原奏抄陳湜傳中三疏，批點並成，刻畢，旋寫家
信，夏初畢。清理文件，核批札稿。二更後，又至樓上與
兒子甥婿輩談，星四點入內室，三更睡。是日有客雲及兒宗
澄一件，言近事頗詳。又見三月十六日諭旨，恭王復入總
理衙門，讀之感嘆良久。

初六日

早飯後見客一次，談甚久。觀李次青所著國朝先正事
略。圍棋二局，倦甚，久睡，以營未末正午刻，核科房批稿
極多。中飯後至幕府，敘鶴少仲來久坐，萬篪軒
來久坐。閱本日文件，核批札各稿，極多，未畢。倦甚小
睡。核核各信稿。二更後，改數兒子甥婿等看，星三點
後温詩經十餘章，睡，不甚成寐。

初七日

早飯後清理文件，旋見客三次，圍棋二局，又見客，竟見其

一次出見客三次寶兒十弟來久坐詢問家鄉及途次一切景況與
論中飯後至幕府一談看鄧守之病狀旋閱本日文件
申刻潘伊卿來久坐核批札稿甚多閱江都（儀徵）團權齋詩
稿名維墉字慶閣一詩人袁子才吳穀人作序也倦久不
睡極核改信稿二更後教兒輩認星三更睡

初八日

早飯後清理文件圍棋二局見客坐見者五次立見者一次錢
桂森坐頗久午刻核科房批稿甚多中飯請何小
薌黃十弟薛便飯未正散閱本日文件寫楊厚庵
信二葉再核科房批稿幕府批稿信稿見客
坐見者二次傍夕小睡極寫零字頗多旋核各批稿
寄丞揚鎮數目積閣文件令稍稍清楚矣二更後與兒
輩看星為雲所掩二更四點睡是日接奉　批旨雪
琴辭漕督之任已邀　俞允

初九日

早飯後清理文件兒客生覓共決圍棋二局閱張皋文儀禮圖寬十來一坐核科房批稿杜蘭溪午正來與之久談即留在署中作談至申初始散閱本日文件晚刻又與蘭溪密談傷多不勝復閱批札諸稿二更後與兒輩看星月明豐擁殊量形兒三更睡說話太多昏倦殊甚

附記

楊玉輝案　皖南保案　蘇漕摺

奏祠摺　彭譜序　程主扁

下碑祭　朱杜案　護很棧章

昭忠碑　札局虞商 張汪　札旌務 炳

將軍添屋　宇季碑　劉鄂字

初十日

早飯後清理文件見客二次衙門期也圍棋二局與杜
蘭溪一談旋見客坐見者一次立見者三次閱儀禮士冠禮
兆張蒿庵張皋文江慎修秦味經諸家之說余謹核
科房批稿中飯後與蘭溪久談閱本日文件見客
坐見者一次立見者二次核批札各稿丕刻與蘭溪覽
觀後園傍夕小睡核批札稿二更與兒子甥婿輩看
星三更睡

十一日

早飯後清理文件旋見客坐見者三次立見者二次圍棋二局
閱儀禮數葉魏蔭亭來久坐一時許核批札稿倪豹岑
來久坐中飯請杜蘭溪錢辛伯勒少仲等小宴申正
散閱本日文件倦甚小睡酉刻核批札稿傍夕錢
子密來一坐核批札諸稿二更後溫孟子所謂善
言德行者當為後世程學諸家之源實是發命

其要為後世詞章家之源孔子謹不能露命
而以善言德行自許蓋在臣其實有盛德至行
而後能自道其所得也論語一書於善言德行
之尤著者因題論語而為政八佾三篇三更五睡

十二日

早飯後清理文件与杜蘭溪久談旋送之出城此上見
客坐見者一次立見者二次圍棋二局小睡片時閱張
皋文儀禮圖略加批訂士冠禮至禮贄之章核科房
批稿小睡中飯後至藩府署久談閱本日文件寫對聯
六付薛世香太守自蘇州來与之久談彼去未久復
偶又小睡核批札各稿二更二點後閱史文典志類
四點睡

附記

習勤　崇儉　謙慎　[illegible]（強恕）

堅剛(強)　明清　渾樸　專(誠)一
孝道　友恭　內治　外儀
軍禮　兵制　謀略　戰守
字部　訓詞　詁用　音韻

十三日

早飯後清理文件見客二次薛世香坐頗久圍棋二局汪梅村來一坐巳刻閱儀禮士冠禮經畢核科房批稿中飯後至藩府一談閱本日文件寫對聯挂屏數幅小岑來久坐核批札稿寫雪琴信二葉溫典志類封禪書數葉二更四點睡

十四日

早飯後清理文件旋見客坐見者三次萬篪軒談頗久圍棋二局潘伊卿來久談閱儀禮冠禮畢昏禮至納徵止見客坐見者一次立見者二次核科房批稿小睡

片刻中飯後查兒輩工課閱本日文件寫對聯十
付小睡片刻發改摺一件片一件小岑來談甚久核改
片一件約改四百字倦甚二更四點睡不甚成寐

十五日

是日換戴涼帽因昨日勞乏殊甚各煩客來皆辭不見清
理文件於圍棋二局小睡片刻洪琴西來談最久王鴻
飛自蕪湖來一談閱儀禮士昏禮合巹畢核科房批稿
中飯後寫對聯四付閱本日文件極多圍批甚原
查文一首寫澄沅兩弟信一件小岑來一坐倦甚小睡
核改摺稿一件片稿一件二更四點睡不甚成寐是
日燥熱異常不能治事

十六日

早飯後清理文件見客坐見者二次立見者二次圍棋二局改
片稿一件譚藎遠來久坐閱士昏禮核科房批稿鄧守

又來久坐中飯後至幕府一談旋看京報數本閱
本日文件寫對聯五付核批札各稿本日自卯正至
酉大雨竟日晚間看雨與客久談核報二摺五行接核
修稿數件二更後溫杜韓七古四點睡

十七日

早飯後清理文件旋立見之客一次圍棋二局李雨人來
久談閱禮書綱目氏家龐省三來一談陳舫仙來又談核
科房批稿中飯後見客一次閱本日文件潘伊卿來一
談寫李少泉信一件倚夕小睡燈後見客一次核洋人通
商占地之在下關之下一帶又寫少泉信一葉二更後
紙譯閱正蒙中稱蒙倦甚三點睡近年天熱則神思
淺昏倦今年癃更憊矣是日聞雪琴云參兵八千由四川
入甘肅行至宜口反叛秦某冊壁岸各營官彈壓不服避
回武昌叛勇由紙口南口聲言至江西索餉至歲寧已

賊官擄人前接湖北信咨本日聞陳舫仙始知其詳為之
憂灼無已

十八日

早飯後清理文件 旋見客二次 圍棋二局 又見客坐見者一次
立見者二次 閱禮書綱目冠昏記二十餘頁 中飯後畢 未刻
寫季仙九先生墓志 旋閱本日文件 寫墓志至酉正止
約寫五百餘字 見客一次 言洋人踹看馬頭多處 夕至幕
府一談 核信批札稿甚多 倦甚 二更後溫誦杜工部五
律 三點睡 是日因紀鴻兒於廿一日成婚 先行納徵 俗所稱過
禮也 余久不作小楷 是日所作小楷約七八百字 大覺吃力 且目光昏
眊 以用意深之老花鏡寫過後 脹疼殊甚

十九日

早飯後清理文件 旋圍棋二局 小睡片刻 寫季公墓志
銘 午刻舫仙來久談 旋又寫墓志 至申初寫畢 約八百餘

字久不作楷深以為苦旋核批札各稿傍夕小岑來久談
夜默誦論語二更三點睡是日霖雨竟日不止念及農
業之歉憂灼無已

二十日

早飯後清理文件見司道一次倦甚小睡良久閱封禪書
午刻核科房批稿中飯後至幕府一談閱本日文件核
批札各稿習字張猛龍碑一紙天雨連四日不息復睡片
刻核辰州設棧章程二更後與兒輩登樓看星
頭更崇被雲掩四點睡內人久不能飯病勢殊重

廿一日

早飯後清理文件圍棋二局是日為紀鴻兒成婚之期
送喜之客甚多見客四十餘次坐九次曾琴及舫仙等
坐甚久未初發轎申正三刻喜轎入署酉初行禮酉正宴客
男客四席女客二席二更客散核批札各稿三更睡是

日接奉 廷寄一等侯之上加毅勇二字李少泉伯之上加肅
毅二字日內正以時多日紀想然不敢加此二字不以爲榮適
以爲憂

廿二日

早飯後清理文件旋圍棋二局見客坐見者八次立見者一次
雪琴薩亭眉生三起坐甚久午初出城至薩亭舟次
送行旋至雪琴舟次不勝得見客一次中飯後倦甚不耐
內室請鄭親家母吃飯細樂余因三月初八之事及遭豐
之變悵然寡懽因再与方元徵圍棋三局天晴日永下
半天未治一事近年無如此三女孀情甚傷久久不睡極溫核
批札各稿二更三點睡

廿三日

早飯後清理文件旋見客坐見者三次立見者二次出門
拜客至午正二刻始歸 再核科房批稿中飯後圍

棋二局。朱守謨與李眉生來久談。閱本日文件。閱劉申受集，名逢祿，武進文定公之孫，開生之祖也。積壓公事要件甚多，不能清理，及湧然若毫無頭緒若此。余生平舊病，今為如此，殊以為愧。鄧守之來一坐。傍夕見進士題名錄。歐陽小岑來久坐。核清理批札各稿。二更後與兒姪輩看星。旋核改信稿。四點睡。

廿四日

早飯後清理文件，旋見客一次，圍棋二局，又坐見之客三次，立見之客一次。倦甚。閱劉逢祿集。午刻核科房批稿，於寫澄沅兩弟信，未畢。中飯後陳舫仙來坐極久。申刻核閱本日文件甚多，將家信寫畢。批鳴原堂文一篇。傍夕睡後園樓一看。夜將古文批畢，核批札各稿。二更二點後溫古文序跋類。四點睡，不甚成寐。

廿五日

是日為考閱歸標槍弁之期天雨辰刻始赴較場
余在中廠閱馬上鎗四十人又閱步箭及他技副參游
三十二人萬方伯普鎮閱都守六十七人總鎮唱武書
協恒清閱千把外委六十六人午正三刻畢未正二刻
歸中飯後圍棋二局洋人四人來見一秋隆一柏卓安
一敦妥瑪一威克係遵照條約在金陵通商新來勘定地
基在中關小河之下近稱下關昔年救生局之地上年劉
連捷孔璧震也與談良久申刻閱本日文件雜核批
札各稿傍夕小睡極將本日考閱將弁核校等第名
次二更後溫古文辭類四點

廿六日

早飯後清理文件旋見客坐見者二次圍棋二局又坐見之
客二次趙惠甫談最久又見客一次唐煥章談定又送牛氏
家言一冊牛雪樵之廬訪梅述其友梁山先生之言作麟也真

擘堅忍為近世講學家所不及 請陳舫仙鄒柳南等中
飯未正畢旋閱本日文件 閱牛氏家言正刻 核批札
各稿 傍夕小睡 核再閱 批札稿 二更後溫孟子四點睡

廿七日

早飯後清理文件 旋見客坐見者三次 圍棋二局 又三見之
客二次 午刻 核科房批稿甚多 中飯後見客一次 旋閱
本日文件 見段壇元席研香等 知晏雲屢所轄豐
核初九日在上杭忽叛 十分可慮 憂灼不安 所擬緒屋寓皇皆以
籌計 又與方元徵圍棋二局 旋在後院看修小樓 核
批札各稿 傍夕坐新樓 與客談 核核蘇州減漕摺
二更後與兒輩看星 四點睡

廿八日

早飯後清理文件 旋見客坐見者四次 萬篪軒坐最久 圍
棋二局 思畫一星圖 與兒紀澤看經星良久 未得下筆 午刻

核科房批稿中飯後見客一次閱本日文件閱韓弼元
翀起詩集正刻核信稿批稿多件倦甚小睡校核蘇
漕摺稿二更後与兒輩看星昱日閱京報四月十六日恭王
復充軍機大臣又接婁雲慶稟其軍因飢潰了為不
十分決裂衷為之少慰越霆營之禍巨咸不知何日得
了實有無窮之慮

廿九日

早飯後清理文件旋見客坐見者二次立見者二次圍棋二局朱
子典來一談又見客坐見者一次立見者一次代陳舫仙改摺稿一
件午刻舫仙來久坐未刻后閱本日文件改沅弟摺稿一
件核批札信稿數多倦甚盈稿上一為睡覽王子壽來
一坐核改近日軍情摺未畢二更後与兒輩看星四點睡

卅日

早飯後清理文件圍棋二局改軍情摺改畢羅

茂堂來久坐，午刻核批札各稿，中飯後至幕府久談。核閱本日文件，又改信稿一件，傍夕至樓上與紀澤久談，燈後核批札各稿，二更四點睡，困倦殊甚。

五月初一日

早間小有不適，發冷畏寒，不見，飯後清理文件，圍棋二局，見客，坐見者二次，立見者二次，辦作一告示，錄敘鹽運經費（報字），意久未得下筆，小睡，閱錢辛楣文集，午刻核科房批稿，倪豹岑來久坐，中飯後閱本日文件，閱十駕齋養新錄，申刻與黎蒓齋久坐，又坐見之客一次，晡時剃頭一次，是日圍棋二局，三行，傍夕小睡，燈後核批札各稿，二更後與兒輩看星，三更五點睡。是日因告示未能迅速下筆，悠忽無度，日來治一事，實為愧慬。

初二日

早飯後清理文件，旋見客，立見者二次，坐見者一次，圍棋

二局見客周頤山鄭遠堂生皆宸久朱星檻未一坐西作
辭散澤遣呈告示自巳正起至二更止共千餘字尚未完
畢中飯後點將軍採織進小宴未正畢申初閱本
日文件傷夕接奉廷寄飭余至淮徐督師相並
幫府一談二更後與兒輩看星三更睡

初三日

早飯後請程文伴旋見客坐見者四次立見者一次閱棋二局
陳觴仙來一坐將告示稿記之申後又見客坐見者二次接奉
廷寄僧王於二十四日接仗失利即時陣亡 命余赴山東剿
賊李鴻章署江督劉郇膏護蘇撫奉之詫嘆憂憤申飯後
至幫府一談旋閱本日文件李少湖來久談儀軒省三來一坐
核批札各稿少岑來久談植核各信稿二更與兒輩看星三點
睡疲倦極矣

初四日

早飯後清理文件，旋見客。先見者三次，再見者二次，圍棋二局。旋又見客三次。午刻核科房批稿，陳舫仙來久坐。中飯後寫少泉信一件，閱本日文件。文輔卿來一談。錫豐來一談。核改信稿、札、信甚多。傍夕至樓上與家人一敘。校核批稿、信稿。二更後與兒輩看星。旋再清理公事，四點睡。

初五日

是日因身體困倦，凡文武賀節皆謝不見。早飯後清理文件。郭世兄來見，旋寫澄沅兩弟信。午刻核科房批稿。畏熱殊甚，小睡良久。李小湖送梁山舟帖，展玩良久。中飯後閱本日文件，與程伯旉談極久。小岑來談亦久。小睡數刻，傍夕至樓上與紀澤一談。校核批札各稿。二更後與兒輩看星。二點睡。

初六日

早飯後清理文件，旋圍棋二局，見客坐見者五次，立見者一次，旋改核房批稿，又坐見之客三次。中飯後陳舫仙來坐甚久。閱本日文件。申刻又圍棋二局。因天氣奇熱而此征之事茫無頭緒，此心焦急，若不能自主者。旋核批札各稿。傍夕至樓上與紀澤一談，極以考未謀。二更後核各稿畢。溫韓詩七古。三點睡。

初七日

早飯後清理文件，旋見客二次，圍棋二局，又見客二次。周陶山談最久。閱姚惜抱文集。核科房批稿。中飯後又閱惜抱集。旋閱本日文件。申正出門，至李少泉處久談，觀其先人玉泉先生所藏四寶中之丁道護碑、善法寺碑，又觀明刻本夏承碑。傍夕歸。燈後陳舫仙、羅茂堂等來談定霆營、湘勇此征之事。旋核批札各稿。二更三點粗畢。是日接沅弟初二、初三日兩次 速寄皆

僅余迅速啟程北征

初八日

早飯後清理文件，旋圍棋二局，見客二次，午刻潘伊卿來，坐甚久，將改摺稿，經營良久，尚未下筆，中飯後見客坐見者二次，又圍棋二局，旋改摺稿，至二更四點，尚未畢，約改千餘字，困倦殊甚

初九日

早飯後清理文件，旋圍棋二局，將昨日摺稿改畢，見客坐見者四次，雪琴於巳刻來，申飯後始去，作片稿一件，閱本日文件，又圍棋二局，因張詩日言君勇錢錢里歸不願北征，又與伊卿一商，旋再與潘羅一商，備文接奉

諭旨飭余節制直隸山東河南三省文武，精力日頹，而責任彌重，深為悚懼，至幕府久談，寫李少荃信未畢，二更四點睡

初十日

早飯後清理文件 旋見客坐見者二次 衙門期也 圍棋二局 巳刻彭雪琴來久坐 至未刻始去 潘伊卿來一坐 核科房批稿 中飯後閱本日文件 申刻潘伊卿等復來一坐 旋核批札稿 清近日積壓之件 倦甚小睡 極 核批札稿 二更四點睡

十一日

早飯後清理文件 旋圍棋二局 黃軍門來坐極久 旋見客二次 午刻核科房批稿 倦甚小睡 中飯後至幕府久談 旋閱本日文件甚多 陳舫仙來久坐 小睡 旋寫對聯 核帳多件 倦甚小睡 極核批札稿極多 二更四點睡 疲乏極矣

附記

○鶴章閱缺

十二日

早飯後清理文件旋圍棋二局見客坐見者三次立見
者二次核科房批稿寫郭筠仙信一件劉松山來久坐中
飯後閱本日文件見客坐見者三次核批札信稿頗多見
劉霞仙所作辨蔡壽祺誣劾一疏置身甚高辭旨深
厚告名作門傍夕至幕府久談夜改摺稿一件未畢三
更睡

附記

○古西單

十三日

早飯後清理文件見客二次旋圍棋二局作摺稿一件未畢又見客
三次筠仙談甚久改摺稿一件中飯後又改摺稿二件閱本
日文件見客坐見者三次李小湖談甚久旋至幕府一談
旋核批札各稿傍夕小睡夜又核批札稿至二更二點未畢

倦甚讀小杜七律以自怡是日接奉 廷寄二件發
抄摺二件片三件

十四日

早飯後清理文件 旋見客三次 示劉松山以看圖之法 圍
棋二局 見客 坐見者二次 立見者一次 午刻核科房批稿
閱惲子居古文 中飯後閱本日文件 旋又圍棋二局 將
應帶各員酌定一單 核批札各稿 潘伊卿來久坐 旋至
幕府一談 二更後溫古文 閱本 四點睡 是日接奉 廷寄
二件 始聞鼎甲之信 狀元崇綺蒙古人 探花楊霽漢軍人
國朝二百年所未有也

十五日

早間文武賀望甚眾 皆辭不見 飯後見萬祥芝一次 圍棋二局
旋又見客一次 寫澄沅兩弟信一件 寫少泉信一件 午刻潘伊
卿等三人來久談 中飯後閱本日文件 倦甚 書小湖送其祖

公詩集粗閱數十首 核皖南保案四單 核批札各稿

傍夕至幕府一談 旋核辰棧二單 程刻本 二更後溫古

文簡本 三點睡

十六日

早飯後清理文件 旋見客二次 黃昇門生頗多 圍棋二局

又立見之客三次 坐見者一次 午刻核科房批稿極多 中飯

後小睡片刻 閱本日文件 內有京報十餘本 旋閱李申甫

寄廬詩鈔 寫大字數十 核皖南保案畢 傍夕至幕府

一談 旋核批札信稿 未畢 二更三點後溫孟子韓文 三更

點睡 日內不肯見客 精神略旺

附記

澤兒二文

長江水師規制

十七日

早飯後見客，坐見二次，清理文件，圍棋二局，旋見客，坐見者頗，立見之二次，與留仙談甚久，小睡，閱王陽明年譜，午刻坐見之客一次，核科房批稿，中飯後圍棋二局，閱本日文件，寫扁額對聯甚多，核批札稿，傍夕至樓上，訓戒羅婿，旋核批札各稿，二更三點睡。

十八日

早飯後清理文件，旋見客，一次，圍棋二局，李幼生、潘伊卿來，坐久之，又見客一次，午刻核科房批稿，李宇亭來久坐，中飯後見客一次，閱本日文件，李祥和來，一坐，改紀澤壽文二篇，寢[illegible]字帖，小睡，旋核批札各稿，因說話稍多，氣竭力倦，香[illegible]殊甚，接沅弟信，知科[illegible]得取頭葉首，為之一慰，精神略振，旋又困憊若萬難支持，二更三點睡，不甚成寐。

十九日

早飯後清理文件，旋見客，坐見者三次，立見者一次，圍棋二局，閱王陽明平濠書，午刻核科房批稿，見客，坐見者二次，彭笛仙談頗久，中飯後至幕府一談，與那軍來一談，圍棋二局，閱本日文件，寫對聯五十付，申甫、小岑來久坐，旋至幕府略坐，旋登樓一看，核批札各稿，二更四點睡

附記

出門至北東　將軍　臨志　潘宅　下祠

廿三至西南　司道　兩山長　兩軍門　兩織造　郭宅　芸帥祠

廿四

早飯後清理文件，旋見客，立見者一次，坐見者四次，圍棋二局，旋又見客，坐見者四次，立見者二次，疲乏甚矣，午刻核批札稿，小睡片刻，中飯後寬十弟來久坐，閱本日文件，核現審各案供摺十餘件，核各年摺，去後不必存

萬步。傍夕剃頭。後羅茂堂來談。柏堂、陳季牧信一
葉。核批札稿頗多。至二更四點未畢，即睡。錢子密出示
其先世錢文端之母機紡授經圖，高宗及諸名臣
題詠甚多。觀玩甚久，信家寶也。子密述其曾兄
啓自京歸，謂江浙語及沅弟毫無間言，与前聽聞之
說又殊，可見毀譽之無定矣。

附記

○昭忠祠捐項　○湖南会館捐項

○岳廟捐項　○內府銀札台

廿日

早飯後清理文件。見客二次，又立見者一次。圍棋二局。旋出
門至下忠貞公拈香，又至昭忠祠与蕭仙舫、輔卿、伊卿等商捐
銀以謀該祠垂久之計。旋又拜城內客二家，回署已午
正二刻矣。請寬十、羅靖侯便飯。中飯畢，睏甚。又圍

核二局閱本日文件　李眉生來久坐閱紀澤所寫
壽屏二付熱甚小睡良久在核批札稿未畢二更睡

廿二日

早飯後清理文件見客坐見者二次圍棋二局又見
客坐見者二次立見者二次核批札各稿午刻核科房
批稿午正錢子密來久談旋出城至水西門迎接李少荃
旋與之同至公館談至申初散去渠於本日接總督印也
中飯後閱本日文件坐見之客一次酉刻屠伯符來久談
倦甚小睡半時許作跋王陽明所書象亭記核批
札各稿二更四點睡是日巳刻改摺稿一件行稿一件

附記

○明日家信一葉信　　○訓戒家人

○寄廖張信

廿三日

早飯後清理文件，圍棋二局，見客三次，出門至少泉處
久坐，旋至李小湖處，觀其所藏大觀帖三本，又化度寺碑（歐）
孟法師碑（褚）、廟堂碑（虞）、劉文清冊頁一本，又至宜叔處，字學
甚多。未初歸，說話太多，疲倦之至，中飯後閱本日
文件，在竹床小睡，旋又圍棋二局，羅茂堂來一談，少荃來
久坐，燈後玄舫仙來一坐，旋改信稿二件，三更睡。是日寫
忍敬二字，或識羅琯，綴以數語

廿四

早飯後清理文件，題錢圖詩二首，旋見客坐見者六次，立見
者四次，出門拜客，拜會者四處，不會者十餘次，至季來鍾毅
公專祠內作別，午正歸，中飯後核批札各稿，見客五次，
李小湖、彭雪侯、李眉生、圍暑雲西起談最久，告戒兒
婦、洪兩偶久，至藩府一談，核批札各稿，二更三點睡
畢，而勞乏之至，不能再治事矣。是日午刻，戴朱心檻之

言甚詳。申刻發報四摺五片二清單。申刻圍棋一局。

廿五日

早飯後清理文件，旋圍棋二局。送客，坐見者三次，立見者罷，倦甚，在竹床小睡甚久。收拾行物。午刻出城，街上紳民送者相送，將軍等至城門相送。登舟後見客十餘次。中飯後，少泉、雲棠等來舟久坐，申末去。小睡良久。旋清理書架各物。燈後雲棠又來坐，二更後點檢行李，四點睡。

廿六日

早飯後清理文件，旋見客十餘次。寫澄、沅兩弟信一件。巳正至霞靖船上一看。午正歸。中飯後又見客數次，小睡片刻。李季荃來，與雲棠等同坐船樓亭上一坐。傍夕小睡。旋閱，又睡，旋閱韓文。二更三點睡。是日見客極多，說話甚多，塞悶。

廿七日

早飯後清理文件 旋見客十餘次 昨日舌根乳腮 本日右喉腫痛 不能多說話 見客過多 深以為苦 午間小睡 中飯後李少荃來久談 至傍夕始去 閱本日文件 核批札各稿 二更三點睡 何廉昉 李芋仙各送二詩 皆有警句

廿八日

早飯後清理文件 旋見客坐見者二次 立見者二次 小睡因喉痛不能治事 巳刻開船行 十八里至下關 灣泊 入張仙舫局中一坐 閱各營遣撤者皆已開船歸去 此征者皆已出城東行 未正後開船 行至燕子磯泊宿 在舟核批札各稿 閱江鄭堂漢學師承記 与雪琴 昌岐等久談 核与紀澤一談 旋溫古文奏議類

廿九日

早飯後清理文件 旋見客坐見者一次 立見者一次 黃昌岐來

一談閱譚學師承記。旋開船，行十里，至將出大江之際，因風浪甚大，暫行停泊。中飯，再開船，過棲霞山、黄天蕩一帶，夜宿泗源溝。是日行一百里。中飯後閱本日文件，坐見之客三次，竟見之客三次，核批札各稿，閱儀禮鄉飲酒禮，寫對聯七付、扁二幅，夜温選詠懷詩後，二更三點睡。

閏五月初一日

早飯後清理文件，旋見客，竟見者一次，坐見者二次，寫對聯條幅二件，又雜寫數件。巳刻開船，行五十里，未初至瓜洲口內灣泊，見客，坐見者四次，立見者二次。酉刻至新河口一看所修河道，來往約二十餘里。是日在舟次閱鄉飲酒禮，曹渠來談甚久，二更四點睡。

初二日

早飯後清理文件，旋開船，行六十里至揚州之五台山，未初

灣泊在舟中改紀澤所撰王君蓮志銘一首 子苾蕭之父
也 中飯後閱本日文件 見客坐見者七次 立見者二次
說話太多 疲倦殊甚 核與紀澤論帥文 旋核批
札各稿 二更四點睡

附記

○札彭雪仙將金陵賬台 對朱之調此

初三日

早飯後清理文件 旋見客坐見者九次 立見者二次 小睡甚久
中飯後閱本日文件 雪琴偕其來坐 小睡半時 屠伯符來談
甚久 剃頭一次 至羅茂堂 朱星檻 張田畯 吳伯華 蔣瑩內
客小坐 燈時回船 李季荃來 坐核批札信稿 二更三點睡
疲倦極矣 批紀澤文二首

附記

金寶圩郵案 雪琴魚案郵案

初四日

早飯後清理文件見客坐見一次立見者一次旋即開船行四十五里至邵伯鎮在舟寫趙惠甫橫披一幅約四百餘字午刻至邵伯見客二次旋登岸拜晏同甫同年見客坐見者五次立見者二次皆金陵及揚州來送行作別者紀澤亦在此回金陵矣申刻開船行三十三里至露筋祠登岸一看又行十餘里至六里灣停泊申正閱本日文件酉刻見客二次錢子密來久談彭笛仙來久坐二更三點睡是日申刻寫家信一件

附記

○正陽關教廚子烤香油餅　○捆李顯安徽鹽船

○馬牧受辱罰跪　○金壽漕署

初五日

早飯後清理文件開船行至二十里過高郵州又行四十里中飯後灣泊片時旋又行二十七里至界首之上七里閘灣泊

作宿。是日在小舟中，熱殊甚，鋪簟久睡。閱三國志華佗、管輅等傳，王淩、鍾會等傳。核批札各稿，未刻完鄧艾傳。申刻見客二次，在七里閘下鄉間柳陰下久坐。戌刻坐見之客二次。夜溫陶詩，似只兩滯。二更三點睡，不甚成寐，因本日在舟中多睡，又天氣甚熱也。

初八日

早飯後清理文件，旋開船，行四十里，停泊。大風雨半時。雨止，又行十餘里，至寶應城北里許灣泊，共行五十四里。早間見客，坐見者一次，立見者二次。旋核批札信稿，至午初畢。閱儀禮鄉飲酒，至申初畢。酉刻見客，坐見者二次，立見者一次。與申夫、李芋香、伯常、船仙、輔卿等至環外橋下小坐。燈後歸，閱薛曉帆之子薛福辰所進條陳，約萬餘言。閱畢，嘉賓世臣。夜溫陶詩。二更三點睡。

初七日

早飯後清理文件，見客，坐見者三次。舟行六十五里，至巳刻遇雨停泊。申正雨止，又行二十里，酉正至淮安灣泊。巳午間核批札稿，未刻閱儀禮喪禮。酉初寫少荃信一件。泊船後坐見者三次，立見者六次。丁佐卿談最久。是日聞英藩司被困於雉河集，撥隊赴臨淮，驛札與楚勇、霆及藩府等熟商。二更後溫阮詩數首，三點睡。

初八日

早飯後進淮安府城內，拜丁柘唐，又拜數家。回船見客，坐見者一次，立見者二次。開船行四十里，午正至清江浦。在舟次睡甚久。中飯後吳仲仙來久談。又見客，坐見者三次，立見者二次。旋出門拜吳仲仙，與之久談。至新公館，即城外之普應寺也。入寺後見客，坐見者四次。偏夕李申夫、陳舫仙來，黃昌岐、李季荃亦來久坐。二更三點客散，旋睡，不能成寐。遍

身癬痒異常以本日說話太多故神不寧也

初九日

早飯後清理文件旋見客坐見者七次立見者七次吳仲仙錢
楞仙二人兩次坐最久已正小睡批札札稿數件　午初至吳仲
仙處赴宴申初散歸見客坐見者一次立見者一次小睡片刻
核批札各稿頗多燈後黃軍門來久坐二更後在溫公論
詩廿餘首三點睡竟夕不甚成寐是日陰雨竟日念陸軍
行走極難焦灼無已

初十日

早飯後清理文件見客立見者三次坐見者二次旋出門拜客
至錢楞仙處久談又拜三家已正歸在唐中樓上一看閱
楞仙所作駢文二十餘首日李申夫陳舫仙等來便飯李季
荃文輔卿來久談丁子靜之子來一談酉刻仲仙來久談一
時許傍夕小睡片刻核改摺稿一件三更睡頗能成寐

十一日

早飯後清理文件，見客坐見者二次，立見者三次，黃昌岐談甚久，旋核改摺稿一件，片稿二件，午正小睡，旋赴楞仙處小蓋，申初歸，閱本日文件，見客坐見者二次，立見者二次，陳舫仙談最久，倦甚小睡，燈後改摺二摺三片，核改批札信稿，至二更四點睡

十二日

早飯後清理文件，旋見客坐見者三次，立見者三次，黃軍門談甚久，渠於本日帶砲船七十餘號至臨淮也，巳刻李季荃來談，及英翰在雉河集衝圍而出，得見其初七日與喬中丞之案，雉河八千人之營無故潰出，賊隊愈長，又聞劉松山之營鬧餉不肯渡江，憂灼尤甚，陳舫仙、李申夫來久談，吳仲勛來一談，中飯後坐見之客一次，錢子密等來久談，立見之客四次，旋清理出入大款目，至二更三點止，四點睡

附記

○徐州臨淮轉運章程　○批陳國瑞
○應換湖船　○京信數寄支舫仙
○家信附日記　○各處餉項出入咨
○閣信　○蘇信
○榮訪告示　○張錦畫信

十三日

早飯後清理文件，見客坐見者一次，立見者三次。錢楞仙枉過，未午刻方去。旋又見客坐見者三次，立見者一次。中飯後李季荃來久談，申甫子密來久坐。客散後申甫重來久談。閱本日文件，略核各稿，日已瞑矣。核甫經治子舫仙又來久談，二更三點去。說話太多，是夕不甚成寐。

十四日

早飯後清理文件，吳仲仙來一談，又立見之客三次，坐見者

一次至吳仲師處一坐閱姚伯山文集寫澄沅兩弟信一件
寫兩兒信一件中飯後見客二次核批札信稿甚多小
睡二次疲乏殊甚擬改告示稿一件核改文代餉項款目單
未畢

十五日

早閱見各賀望之客飯後見客立見者五次坐見者三次
清理文件核閱歲終兩單大閣逼仄張道書一借壽限
六七月內清欠餉八個月并有毆打之事憂灼之至午末
與圍棋三局巳刻臨仙季叢來久談三時許未正始去
筱泉來一談閱本日文件黎莼齋來久坐錢子密來久坐
核改餉項款目單二頁三點溫陶詩數章是日批札各稿
停閱未擬因徽多雨閱甚大寸心如焚不暇治事也

十六日

早飯後清理文件擬與屠晉卿圍棋一局與吳仲仙圍棋一局

巳刻見客，坐見者一次，立見者一次。作飭項文代件咨文，至未正末

畢。申甫來久談，酉初去。作咨文既畢，閱本日文件。日

晡久睡。燈後甫治事而舫仙來，至二更三點去。連日積閣

批札信稿甚多，核深不及清理。本日閱劉松山之

勇在龍潭紛紛告假，哥弟鬧餉惡態。劉松山准假若干

人，就閱四日，已於十四日自徽開行，至岑之少屆。

十七日

早飯後清理文件，見客，立見者一次，坐見者一次，出門至早

堂丁看，巳刻歸，見客，羅茂堂等一談。閱張鍊渠案

采臣被勇凶毆，背傷骨折之。至圍棋二局。中飯後寫

少泉信一封。閱本日文件。申初舫仙來，未久坐，旋又見客，

坐見者一次，立見者一次。核批札稿多件。酉正倦甚，久睡。

燈後改信稿三件。二更四點睡。

十八日

早飯後清理文件旋見客一次圍棋一局仲仙來談一坐去後又圍棋二局又見客立見者二次坐見者一次巳正李季荃等來久坐中飯後始去閱本日文件核批札各稿見客坐見者二次白伯常等坐甚久傍夕小睡極舫仙來坐甚久二更四點睡

十九日

早飯後清理文件旋改信稿八件圍棋二局見客坐見者一次立見者一次小睡時許寫紀澤信一封中飯後舫仙輔卿來與之坐頗久寫對聯六付掛屏二葉倦甚不能治事核添京信數葉文舫仙等去二更四點睡不甚成寐

二十日

早飯後清理文件旋見客坐見者一次立見者一次吳仲仙來久坐圍棋二局旋又見客坐見者一次立見者一次巳正

申亥李荃來坐至未正始去劉松山來一見又見客坐見
者一次立見者一次改摺稿未畢錢子密來一談擬將摺
稿改畢擬又改一摺又核陳國瑞留豫請稿二更四
點睡

附記

○印信再寫由驛一分　○聯幅送吳
○聯鉅送錢　○茂叔二摺三片
○撤唐撤　○批劉二
○懸賞告示　○林士班

廿日

早飯後清理文件雅仲仙來一坐改片稿二件見客竟
者二次坐見者寫挂屏四幅中飯後閱本日文件見客坐見
者四次申正王仲仙楞仙西安兩儒傍夕歸核寫
圓扇一柄核公事數件二更後小睡三更後睡不能成寐是

日發報二摺三片

廿一日

早飯後清理文件，旋見客，坐見者一次，立見者二次，圍棋二局。核批札各稿。李季荃來久坐。中飯後核批數件。申初二刻上船，仲仙送行一談，旋開船。八十六里至三閘，余登岸步行，與申夫、伯常、蒓齋等一談。在岸觀各船繳車上三閘二閘，余坐船於更初上二閘。申夫、余等辭赴山東。二更四點始去，睡不甚成寐，因說話太多也。

廿二日

早飯後清理文件，旋見客，立見者一次，坐見者三次。李季荃坐甚久。過天妃閘後二里許，又小泊。李季荃、張樹聲等久坐。吳世熊等一坐。旋開船行，過五壩車頭壩之上，入高良澗小河。四里許灣泊。申刻至吳城七堡。昔道光二十七年黃河竄入洪澤湖之決口，看舊黃河影，今將成平疇至酉初歸，錢子密等來久坐。體中小有不適，久睡亦不成寐。核定吳仲仙信一件，核批札信稿多件。二更三點後溫唐人七絕，睡不甚成寐，隱隱腹痛。

廿四日

早起，腹瀉，是日泄瀉五六次，體中小有不適。早飯後小睡數次。清理文件。開船，行五十五里至高良澗，又下十里灣泊，至初始到。巳刻核批札信稿。午正小睡。中飯後閱古文典志類。又小睡片刻。剃頭一次。坐小船登岸一看，岸即洪澤湖東岸之大堤，南至蔣家壩，北至清江堤，凡石堤長一百三十里。本日所泊之地，蓋南距蔣壩七十里，北距清江堤五十五里也。改信稿一件。困頓燥熱，而飛蚊奇多，不能近燈。背誦唐詩七絕。二更三點睡，尚能成寐。

廿五日

早起開船，行十里至高良澗小泊。片刻，放過洪澤湖，行六十里至

老子山，時甫午初，又行六十里至盱眙縣駐泊，時方申正。早飯後

清理文件，旋閱盱眙縣志，小睡片刻。巳刻核公牘數件。中

飯後核曹葉諸來之水師營制章程，在盱眙見客三次。旋

登盱眙城一看。旋續閱左傳二頁。燈後諷誦古文簡編，三點睡，竟

夕不甚成寐。

廿日

早飯後風色不順，停泊良久。至巳初始開船，行二十餘里至湖

心，擱淺良久，乃挽近南岸。申刻過舊縣，未泊，又行五十里。燈後

乃泊於雙溝，上下十三里水淺不滿二尺，故在湖中而無風浪之虞。辰

刻清理文件，見客坐談頗久。旋小睡數次。午刻核批札信稿。中

飯後核長江水師章程，因數目易淆，核閱一時許，即行停止，

精神不能久耐煩劇也。酉刻圈古文典志類三篇。因風大湖寬，

倚舵樓泊之處頗為佳急，頗在船頭候望。夜溫古文簡編，

朗誦數首。二更四點睡。

廿七日

早飯後清理文件開船 行十三里至雙溝灣泊時各
船皆於此會齊又開行六十里至五河縣洪澤湖昔年
自東清堤起即為大湖至雙溝止乃為湖尾凡渡湖三百
廿里近則自東溝清堤以上皆淤成平陸直至高良澗乃為大
湖自高良澗至老子山六十里湖水一望無際自老子山以西則
湖面漸窄自盱眙至雙溝尤窄於彭蠡湖自南康至
湖口將彼之窄處在下流此之窄處在上流耳 自雙溝
上三十餘里為浮山口即梁武帝築堰處也張編修錦東
來此迎接與談良久在舟改摺稿一件片稿一件至五河見
客坐見者五次立見者六次圍棋二局錢子密等來一談孫
純甫來一談說話太多疲困之至核批札稿 二更後閱
誦杜韓七古四點睡

廿八日

早飯後清理文件 旋与張錦堂賀豐舫至岸上曠野一
行約行十一二里回船 是日因等候陸兵在五河停泊一日
巳刻發報一摺一片 竟見之客四次 小睡片刻 圍棋二局 核
批札稿數件 午初核科房批稿 倦極小睡 中飯後見
客一次 羅茂堂等談頗久 旋小睡片刻 核改信稿八件
豐舫來一坐 旋与向伯常 黎純齋步山岸 行六里許 燈後歸
在默誦書經詩經各十餘篇章 四點睡

廿九日

早飯後清理文件 見客坐見者二次 旋開船行九十里 申正至
臨淮關驛泊 見客立見者八次 坐見者三次 是日在舟中圍
棋二局 寫豐仙信一 閱左傳十餘葉 餘皆小睡 傍夕又見
客坐見者二次 立見者一次 默誦韓詩七古十餘首 睡不甚成
寐

卅日

是日即在臨淮駐札早飯後張錦堂來久坐旋又見客立見
者一次坐見者一次清理文件圍棋二局寫少泉信一件核
批稿數件小睡片刻中飯後又圍棋二局因是日大雨竟
日小舟蟄悶異常旋核批札信稿并閱本日文件頗
多知小洋集英藩司翰一軍於廿六日攻克高鏈集堡壘
雉河之圍從此可解為之一慰旋立見之客四次子密等來
久坐圍棋賀雲舫來久坐默誦書經畢陶詩黃選華篇
二更四點睡

六月初一日

早起出賀朔客不見飯後清理文件旋寫紀澤信一件
見客立見者六次坐見者一次圍棋二局小睡良久計芾
村來一談改復丁景卿信稿午正請張錦堂賀雲舫便飯
未正散再圍棋二局閱本日文件核批札各稿傍夕小睡
夜見客三次諭以水師巡哨事宜二更後溫序跋類四點睡

不甚成寐

初二日

早飯後清理文件旋見客立見者一次馮魯川來久坐圍棋二局羅茂堂來一坐登岸看營盤基址約半時許歸小睡甚久中飯後核批札信稿閱本日文件見客立見者四次坐見者二次又小睡片刻薛福成來一坐子密等來一坐因倦甚至南岸看營基天氣熱甚至船板上乘涼又見客二次旋默誦古文聲調類二更四點睡尚能成寐

初三日

早飯後清理文件見客立見者二次旋與馮魯川圍棋二局又見客坐見者五次立見者二次閱張錦堂所寄孝經釋義小睡兩次中飯後批札甚不願治事又與屠晉卿圍棋二局閱本日文件接澄沅兩弟閏五月初五日信知沅弟近日害病面色黃瘦懸系之至主張常

之勛績而雜誦文集雖賢哲處此亦不免於抑鬱牢騷然蓋世功業已成矣寸心究可自慰自怡悒之雜念之口亦可付之一笑但視勞傷積溼等病漸之輕減耳 核改陳國瑞批札告稿改至二更四點未畢睡不甚成寐

初四日

早飯後與魯川圍棋二局旋見之客四次巳刻又坐見者一次立見者一次清理文件改陳國瑞批改至酉刻始畢 約二千餘字 登岸一看豐內搬盡屋三間住之旋回船向伯常等來久坐 核改批札信稿二更後溫古文家雜類四點睡眼倦已極不甚成寐

初五日

早飯後與馮魯川圍棋二局旋又見客坐見者一次立見者二次清理文件小睡片刻寫家信一封見客坐見者二次立

見其一次劉開生之弟宗于庭之姪坐頗久中飯後楊子厚
同年福祺來久坐戊戌翰林曾任鳳陽知府者也閱本日
文件核批札諸稿幕府諸人來久坐旋至山岸上一看蓋造
新屋在溫古文傳誌類下

附記
○京買鄭注句讀

初六日

早飯後清理文件旋與馮魯川圍棋二局閱張錫嶸所著
章句大雨竟日小睡良久午刻閱儀禮萬禮良久不能清
晰甚矣余之衰也中飯閱本日文件核批札諸稿寫
覆字甚多又小睡片刻在溫孟子朗誦數十章聲氣
若不能相屬者而目又作疼因不復看書二更四點睡
不甚成寐昨在閱雉河集辨圍之語本日接周盛波
稟乃得其詳為之一慰

初七日

早飯後清理文件 旋与馮魯川圍棋二局 張笛帆來見 久坐 小睡片刻 閱 聖祖庭訓格言 嗣後擬將此書及張文端公之聰訓齋語每日細閱數則 以養性志和平篤實之意 午刻核批札各稿 中飯後至申初核畢 閱本日文件 又以睡良久 羅茂堂來一談 旋至早營看所起新屋 又至子密等船上一坐 鐙後歸 溫孟子 二更後放聲朗誦數十章 音節清越 有如金石 為之一慰 四點後睡 六點成寐

初八日

早飯後清理文件 見客三次 与魯川圍棋二局 錦堂与談最久 又立見者一次 坐見者二次 楊子厚談甚久 巳刻寫少泉信未畢 出外迎接喬中丞 渠自壽州來訪也 至渠船久坐 渠又至余舟久坐 中飯後子密來一坐 寫少泉信畢 又寫紀澤

後閱本日文件小睡片刻巳刻坐見之客二次立見一次登岸
看新蓋之屋核批札各稿二更一點後閱小杜詩
四點睡

初九日

早飯後清理文件旋見客林太守士班來一談與魯川圍
棋二局又坐見之客一次立見者二次巳刻喬中丞來一坐
午初作告示稿未刻畢未初請喬中丞便飯申初散
閱本日文件疲乏異常因與魯秋航圍棋二局在舟山
板景源至岸上一看新進之屋燈後核批札各稿二更後
洗澡一次四點睡不甚成寐

初十日

早飯後清理文件旋見客坐見者四次立見者二次喬中丞及
河南委員等達紹坐甚久與魯川圍棋二局巳正坐見之客二
次疲乏異常不能治事但在船久睡今八點後看左傳集

公以自遣。中飯後在船困卧，閲本日文件，至刻坐見之客二次，立見者一次，至喬中丞處一談。傍夕天大風暴。核批札稿。二更後溫七言絕句數十首。二更四點睡。

十一日

早飯後清理文件，見客坐見者一次，立見者一次，與魯川圍棋二局，作告示稿，直至未刻始畢，約千餘字，疲軟異常。未刻後亦頭昏目眩，幾欲作嘔。閱本日文件，酉正雷風大雨，一時餘始開霽。如初至刻核批札各稿，極因公事生氣。稍溫放翁七絕。二更四點睡，倦甚矣。

十二日

是日為先妣江太夫人忌辰，船小未能設祭。早飯後清理文件，見客四次，李筱荃、張錦堂坐頗久。圍棋二局，次局未畢而喬中丞來辭行，與之久談，隨往回拜送行。歸時已午初二刻，坐見之客二次，疲軟不能治一事。中飯後坐見

又客一次 閱本日文件 在船上久睡 令人搖扇 汗流不息
閱襄公左傳三十葉 剃頭一次 錢子密等來一坐 劉松山
來一坐 至岸上看新造之屋 業已成矣 惟在船蒸濕
未治一事 二更後清見之次客一次 四點睡 竟夕不能成
寐

十三日

早飯後清理文件 旋見客立見者三次 與魯川圍棋二
局 巳初登岸移寓新屋 三間之內 見客數次 小睡良
久 中飯後核批札信稿 閱本日文件 見客坐見者
三次 立見者二次 酷熱異常 汗下如雨 竟日不止 旋
至營後小土堆一坐 向來袁營所謂將台者也 二更四
點睡 難於成寐

十四日

早飯後清理文件 旋見客坐見者三次 立見者二次 圍棋二

局又見客坐見者一次立見者一次酷熱實常在床小睡汗
透衫褥鋒喘息若被熱氣所逼不得自由也中飯後
斗發風暴屋瓦皆飛頓轉清涼核批札諸稿閱本
日文件劉省三銘傳來談甚久又坐見之客一次再核諸
稿傍夕又見客三次在窗前乘涼溫孟子數十章二
更四點睡聞風雨之聲慮淮水漲發不已各營被淹甚處
移避實深焦灼

十五日

早起各賀望之客皆辭不見旋清理文件飯後見客坐
見者三次立見者一次天雨淋漓彩屋處處皆漏旋圍棋二局
見客坐見者三次潘文鈺與劉銘傳兩次皆久說話太多
倦乏殊甚中飯後与子密久談与晉卿圍棋二局申
刻核批札諸稿頗多至亥正粗粗畢与莼卿一談小睡
酉刻在溫歐文跋首竟夕不能成寐

同治四年六月十六日

早飯後清理文件旋見客立見者二次坐見者三次圍棋二局旋
又見客立見者二次坐見者四次派摺弁進京將京信等件
料理中飯後倦甚閱本日文件核批札各稿見
客三次与莘府談二次天氣寒冷已似深秋淮水盛漲
堤盤皆移渡南岸獨余所居之堤未移周圍皆隄
捍余因行隄上一閱水大隄薄甚為可虞寫添眉
生壽信三葉倦久不睡片刻接溫序跋類二更四點
睡

十七日

早飯後清理文件旋見客坐見者二次立見者一次圍棋二
局意思困倦不願治事閱瀛海文傳在床久睡旋又見
客立見者二次坐見者一次中飯後見客一次坐頗久閱
本日文件又圍棋二局閱瀛海文傳申刻坐見之客

夜竟出一夜核批札各稿与幕府洪公久谈備
各尔睡枉温吉文信誌類二更四點睡

附記

察哈尔都统達阿　副都统歷　隆　閏五月廿四日奏

頭起官兵　正營總廂黄旗佐領帕克巴札番　八月十四日改委綱林〻亮

即本營也　副營總正白旗佐領特默特

國瑞派去之委參領克巴雅尔泰照料

領隊官二十六員　兵四百六十五名　外官廿員兵三十五名　患病須補換

於二十日進口二十一日啓行

二起官兵　正營總廂藍旗託名宗領佐領貢嚕德里克　八月十四日改委那木吉勒

即本營也　副營總廂紅旗輕車都尉佐領高默特塔尔

國瑞派去之委參領棟魯普照料

領隊官三十員　兵五百名

於二十二日進口二十三日啓行

十八日

早飯後見客二次坐頗久 又主見之客一次 圍棋二局 又陸寬
之客三次 楊子厚談最久 清理文件 閱湖海文傳 午刻
核批札各稿 中飯後 幕尊執若不自得者 再圍棋二局
閱本日文件 小睡片刻 核信稿多件 傷久未寫字
幕中友久談 在再核信稿 二更後溫史記四點 睡頗適
目眩若不克自主 其三更三點乃克成寐

十九日

早飯後見蒙城知縣林用光 宿州牧張豐吉 兩次談均久 旋過
淮至南岸一看 拜劉松山朱武雲 張詩日 陳自明 四處 均小
坐一談 又至袁公祠朱家圩一看 午刻歸 清理文件 圍棋
二局 驚風驟雨 滿屋皆漏 中飯後小睡 閱書經纂言
之大誥篇 閱本日文件甚多 又小睡 寫紀澤信一件
因倦殊甚 傷久西華中府 又談 核寫文章 得陸陽之美刺

與紀澤談後閱誦杜詩五律似有所得四點睡

廿日

早飯後清理文件圍棋二局見客坐見者二次立見者

二次小睡片時午刻核批札稿中飯後閱本日文

件至幕府一談申正核改信稿甚多酉正與幕

府久談燈後核少荃信錄所為辯殷兆鏞王憲

成二疏稿及　諭旨殊為痛快寄少泉信一件二更

後閱史記自覺其生反不如前數年之熟甚矣老

境之迫也

廿一日

早飯後清理文件圍棋二局見客坐見者一次立見者一次與

幕府一談寫少泉信一件閱三國志蜀二牧傳先主紀未

畢午正三刻請楊子厚同年便飯申初散圍棋二局閱

本日文件核稿多申正後核批札各稿偏多至後士

臺一覽。是日熱勢未長，而屢次大雨，滿屋滲漏，天氣
寒涼，有似深秋。通計今年僅六月初十、二等日略熱，
此外并未稍熱。江淮并漲，歲可豐之歟，殊可深以為憂。
夜改摺稿一件，朗誦詩經數十篇，二更四點睡。

廿二日

早飯後清理文件，見客一次，談頗久。請武進趙惠甫、長洲
宗　圍棋二局，又觀人圍二局。巳刻見客，坐見者三次，
立見者二次。核信稿三件。因閱欽差瑞芝生、羅椒生
丞陝西廣東查辦各件，念寄雲與仙甫被參，壽祺之謫，而不有此
相煎之舉，何以為懷。与幕府談頗久。中飯後閱本日
文件，核批札信稿，至舟次送楊厚庵之行，談頗久。歸，
便道壘外擇新之堤，一律寬七八尺，可無潰決之虞。而天
氣涼澄，絕似九月霜後之狀。再核批稿信稿，傍夕
又与幕府一談。夜倦極，溫書經多士、無逸二篇，小睡一

更時許二更三點睡後卻不成寐

廿三日

早飯後清理文件見客坐見者二次圍棋一局又觀人對奕二局与幕友一談閱蜀志諸葛亮張嶷法等傳午刻見客一次中飯後又閱蜀志列傳三首閱本日文件見客坐見者一次立見者二次申正後核批札各稿傍夕与幕府一談核寫螢字甚多二更後温書經立政篇四點睡出聲不成寐

廿四日

早飯後清理文件接奉 廷寄出沅弟彰放山西巡撫賀客紛紛竟日不止巳正圍棋二局又觀人一局午刻寫沅沅弟信一封中飯後閱鮑覺生詩集閱本日文件。申刻核批札各稿推核圩長執照及各公牘二更後温書經微子篇帶叶亨蝎看星四點睡是日

腹泄四五次四更時起泄一次日來身體總覺不適大約
肝鬱而腹中有寒耳

廿五日

早飯後清理文件見客坐見者六次圍棋一局又觀人二
局小睡寫紀澤信一件中飯後寫兩弟信一件
閱本日文件倦甚小睡閱鮑覺生詩二本又閱淵
海文傳日內體中不適每於早飯後困憊若不克
自持者中飯後亦然又因腹泄之症本日溏泄凡三
次泄多屢閱本日遂至不辦一事即見客亦係勉強支
應老境可嘆而積惰亦可愧也在閱左傳昭公二年
餘葉未至二更睡三點仍起洗腳 幸終極甜睡五
更二點始睡醒成 若大病

廿六日

早飯後見客坐見者一次圍棋二局又觀人二局又見

寫澤兒書二次竟其一次閱蜀志二收傳先主至未
正畢閱本日文件申刻核批札各稿至酉正二刻與
幕府久談核信稿批件二更後溫誦七絕數十
首二更三點不甚成寐

廿七日

早飯後清理文件於園圍棋二局閱蜀志後主及甘夫人等
傳諸葛公傳閱張等傳龐統法正傳中飯後圍棋二局
核批札稿閱本日文件改信稿十三件內尹杏農信
改甚多約七百字改至二更畢是日北風大雨氣象
悽切壁外之水暴漲三四寸時虞隄決則壁中被淹二
三尺矣兩淮居民露處數日嗷嗷無食無地
可避實係目不忍覩又接家信知羅氏外孫於廿三日巳
刻殤逝孫女福秀亦病殊為系念惟接兩弟家信
知紀瑞姪入泮為之一慰耳

廿八日

早飯後清理文件。旋見客，坐見者三次，圍棋二局。已刻又坐見
之客一次。閱蜀書許靖等傳、董和等傳、劉巴等傳。
中飯後至幕府久談。閱本日文件，核批札各稿。倦甚
久睡。竟日北風苦雨，水高於堤約二三尺，而漲勢尚未
已。深念有似九秋與洪範五行所謂恆雨恆風者相類。
酉刻接楊海琴信，寄到湖南永州等處金石各種，
及皇刻野石如蒙[illegible]，又集中興頌字為聯見贈，屢
玩良久。楊以翰林出守永州，性耽金石，彰升鎮箏
道甚。核發各信，添寫數行者改三件，旋核札稿一
件。二更後朗誦李杜七古，三點睡。

廿九日

早間見客，坐見二次。飯後坐見者一次。清理文件。圍棋二局。至
幕府一談。閱蜀書霍峻等傳、杜微等傳。陰風苦雨

竟日在洶洶紛雲之中，不知洋案何所底止，憂灼之至。中飯後至荃帥府久談，擬改告示稿一件，閱本日文件，核批札各稿。酉刻疲倦之至，至荃帥府一坐，傍夕小睡良久。二更後溫古文論著類，三點睡，三更後稍能成寐。

七月初一日

早起，各文武賀朔，見客六次。飯後竟見之客七次，坐見客五次，圍棋二局，清理文件。巳正閱蜀志黃權等傳，閱蔣琬費禕傳。中飯後至荃帥府久談，閱本日文件，核批札信稿。張錦堂寄到儀禮箋疏及經傳通解續，閱一過，倦甚。又與荃帥府一談，傍夕小睡片刻，核寫雲字頗多，溫古文辭賦類一首，二更後頭痛，京江南賊，三點後睡，不甚成寐。

初二日

早飯後清理文件，核信稿、札稿數件，小睡片刻，巳正閱

姜維傳鄧芝等傳楊戲各贊未畢中飯後与幕
府談兩次閱本日文件寫李少泉信五頁抄夕始畢
紀澤信寄到幾何原本序似明算理又亦清矯至營
後土臺眺覽良久燈後倦甚濕氣甚重小蠅極多
小睡不願治事二更後溫陶詩十餘首三點睡尚能
成寐

初三日

早飯後清理文件旋見客坐見者一次立見者二次寫紀澤信
凡六葉巳正閱蜀書楊戲傳案畢王少庚自京師來与之
久談旋閱鄧芝等傳竟閱劉巴傳未竟閱本日文件
見客立見者二次坐見者一次核批札各稿剃頭一次傍夕
与幕府久談極倦甚小睡二更後誦蘇詩七古二十餘篇
三點睡不甚成寐

初四日

早飯後清〻文件旋見客二次計萬村談頗久核信稿二件寫金陵昔年昭忠祠上諭碑字三寸大已刻畢小睡片刻已正閱三國志吳孫策傳孫權傳未刻中飯後閱本日文件至幕府一談碑有錯誤之處改寫二行寫澄沅西市信核札稿數件倦甚不能治事傍夕小睡在核批稿稍多二更後溫史記數首三點睡略能成寐

附記

副都統銜參領多爾圖那西 前協領奎壽 呈

吉林營總 訥蘇肯 頭起官兵二百七十六員名

起外官兵十七員名

黑龍江營總 白圖善 三起官兵二百七十九員名

該起官兵一百十八員名

土默特營總 兵十七

起外官兵十五員名

初五日

早飯後清理文件，見客二次，圍棋二局。寫家信一封，雪琴信一封。巳刻正閱吳書，孫權傳畢。孫亮、孫休傳，天閱孫皓傳，未正畢。中飯後至幕府久談。閱本日文件，小睡片刻，核批札各稿。酉正畢，與幕府久談，核擬片摺稿，倦甚，竟不能治。已小睡，頗久。二更後閱史記莊子，於其反詼詭之趣，尤不多得。四點睡。

初六日

早飯後清理文件，旋圍棋二局，又見客二次，小睡片刻。巳正閱孫皓傳畢，閱劉繇、太史慈、士燮傳。午刻見客二次，劉開生談最久。中間後閱本日文件，與幕府一談，旋閱摺稿，至二更止。未正畢，傍夕至望臺一覽。二更後小睡，三點後醒來，不甚成寐。

初七日

早飯後清理文件。旋見客，坐見者二次，立見者二次。圍棋二局。小睡片刻。巳正改昨日摺稿畢，又閱孫靜等傳。中飯後與幕府久談，閱本日文件，旋改摺稿二件，片稿一件。至十台與幕友一談。燈後倦甚，不能治事。二更後溫杜詩七律三點。睡不甚成寐，三更末始得甘寢。

初八日

早飯後清理文件。旋見客，坐見者二次。圍棋一局。秀級來謹頌久，旋又見客，坐見者一次，立見者二次。小睡片刻。巳正閱孫賁等傳、張昭顧雍傳。中飯後畢，與幕府久談，閱本日文件。小睡片刻，核批札各稿。至酉正二刻未畢，燈後盡眺覽。王少庚來久談，又核批札諸稿。至二更粗畢，溫《文選》幽通等篇四點。睡。是日發報摺一件，寫紀澤等信一件。

初九日

早飯後清理文件，旋見客，坐見者二次，立見者一次。圍棋二局。巳刻過河至南岸看彭條之火藥庫，旋至劉松山及李祥和營，小坐片刻，至鼓樓上一看，擬於該處修來，危而不可，便遽議改修於此岸。午初三刻歸，閱諸葛瑾、步隲傳未畢。中飯後與華中府久談，閱步隲傳、張紘等傳。閱本日文件。小睡片刻。核批札各稿。與華中府談，夜溫古文傳誌類。二更三點睡，不甚成寐。

初十日

早飯後坐見之客一次，清理文件。圍棋二局。閱周瑜魯肅呂蒙傳、程普、黃蓋等傳未畢。小睡片刻。中飯後倦甚，與華中府久談。圍棋二局。閱本日文件。閱易經纂言。小睡片刻。核批札各稿。夕與客久談。核批札稿畢。二更後溫史記數篇。三點睡，尚能成寐。

附記

陳瑞芝 宿遷人 諸生出家附練堂 吞聲

朱子善 如皋人 少孤母在 膂力過人 江際雲保

汪際雲 清河人 文生 七律四首 條陳四事

十一日

早飯後清理文件 見客坐見者三次 圍棋二局 旋又見客三次 李衡華 唐業元 兩起 談最久 閱吳書程普等傳畢 閱朱治朱然傳 中飯後與幕府久談 閱本日文件 寫雪琴信一件 改方元徵信稿 言地球北一大木球事偽 夕與幕府友久談 核批札稿之半 小睡 一更後溫詩經二十餘章 二更三點睡 尚能成寐

附記

楊趙藁 畢書院 李滌石

催言餉 點營名 鋪倉板

發摺差 遣劉朱 杜麗石

十二日

未明起詣住拜牌是日為　慈安皇太后萬壽期也旋見
客坐起早飯後清理文件見客坐見者二次圍棋二局
小睡片刻閱三國志楊續呂範朱桓等傳畫翻陸績張
溫等傳中飯後與莊中府久談閱本日文件圍棋二局
見客二次與黎蓴齋等談又申正核批札稿傍夕
小睡在溫泥地球圖說二更四點睡用心太過不甚成寐

十三日

早飯後清理文件旋見客坐見者二次立見者一次觀人圍
棋二局見客一次閱吳書駱統陸瑁等傳陸遜陸抗傳
午正二刻飯後黃軍門來久談時許請唐室九等
便飯申正散閱本日文件見客立見者三次坐見者二
次寫紀澤信一件見客二次與莊中府一談小睡片刻
在核批札稿倦極二更小睡四點睡頗能成寐

附記

李應友　平江千總　四十五歲
余洪勝　耒彩千總　衡陽　四十六歲
曾鳳山　湘鄉守備　四十八歲
周友亨　湘鄉都守　六十
羅紫高　湘鄉千總　六十

梁玉貴　耒陽千總　四十八歲　羅
何玉林　湘潭千總　四十八歲　張
周玉華　湘潭守備　四十歲　朱
賀桂林　湘鄉守備　九十五
李清桂　湘鄉把總　六十　劉

十四日

早飯後清理文件，見客，坐見者一次，立見者四次，圍棋二局，又觀人一局。閱孫堅、和靈等傳，賀齊、全琮、呂岱等傳。甚小睡。中飯後與藩府一談，閱本日文件，寫澄沅兩弟信，核批札各稿，傍夕小睡。接紀澤信，言駭悉邵位西丈人於十二日去世，極再核二稿。二更後溫杜詩七古，三點睡，頗能成寐。是日大雨，竟日涼冷，將甚有似深秋。

十五日

早飯後清理文件旋見客坐見者三次立見者二次圍棋二局閱吳書周魴鍾離牧傳潘濬陸凱傳是儀胡綜傳中飯後与幕府久談閱本日文件黄軍門來久坐核少泉信二件紀澤信一件傍夕至土台久眺小睡片刻核批札信稿二更後倦甚不能治事三點睡是日接廷寄二道其初九日一道因久不奏事 嚴旨詰責

十二日

早飯後清理文件見客一次旋點晉裕兩豐之名已刻圍棋一局又觀人一局旋點仁字營之名午初閱吳範劉惇趙達傳諸葛恪傳中飯後与幕府久談閱本日文件金陵寄到新刻季公苑上銘展玩良久擬作會館并戲台對聯良久不成与劉開生等久談核信稿甚多因作聯不成遂將諸事廢置老來心如廢井若無源可以汲引者患之睡後二更四點睡不甚成寐

附記

○高師被搞告李　○海藝聯幅

○刊書百金　○瑞姪見子賀儀

十七日

早飯後清理文件旋見客一次將對聯作成點星字左右兩營之名与幕府一談圍棋一局又觀人一局再作對聯一付中飯後點忠樸營之名寫對聯數付扁二幅閱本日文件至幕府一談小睡片刻又核批札各稿至天台上一眺核寧李小泉信二葉紀澤信一封核科房批稿二更三點睡倦甚尚能成寐

十八日

早飯後清理文件旋渡江至南岸點各營之名因此風太大人多諫阻至劉松山營點五旗六旗八旗三營共一千五百人已正因此風太大不能渡回北岸又點易

開傚部下一旗二旗之名中飯後令營務處點到
部下四旗十旗副前旗之名營務處張羅天上
半日已點三旗七旗九旗之名民余點五營張羅點
六營老湘十一營皆點畢是申刻狂風大雨竟
不能渡田比岸即在對松山營內住宿竟夕風雨
氣象凄涼在間早々睡四更即醒不復成寐

附記

○將起程羅札　○洋藥咨

○禁擄船札示　○函鎮缺

各米國善所冊摺

飭管吉林黑龍江頭起伯都訥副都統高福　一百七十一兩零

多發月支六十三兩零
少發月支十一兩零

所部官三十四員　多發七兩五錢零　支一兩二錢

兵丁二百一十五名

書識四名　多發九兩　支一兩二錢

共二百五十三人

勇号營總六十兩零
營領二十六兩零
防營二十三兩零
驍騎校十七兩零
以上三項有勇号者各加
廿三兩二錢三分八釐六毫

管吉林黑龍江二起洋軍副都統温德克勒西
所部官四十一員 領銜
兵丁二百五十四名 均同
書識四名 上 共二百九十九人

管吉林八起黑龍江三起巴革副都統常星阿
所部官十七員 領銜
兵丁一百十三名 均同
書識一名 上 共一百卅一

欽派率領吉林黑龍江各起寧古塔副都統色爾固善 未報
所部滿官十四員漢官四員 滿官同上 洋官未定
兵十一名 勇十二名 兵同上 勇粮支共七百四十零
書識四名 同上 共四十五人
四共七百廿八

十九日
早飯後清理文件自南岸對松山營冒風雨渡回此岸

辰正抵營圍棋二局閱昨日文件習字一紙閱吳志滕胤孫峻孫綝濮陽興傳中飯後與幕府久談再圍棋一局閱本日文件核批札信稿頗多傍夕小睡夜再核批札稿核一札摺一片稿二更後溫史記刺游俠傳三點睡是日仍竟日風雨氣象愁慘皖北已成大災曷勝焦灼

廿日

早飯後清理文件圍棋二局見客坐見者二次習字一紙核札稿一件未畢午刻閱王蕃賀邵樓玄華覈韋曜等傳中飯後至幕府久談閱本日文件核批札各稿甚多酉刻至程尚齋處一談傍夕小睡片刻夜核京信稿札批各稿未畢二更後倦甚不能治事三點睡久不成寐四更後乃稍得寐是日仍大風苦雨竟日不息夜作沅弟信一件

廿一日

早飯後清理文件旋圍棋二局見客坐見者一次立見者一
點黃金志馬隊之名午刻閱魏書武帝紀中飯後
至幕府久談習字一紙閱本日文件改摺稿一件信
稿一件見客二次傍夕小睡夜再改摺稿一件信稿一件
二更後溫史記三更四點睡是日雨息一日

廿二日

早飯後清理文件旋見客立見者二次坐見者五次圍棋二局
習字一紙閱魏武紀畢中飯後至幕府一談閱本日文
件小睡片刻寫對聯六付壽字一幅見客立見者一次
坐見者一次擬片摺稿未及下筆與幕府一談小睡片刻
夜再與幕中久談片摺及二更五點未畢已成六百字
接沅弟信決計辭晉撫之任其談於榮利可殺其病
勢未識又可憂也睡後徹夜不寐

廿三日

早飯後清理文件 擬見客三次 將昨日摺稿改畢 辰刻出門至明陵 水路行六里 陸行十六里至鳳陽府城 又行十五里至皇陵 周圍約一百里 中有曠野 其平如水 坐南向北 北之西之東為鳳陽府城 其西為鳳陽縣城 羅圍之內南北約三十里 東西約四十里 大致則渾圓 非橢圓也 圍內之邱由東北隅一圓山下出 山形如緯帽 高十餘丈 墳高約二丈許 堂墳一壁四面之山十餘丈 廿餘丈者皆若屏出之下 天光極為圓聚 洵真地也 未初看畢 未正歸來 至鳳陽府署 看小坐 四至監內 已更衣後閱本日文件 鄧至堂來一談 再將摺稿核改二叉 四點睡 頗能成寐 五更睡初醒 途次閱文帝紀 明帝紀未畢

廿四日

早飯後清理文件 是日起程赴徐州 送行之客極多 先見

十餘次素埍與黃上達口角爭鬧再三詢問調處午初登舟與黃軍門久談中飯後發報三摺三片未初開船行二十里因風太不順即行灣泊在舟次核批稿十餘件亦以風大擲簸而止閱明帝紀畢齊王芳高貴鄉公髦傳又登岸一看程與鄒孟星久談核批札稿數件默誦書經數篇二更點睡三更後頗成寐

廿五日

早飯後開船行數里風仍不順開戲行走共行七十里申初至五河縣泊宿辰刻清理文件將前二日所閱魏書略為題識閱陳留王奐傳皇后傳中飯後寫兩弟信二封核札批稿泊船後見客坐見者六次立見者三次圍棋二局黃軍門來久坐程平沐來一坐核批札各稿畢二更後溫誦書經四點睡未更醒近日五更後皆不復成寐矣

廿六日

早飯後開船行十餘里擱淺躭閣一時許至未正又擱淺一次酉初至泗州灣泊（凡九十里）五河至泗本係以船近因大水凡田地皆淹沒如大湖然竟日在高粱等地中行船上半日閱董卓袁紹袁術劉表傳呂布張邈臧洪傳未刻閱單推核信稿數件見客坐見者二次立見者四次核與至堂一談核批札稿溫詩經默誦數十章似有所會三點睡夢頗成寐

廿七日

早飯後清理文件是日在泗州停駐一日見客坐見者兩次立見者四次圍棋二局旋進城至釋迦寺泗州僧伽寺塔居時最為宏麗李太白及韓蘇皆有歌韓所送僧澄觀七古一章皆有在舊泗州今之泗州則虹縣治所改非僧伽之寺矣而頗有樹木亦為江淮間所僅見與客遊玩良久旋至州署一坐午初三刻回船閱公孫瓚陶謙張楊公孫度傳中飯

後半時許閱三軍又圍棋二局核批札各稿部署明日啓陸
各事又核公牘多件倦甚小睡二更三點睡三更後稍
能成寐未及五更醒

廿八日

五更三點起早飯後天始明見客三次起程登陸行三十五里至
長直溝傳歇一時許又行三十五里未正至靈璧縣駐宿見
客三次坐見者二次清理文件閱本日文件出門至張
敬堂家一坐料理文件各事核容少荃信一件是日在轎
中閱張蓋張鋪張魯傳四曹三夏侯傳二苗賈酈傳未
及乙識料理文車各營現錢等事殊為煩擾二更三點
睡三更成寐五更一點醒

廿九日

黎明起飯後稍耽閣再起程行三十里至婁莊張敬堂備
飯餞別飯後又行三十里申初至大店驛駐宿在

輿中閱魏書袁渙國淵邴原管寧等傳崔琰毛玠等
傳華歆鍾繇王朗等傳閱本日文件與芷帥寒一談
將昨日所閱史略加乙識在與玉堂一談二更三點睡尚為
甜寢五更醒

卅日

早飯後清理文件起程行二十里至三鋪打尖小住半時許又
行三十里未初至宿州城內駐宿在輿中閱程昱郭嘉董
昭劉曄蔣濟劉放孫資等劉馥司馬朗梁習張既傳
中飯後圍棋二局旋至芷帥府久談是日到城共計見客
四次寫對九次內徐州鎮董奉高條帶隊來接共此在將
四曹三夏侯傳乙識二更三點睡頗甜五更二點醒

八月初一日

是日在宿州停留一日因前途隔水夫車不齊也早飯後清
理文件圍棋二局旋見客坐見者四次立見者五次

至蘭卿府久談　午刻寫對聯橫幅　中飯後寫三畫四真條

傳乙識畢　閱本日文件　與蘭卿府久談　閱二哥賓函

傳乙識至二更二刻倦甚　小睡　三點睡不甚成寐

初二日

未明起　飯後行三十里至豐就烏薛寺隔壁一道約二十丈

過渡後至廟內一坐　顏又行十里至豬莊打尖　又行廿里至

夾溝驛住　宿陳射仙　至山西赴任　自京另人送　行來　拆閱

良久　中飯後見當生見者　三渡清理文件　檢圍棋二局

與蘭卿府一談　二更三點睡　在輿閱溫恢賈逵傳任峻

等五人等傳　附記　張遼等五將傳

內用伏苓　　余應騤

差摺插行　　鴻兒文

舫伴寄沅　　張蘭宿圩

宿南潘桂重　　湖溝周吳

初三日

早飯後行二十里至三王廟打尖与張雲吉久談 旋又行
二十五里至蒲場三寺後胡姓圩內住宿 本擬在桃山驛住
宿因途多積潦而驛店荒敗故駐紮在胡圩供張
也 在輿中閱李典等十郡傳 卞后三王傳 武文世王公傳
王粲等傳 桓階等傳 中飯後見客坐見者五次 立見
者四次 皆自徐州來接者也 圍棋二局 作寄紀澤
信 言郭宅姻事 二更二點畢 三點睡

初四日

早飯後行三十里至二十里鋪打尖 因四鋪三鋪頭鋪等處
皆有積潦 故繞走小路也 旋又行二十里至徐州府 馬隊
等營迎接者甚多 下轎者四次 午末入公館 見客坐
見者五次 立見者十次 中飯後清理文件 摺弁至[illegible]京
信京報等件 查閱良久 閱本日文件 閱新自京城折

四三王雨農昔經譯疏與蘇州友同觀公館中房屋本係徐州考棚局任當不能安置多人以備夕小睡於閣國史循吏儒林文苑三傳家中舊有其書安慶失去此房書京中新抄帶出其溫古文集議類二至三點睡三更後成寐

初五日

早飯後見客五見其十四次半見其三次已橋圍棋一局又觀人一局旋又半見之客二次立見者二次倦甚清理文件中飯後至幕府中一談將途次所閱袁漢蔣倚堂詩續乙識一過又至幕府一談閱本日文件核張振軒來一談疲倦已極溫杜詩五律朗誦幾不能成聲矣二更三點睡頗能成寐

初六日

早飯後清理文件圍棋二局又觀人一局已刻見客

二次談甚久午刻見李芴菫等久坐寫澄沅二弟信中
飯後選古人格言書與紀瑞姪末書八本即余在安慶
扁上語也是日派人回家信件甚多添堯階信三葉添
浦山信二葉申正料理完畢閱本日文件倦甚不復
能看書治事與客圍棋二局與幕府久談旋溫史
語全類似有所會二更三點睡

初七日

早飯後清理文件圍棋二局見客三次談頗久旋閱毛玠等
傳鍾繇等傳本在途次閱過茲令補行乙識于中飯
後與幕府一談閱本日文件頗多旋小睡片刻核批
札各稿傍夕又與幕府一談張振軒來久談在核批札
各稿至二更二點倦甚不能復治事在室中徘徊偃
仰默誦孟子三點睡尚能成寐

初八日

早飯後清理文件見客坐見者二次立見者二次寫劄韞
齋信一件出門拜客十餘家拜会者三家惟豐龍山
看書院及枚鶴亭等處午正歸圍棋二局見
客一次中飯後與申甫久談又圍棋二局閱本日文
件將程昱傳乙識一遍英方伯來周旋久談又與幕府
久談核添寄中丞信三葉小睡片刻二更後溫書牘
類三點睡三更三點成寐是日派摺差進京

初九日

早飯後清理文件英方伯來久談旋見客坐見者
三次立見者二次圍棋二局巳正將鄭嘉亞劉承蓉等信
乙識一遍中飯後與幕府久談閱本日文件核批札各
稿傍夕又與幕府久談核核各札批稿倦甚不能完
畢二更後溫孟子二十餘葉三點睡尚能成寐

初十日

早飯後清理文件 見客一次 談頗久 圍棋二局 寫陳舫
仙信 三葉 午刻乙識劉馥司馬朗等傳 中飯後與幕
府久談 旋又圍棋一局 閱本日文件 見客二次 核批札各
稿 倦 夕小睡 旋又清理批札各稿 二更後溫書經 雜様
紀澤信 內有方元徵信 言地球五趣詳 又有郎世兄
信 載其父母與兄事乃略并彭刻任要鈔 詳閱一過 二更
五點睡

十日

早飯後清理文件 見客坐見者一次 立見者二次 圍棋二局
又坐見之客二次 午刻乙識任峻 蘇則 杜畿傳 中飯後至
幕中一看 西邊房屋 閱本日文件頗多 核各批稿 途
次積壓之件 幕中友至 徐州補小帳 批至星始核畢 至
未與幕府久談 核再核批札稿 溫古文簡編 朗誦歐
文數首 二更三點睡 困憊 豪寫豎之字百餘 似有所

進

附記

垂級二事

嚴休餉給另簽

牛斐然 廩生 住書市集

袁思銳 五品花翎 住袁家集

十二日

早飯後清理文件見客坐見者一次談甚久圍棋二局旋閱鄭渾倉慈傳加以乙識又乙識張遼等五將傳李典等二將傳中飯後閱本日文件核批札稿甚多 子密來一談傍夕與幕府久談旋核信稿二件二更後倦甚倚寐三點睡三更後成寐

十三日

早飯後清理文件見客坐見者二次立見者一次圍棋一局又觀人一局寫紀澤信一封 閱許褚等傳乙識二單中飯後与幕府一談閱本日文件見客坐見者一次立見者

一次核批札各稿倦甚傍夕小睡檯又核批稿後稿二
更燭罕 朗誦易經繫辭 三點睡尚能成寐

十四日

早飯後清理文件旋見客坐見者三次立見者一次旋圍
棋二局又觀人局 午刻与幕中友一談見客坐見者
一次立見者一次閱卡官三王傳武文莊公傳加以乙識中飯
後寫澄沅兩弟信信文圍棋二局旋閱本日文件
聞張鍊渠没於安慶為之悒然不懌蓋鍊渠於徽
休鬧餉時百計維持大受毆辱而余查辦之札復過
於嚴厲也歉歉久之不能治事小睡片刻檯温古文傳
誌類數篇二更後温韓詩十餘首

附記

訥穆錦所帶 六月十七案
失利後僅剩兵七十三員名 續撥八十二員名
瘦馬五十四匹 續撥新馬一百〇一匹

吉林五起官兵
官十六員
兵一百三十九名 豐總印納

前敵弁勇　四百〇四員名　官十二員　勇三百九十二名
哨官八人皆守備千把　每哨四十四人四十五人不等　大旗勇三十八人

托倫布所帶　六月廿七日冊到

黑龍江二起

營總訥尔恒額
帶隊官廿五員
當差官十四員
兵二百〇八名　共官兵二百四十七人

吉林二起

營總喜貴
帶隊官二十八員
當差官六員　共官兵二百四十四人
兵二百一十名

十五日

早間因昨閱張鍊渠之疏心緒不釋與文武賀節者概不請見清理文件圍棋二局後閱國史儒林傳湖海文傳巳正乙識王粲等傳午刻乙識桓階至衛臻傳中飯後閱本日文件甚多改摺稿一件酉刻核批札稿

馬穀山信 萊甫來久談 旋又核批稿 二更後溫古文辭
雜類若深有所得者 三點睡 五更醒 旋長睡至不
復成寐矣

十六日

早飯後清理文件 見客一次 圍棋一局 旋出門至西門外教
場將托倫布馬隊點名看操 午初歸 再圍棋二局 見客
二次 又閱遼[illegible]傳 和沿等傳 中飯 見客坐見者一次 立見
者二次 閱本日文件甚多 改信稿二件 酉刻與萊甫久談
燈後核批稿二更後溫古文辭雜類 三點睡 三更後成
寐 是夕以新棉被 得亦溫矣

十七日

早飯後清理文件 見客坐見者二次 立見者一次 圍棋二局 與
申夫等商一談 見紳士李源等 六人皆正派和平 頗有識
見 又閱林[illegible]等傳 韓暨[illegible]林[illegible]等傳 至未正〻半 與幕

府暢談。閱本日文件。邸抄中見霽仙以年年慶賞一疏降調，如此名賢而反以獲譴，頗不可解。核批札各稿。寫對聯六付。傍夕與幕友久談。核信，倦甚，不能治事，小睡半更。二更後溫書經數篇。三點睡，三更醒一次，五更醒一次，餘頗甜睡。是日發報一摺片。

附記

修己　安民　尊賢　遠佞

勤政　節用　毖祀　詰戎

十六日

早飯後清理文件。見客坐見者二次，立見者一次。旋出門至河灘看馬隊操演。午初歸，圍棋二局。又識劭禮王觀傳。中飯，又識手毗傳。見客坐見者二次，立見者一次。又圍棋一局，觀人一局。閱本日文件。與幕府久談。傍夕與申夫一談。核批札信稿。二更後閱文選。三點睡。

五更醒

十九日

早飯後清理文件 旋見客坐見者一次 立見者二次 圍棋二局 巳正乙識楊章高書稽勞滿霈 傳中飯後寫紀澤信一件 閱本日文件 見客坐見者一次 立見者一次 核批札各稿 倦甚小睡 核稿 核各信稿 二更後溫古文序跋類 三點睡 五更醒 醒後 寄諭令余駐札許州 思維終日 不得所以覆奏之方 徑遂 但有不善 焦灼之至

二十日

早飯後清理文件 旋見客坐見者二次 立見者一次 出門看馬隊操演 巳正歸 圍棋二局 乙識田璪章 招郭淮傳中飯後 閱條議 邀撥質王祖傳 閱本日文件 寫郭意城信一封 又圍棋二局 因心緒不安 借棋消遣 而神為之昏 志為之荒 以後當戒之 夜閱湖海文傳二十餘首

二更三點睡是夕添陳作梅陳寬臣洪琴西等信各一葉

附記

八月十三日九龍〔里〕關 在黃梅縣　九月十四日呂堰驛

九月十八日鄧州　正月初三日羅山縣

正月十八日鄢陵縣　三月　曲阜縣

廣濟縣

廿日

早飯後清理文件見客坐見者二次立見者一次圍棋二局又觀人一局坐見之客一次閱王昶傳王淩毋邱儉諸葛誕傳中飯後閱鄧艾傳鍾會傳本日文件申刻見之客一次方宗魯來久談寫少泉信一件紀澤信一件傍夕與幕府久談核批札稿二更三點未畢因於間寫零字太多稍有耽閣耳

廿二日

早飯後清理文件，見客坐見者一次，摺點指字前後兩叢之名。巳初，圍棋二局，見客一次，閱鍾會傳。王戚匯來，久談。中飯後閱華佗、丞管輅傳，閱本日文件。張詩日來一談，又坐見之客一次，圍棋二局，摺核改信稿。傍夕與幕府友一談，核批札各稿。二更後溫韓文十餘首，四點睡，四更醒，不復成寐。是夕閱劉省三等在民庄集閻家口大獲勝仗，賊任柱等有竄山東之意。

廿三日

早飯後清理文件，坐見之客二次，圍棋二局，自作一調度札稿，閱烏丸鮮卑傳。中飯後與幕府友久談，閱本日文件，核批札各稿，見客二次，坐頗久。傍夕與幕府久談，核各信稿，小睡片刻。二更後溫辭賦類，三點睡。

廿四日

早飯後清理文件潘琴軒自江寧來見一談又坐見之客二次雅點柏字左孟辛友護軍之名臣剋圍棋二局坐見之客一次閱魏志東夷倭國等傳畢三國志讀一過志本先魏而後蜀吳余則先蜀吳而後魏也中飯後朱金權自金陵來極言吾兄弟五家之和協後輩子姪之賢良欣慰無已閱本日文件出門至潘琴軒處一談習字一紙酉刻見客多一次偶夕與幕中友久談夜与朱金權再談核批札各稿未畢倦甚二更後溫詩經數十章二更四點睡是日酉刻接信聞周家口之賊已至山東曹州九月間竄 宜陵永遠平安至期想其震驚畿輔不燮灼之至

廿五日

早飯後清理文件見客坐見者三次圍棋二局溫旅語一書申夫來久談中飯請王伯萼頌梁等便飯李

芻荃來久談閱本日文件又圍棋一局申正桂中行來
久坐核批札各稿旋又核批札注稿二更後溫禮記內
則篇四點睡

附記

沈純嘏　江蘇宿遷　靈壁人

黃勳　山西代縣　佳城　宿州人　張雲吉廣之　在宿曾見

廿六日

早飯後清理文件見客坐見者一次立見者二次點梅
字正副二營之名圍棋二局旋習字一紙溫左傳隱
元年二中飯後與幕府久談芻泉來久坐再圍棋二局
閱本日文件閱吳仲倫文集陳國瑞來久談與幕
府一談旋核批札稿二更後閱吳仲倫集三點睡
竟夕不甚成寐

廿七日

早飯後清理文件見客共三次竟見共一次圍棋二局溫左傳隱三四五六七年閱吳仲倫文集中飯後見客一次閱本日文件核批札各稿閱湖團案內事志所記編爲節略與莘甫一談陳國瑞來久坐旋溫古文類纂中所選擇歐甫文又朗誦韓柳文數首二更三點睡

廿六日

早飯後清理文件旋見客共二次出門看枋字七營操演陣法純用洋人規矩號令亦仿照洋人聲口步伐極整齊鎗砲極嫻熟余平日所見步隊不逮此遠矣午正二刻歸中飯後陳國瑞來久談圍棋二局閱本日文件李芳荃來久坐旋見莘甫一談核批札各稿旋又核定二更後溫古文序跋類四點睡

附記

○王少庚信

○王心牧吉中八璧々務雯

端木埰字子疇江寧人保得内閣中書

李慈銘字蒓客寧波人

廿九日

早飯後清理文件 擬見客生見其一次 王見其一次 圍棋二局

申夫來久談 午刻温左傳隱八年至十一年 中飯後

与蒓甫府一談 擬見客生見其二次 羅茂堂談頗久 閱本

日文件 又与蒓甫友一談 擬核批札各稿 未竟 傍夕申夫与

蒓甫中人一談 擬寫璧字甚多 日内於作字之道似有

所得 擬改摺稿一件 至三更始竟 睡不甚成寐 五更

醒

卅日

早飯後清理文件 圍棋二局 旋出城點驗穆錦馬勇之名 兼以看操 午正歸 見客坐見者一次 立見者三次 中飯後至藩府一談 閱本日文件 改政事稿一件 約改四百字 閱本日文件 核批札各稿 傍夕又與藩中久談 旋又核批札各稿畢 倦甚 小睡 不能治事 二更三點睡 三更後成寐 五更醒

附記

湘鄉 黃紹錫 劉飛龍 賀濤霖 朱瑗華

衡州長沙廿四都借屋 七月十九

沅江 敖千禮 不能吃睡 頭昏目眩 七月廿日

九月初一日

早飯後清理文件 見客立見者三次 坐見者二次 旋出門看馬隊操演 午初歸 方元徵來一談 圍棋二局 中飯後至藩府一談 閱本日文件 核批札各稿 發報一摺二

刂傍夕再與蔣帥府一談擬核改馬步合隊另宜三條
溫古文辭類纂二更三點睡五更醒

初二日

早飯後清理文件見客坐見者三次圍棋二局溫左傳桓公元年至十四年與蔣帥交一談中飯後再至蔣帥中飡談閱本日文件核批札信稿傍夕與蔣帥交一談再核信稿倦甚溫李義山劉隨州七言律詩與子密言蔣帥事二更三點睡五更醒

初三日

早飯後清理文件見客坐見者二次立見者二次圍棋二局閱司馬溫公文集午刻溫左傳桓公十五年至十八年莊公元年至十九年中飯後至蔣帥府一談旋又圍棋二局閱本日文件見客坐見者一次立見者二次閱捻匪已至鄆城勢將渡運河而北殊為憂灼核

批札各稿傍夕又与幕府一談檢核改馬勇章程閲
核議稿數件二更後温史記儒林傳尋實左傳
史記之所以美精有所会四點睡五更醒

附記

○張雲書○桂中行○薛元啓 尹沛清 彭 五十 兵 二十 夫 八 書 一
○李炳濤 四十 二十 八 一
○魏銘 三十 十 八 一
○朱名璪 四十 十六 八 一
林士班 情遠 李滌○ 四十
張文冕 豪城 李心潔 常州 三十

初四日

早飯後清理文件 桂中行來見 久談 圍棋二局 季少康見
久談 寫澄沅兩弟信一件 午刻温左傳莊廿年至閔二
年 中飯後閲申夫所寄湖團案 批至幕府久談 閲

本日文件　寫對聯八付　核批札各稿　倦甚　睡　核改江西撫方伯信一件　又核批札各稿　二更後溫文選數首　三點睡　不甚成寐

初五日

早飯後清理文件　見客坐見者一次　立見者二次　圍棋二局　旋坐見之客二次　改信稿六件　溫左傳閔公二年　僖公五年　中飯後至幕府一談　李筱荃來久坐　閱本日文件　核批札稿　寫對聯八付　傍夕至幕府一談　見客立見者一次　坐見者一次　核改馬穀章程　覆對　溫古文揚雄數首　二更三點睡　五更醒

初六日

早飯後清理文件　圍棋二局　朱式雲來一坐　又坐見之客一次　子密來久坐　渠將以日內回家也　閱左傳僖公五年至十六年　中飯後至幕府一坐　閱本日文件　寫掛屏四幅　核批

札各稿偏夕至幕府一談張振軒來一談申刻添陳舫仙信三葉衰倦甚不願治事烈風淒雨氣象黯慘閱文選數首一人擺於為戲二更三點睡頗能成寐

初七日

早飯後清理文件於見客二次圍棋二局改信稿四件閱左傳僖十六年至二十五年又見客一次中飯後至幕府一談閱本日文件改張敦堂信稿一件約五百字於又與幕中一敘偏夕小睡燈後核批札稿於溫古文論著類是日巳刻寫紀澤信一封二更三點睡睡不甚成寐

初八日

早飯後清理文件見客坐見者五次圍棋二局擬作劉位西文集墓志銘沈吟久之未敢下筆中飯後至幕府一談於閱本日文件閱京報十餘本作墓誌百餘字

傍夕又与吾常府一談 植核批札各稿 二更後小睡 閱稗文各卷書志 三點睡 不甚成寐

附記

○錢月三十金 ○王黎輝一 ○周一

○周二百金 ○內子

○王子槐百金

初九日

早飯後清理文件 旋坐見之客三次 圍棋二局 又見客一次 寫橫披一張 對聯一付 午刻閱左傳僖二十五年至二十八年 午正至靈龍山申夫請余及幕僚高宴集 酒後步至放鶴亭 坐一刻歸 摺弁自京歸 閱京信數件 京報十餘本 閱本日文件 植核批札稿 子密來久談 二更後 略溫稗文 倦甚不能治事 三點睡 五更醒

附記

吳元甲 字世甫 號育泉 桐城歲貢 吳汝綸之父 孝廉方正

閔鳳來 帶馬隊 副將

孫文科 帶綠左 副將銜游擊

王家文 帶綠右 副將銜游擊

初十日

早飯後見客坐見者四次立見者二次旋圍棋二局閱湖團一案卷宗是日子密還家巳刻與之圍談中飯後與幕府一談芳泉來久坐閱本日文件甚多見客立見者四次寫挽聯一付祭幛二幅傍夕又與幕府久談核改紀澤一書友人信一書旋閱劉文房詩集是日接奉 廷寄於以李少泉赴河洛吳仲仙任兩江及李雨亭丁雨生等遽升督撫措置太驟竟日為之不怡

十一日

早飯後清理文件，圍棋二局，見客，立見者一次，坐見者二次。張雲吉坐甚久。旋溫《左傳》僖公二十八年至文公二年。申甫來，坐久談。中飯後又與幕府一談，閱本日文件，改唐蔭雲信稿約四百字。傍夕與幕中一談，旋核批札稿。改信稿畢，溫古文數首，又溫蘇黃七古。二更三點睡。

十二日

早飯後清理文件，旋立見之客一次，圍棋二局，立見之客一次，坐見之客三次。閱《左傳》文公六年至十四年。又坐見之客二次。鄧笙陔自京歸，與談良久。中飯後蕭啟庭、康常晉卿來見，久談。旋與幕府一談，閱本日文件，核批札各稿。將方世兄惺地球圖說加數簽。傍夕又與幕友一談。旋李芳泉來一談。寫紀澤信一封。將韓文墓誌擬立一表，以明行文書事態，金石書體例之家。二更四點睡。

三更後成寐

十三日

早飯後清理文件，旋坐見之客一次，圍棋二局，作部伯西墓志。午刻寫零字頗多，請蒲毅庭等中飯，旋至幕府一談。閱本日文件，又作墓志數行。傍夕又與幕友一談，核寫零字甚多，將墓志序作畢，尚未作銘。二更四點睡，三更後略成寐。本日寫字作文，皆向所畏苦者，而尚能成寐，是近日韻筆好處，而作文心不敢戲入，則又衰老之徵矣

十四日

早飯後清理文件，坐見之客四次，圍棋二局，又坐見之客一次。午刻閱文十五年至宣三年，中飯後至幕府一談，閱本日文件。寫李少荃信一封，見客一次，與客圍棋一局。圍用心稍過，置火上炙牛痞殊甚，在閣寫零零字

甚多，不治它事。二更三點睡。

十五日

早飯後清理文件，旋將往西銘詞作畢，核改信稿數件，圍棋二局，見客坐見者一次，立見者一次。中飯後至幕府一談。閱本日文件，核批札稿甚多。剃頭一次。傍夕與幕友談論片時，核改信稿一件，約三百字。二更後溫韓文並古銘各篇。三點睡，至三更未能成寐，默改並古銘中數句，四點成寐，五更醒。

十六日

早飯後清理文件，見客坐見者二次，圍棋二局，拜發万壽摺。午刻營務處各員來言賊已破于家集，去徐城僅百里，因命各營戒嚴。閱左傳宣三年至十二年。中飯後與幕中久談，寫冊東二信一件。閱本日文件，核批札各稿。警報頻仍。見客坐見者三次，立見者二次。傍夕與

府一談於坐城看火光測幾遠近此間人言火光可
照數十百里余不信也夜閱歐陽公文集二十餘卷二
更三點睡終夕不甚成寐

十七日

早起較常略早點炊飯罷出外看壘城站堞防守者
門至望子街西至南菜園止已正歸圍棋二局見客三見
某二次坐見某三次又輔卿自京城歸談論最久閱宮十
二年至十五年僅六葉耳中飯後與華常府久談閱孝白
文件倦甚不願治了又圍棋一局觀人一局核札稿
六件倦久小睡夜核批稿閱史記五首二更三點睡
頗能成寐

十八日

早飯後清理文件見客坐見某二次圍棋二局看改摺稿午
刻羅茂堂來一談中飯後至華常府一談閱孝白文件

見客三次 王鼎丞 補卿 張小山談均甚久 改摺稿 燈時手約改千餘字 疲乏殊甚 不復能治一事 即在院中散步徘徊 二更三點睡 竟夕不甚成寐

十九日

早飯後清理文件 圍棋二局 出見之客二次 又與劉開生圍棋一局 又至幕府談二次 午刻溫宣公十五年至末 成公元二年 中飯後出見之客一次 閱本日文件 改信稿一件 懶於治事 又圍棋一局 與幕中久談兩次 倦甚小睡 極核批札各稿 二更後溫韓文數首 寫表百餘字 二更四點睡 是日發報一摺一片

二十日

早飯後清理文件 見客出見者三次 圍棋一局 又觀人一局 芴泉來久坐 溫左傳成公三年至十年 中飯請之 補卿等便飯 坐談久 申初散 閱本日文件 見客三次 倦甚 與

幕府久談，在閱休寧陳玨麒仰韓所刻國朝古文
所見集。二更後核批札各稿，派公分守口授告示稿
札稿，更補籍筆，四點令其出城，睡頗成寐，五更四
二點始醒

廿一日

早飯後清理文件，改洽稿一件，推圍棋一局，又觀人
一局。譚馨笙玉二夢久生張道華久生溫左傳成十
年至十六年，未正始畢。閱本日文件，中交來久談
烏宗領等來一坐，核改批札洽稿，酉刻至幕府
一談。夜又改洽稿四件，二更後溫古文序跋類，三點睡
五點成寐

廿二日

早飯後清理文件，竟見之客三次，圍棋二局，閱左傳成十
七八年，中飯後至幕府一談，寫橫披二幅，約三百餘

字閱本日文件見客坐見者三次翰林劉鳳苞坐最久
立見之客一次再圍棋一局傍夕至幕府一談旋改
信稿三件二更後溫古文論著類是日寫紀澤信
一件

廿三日

早飯後清理文件旋圍棋二局又觀人一局見客坐見者一
次立見者一次寫郭信〔莪士志〕酉正起至二更止寫三單字楷書
約九千大凡八百餘字午刻申甫來久談中飯後至幕府
一談未刻接閱本日文件申刻見客坐見者三次立見者
一次又輔卿談最久二更後核批札信稿頗多四點
睡夢之過甚不甚成寐

附記

黃子春 ○ 錢何序 ○ 郭銘 ○

廿四日

早飯後清理文件，見客坐見者二次，圍棋一局，又觀人一局，坐見之客二次。閱左傳襄公元年至八年。中飯後至幕府一談，閱本日文件，見客坐見一次，立見一次。因昨夜寫字太多，眼蒙殊甚。雜錄說文各字。傍夕小睡極久。核批札各稿。二更後溫漢書蔡義公孫賀等傳。二更三點睡，頗能成寐，五更又醒。

廿五日

早飯後清理文件，見客坐見者二次，圍棋二局。任西垣銘有錯落，略寫半開，凡寫三十字。寫紀澤信一件。李筱泉來久談。溫左傳襄公九年至十二年。中飯後與幕府一談。又輔卿來寓，久談。閱本日文件，寫對聯。後又圍棋一局。傍夕與幕府一談，極勞。筱泉又來一談。核批札信稿，頗多。二更後溫古文奏議類。三更睡，不甚成寐。

廿六日

早飯後清理文件見客坐見者三次圍棋二局溫襄公十年至十九年午刻請劉鳳苞采九便飯未散閱本日文件李勇泉來一坐汪致軒來与開生圍棋一局余從旁觀之倦甚始寐王沐蒔來一談核批札信稿三更後溫古文書牘類三更睡頗能成寐接紀澤信知少荃之母病勢甚重殊以為慮

廿七日

早飯後清理文件見客坐見者一次立見者一次圍棋二局旁又觀人一局又立見之客一次坐見者一次閱襄公十九年至二十三年雜錄錄奚話各字至未正畢閱本日文件見客坐見者二次寫對聯扁數字与莘中友一談倦甚小睡核批札信稿二更四點畢五點睡不甚成寐

廿六日

早飯後綠城馬步各隊派出至湖園操演各統領營官前

來寫詩見客坐見共二次立見共四次園裡二局又觀人

一局又立見二客二次坐見共一次溫左傳襄二十三年

至二十六年中飯後與華府學談閱本日文件見客

坐見共四次劉采九王昌裕送談甚久極色劇都統至文書

隊四條係因余二十日批有錯誤而未正值更稱十分吃

緊之際並經調開馬隊一批之失恐誤大局憂愧之

至因速辦一批令其仍折回更稱推與蔡萼高久談

最喜文之法華參細看案批二更三點睡饒甚頗

發成冊五更即醒是日巳刻放晴未刻潑雪天氣

已驟寒矣

附記

佩文韻 宗構

廿九日

早飯後清理文件，發寄紀澤信一封。汪致軒來觀，渠與劉開生圍棋二局。閱左傳襄二十六年至三十年，至申刻畢。閱本日文件，核批札信稿。至幕府談二次。莫子偲來久談。旋聞李勇、董等今日開仗，賊距城僅二十里，官軍雖獲小勝，而步隊靠民圩站立，并未調往。賊馬三千餘匹，官馬僅七百匹，初時勝，其游騎殺賊百餘，後亦彼此相持。城中兵虛，深為憂灼，因部署守城事宜。見客十餘次。二更三點睡。三更後接勇泉信，賊已往西南竄去。城上人聲犬聲擾擾不息，四更始能成寐，五更即醒。

十月初一日

早間見各賀朔之客。飯後清理文件，見客，坐見者四次，立見者五次。圍棋一局，又觀人一局。閱襄公三十年、三十一

年中飯後与幕友鬯談錄記實詩卷字閱本日文
件見客立見者九次皆昨日出隊在駱柳新莊打仗者
因賊已由蒲州南竄遂皆收隊回標倦甚不能治事
傍夕小睡核批札各稿接溫詩經二十餘章於蒲
詩若有所會

初二日
早飯後清理文件見客立見者一次坐見者二次圍棋二
局溫左傳昭公元年至三年中飯後至幕府鬯談閱
本日文件見客坐見者二次立見者九次倦甚不願治
事与幕府諸公鬯談核批札信稿眼蒙殊甚二更後
小睡三點睡頗成寐四更三點醒不復能睡矣

附記
○莫善徵

初三日

早飯後清理文件，旋見客，坐見共二次，立見共一次，閱左傳昭公元年至七年。至萊帥府一談。閱郘二雲爾雅正義，莫子偲新送刷印較早者也。中飯後又至萊帥府久談。閱本日文件，核批札信稿，再閱爾雅正義。小睡片時。傍夕與萊帥府一談。旋閱阮文達芸臺手寫注釋，倦甚。二更四點睡，不甚成寐。

附記

劉寶臣

初四日

早飯後清理文件，見客，坐見共二次，立見共一次，閱左傳昭公七年至十二年。錄莫詩若干字。中飯後請莫子偲便飯，未正散。閱本日文件。至萊帥府一談。寫紀澤信一件。酉刻寫對聯數付。傍夕小睡。旋核批札信稿。二更閱七家文鈔之惲張二家。四點睡，不甚成寐。

初五日

早飯後見客一次，談稍久，旋觀府授（敍）徐逢幹與開生圍棋二局。清理文件，見客二次，閱昭公十四年至十九年。中飯後坐見之客一次，立見之客二次，至幕府久談，閱本日文件。傍夕又與幕中久談，核批札諸稿，二更後整理彭(?)抄古文。是日午刻寫澄沅兩弟信，申刻寫李少泉信。二更四點睡，頗能成寐，四更末醒。

初六日

早飯後清理文件，旋見客，坐見者二次，立見者二次，圍棋二局。閱曾(?)城（溺?）之戰，田(?)竄山東，並台集焰之至。李芳泉來久坐。溫左傳昭公十九年至二十三年。中飯後至幕府久談，見客坐見者一次，立見者一次，閱本日文件，核批札各稿。將王子壽所為乙識(?)，傍夕與幕府久談，摘溫文選離騷九辯。二更四點睡，尚能成寐，五更二點始醒。

初七日

早飯後清理文件 旋見客 立見者一次 圍棋二局 寫沅弟信一封 加吳南屏信 三葉 溫左傳 昭二十三年至二十七年 中飯後至幕府久談 閱本日文件 核批札各稿 又與莫子偲一談 小睡片刻 易泉來久談 夜溫反離騷數編 若有所得 旋溫識度數首 二更三點睡 五更初醒

初八日

早飯後清理文件 旋見客 坐見者一次 圍棋二局 又觀人一局 巳午初吳溫昭公二十七年 至未見客 立見者二次 中飯後至幕府久談 閱本日文件 抄錄 寶諸各字 約抄七百字 再與幕府邑談 核核批札信稿 目蒙殊甚 二更後溫韓詩七古 三點睡 四更末醒 是日接潘琴軒信 知於初四日[?]渠 又獲勝仗 渠已逃回湾 寧為之稍慰

初九日

早飯後清理文件，於圍棋二局，出門至教場點黃旗馬隊之名。午初歸，溫左傳宣公元年至八年。中飯後至幕府一談。見客，坐見者一次，立見者二次。閱本日文件。核批札各稿，傍夕又與幕中邑談，核寫零字甚多，改摺稿一件，約三百餘字。二更四點睡，三更成寐，四更未醒。

初十日

是日恭逢　慈禧皇太后萬壽，早赴文昌宮拜牌。歸，早飯後清理文件，旋改信稿四件，內一信改二百餘字。至幕府一談。午初溫左傳宣公八年至十三年。中飯後清理本日文件。是日申正請茗并根便飯，即在東室內會食，未初散去。核批札各稿。圍棋二局。改片稿一件。傍夕與幕友一談。核寫零字甚多，小睡半晌，二更後溫古文哀祭類。三點睡，三更成寐，五更二點醒。

十一日

是日余五十五生日，虛度又一歲矣。例諸客不見。早飯後清理文件，旋溫左傳宣公十三年至十五年、哀公元年至八年。午刻小息。中飯後見客一次，與幕府一談。閱本日文件。申夫來一談，圍棋二局，核批稿數件，倦久，與幕府一談，改核信稿數件，寫零字甚多。小睡片刻。二更後溫孟子十餘章。三點睡，四更末醒。是日發報一摺。閱山東之賊已出數回竄河南考之少尉。

十二日

早飯後清理文件，旋圍棋二局，見客，坐見者四次。河南舉人孫育均來見，英明沈實人也。溫哀公八年至十五年。中飯後至幕府一談。閱本日文件，見客，立見者二次，坐見者一次，核批札稿。小睡片刻，又與幕中一談，核寫零字甚多，稍悟米南宮之法前剛而後編，李北海之法前矯而後圓。核信稿數件。二更後溫《易．繫辭》，若有所會。二更四點睡，尚能成寐，五更一點醒。

十三日

早飯後清理文件，圍棋一局，又觀人一局，見客立見者二次，坐見者二次。溫《左傳》哀公十五年至末。中飯後至幕府久談，閱本日文件，抄畢詁葬字約五百字。傍夕又与幕府一談，核寫零字甚多，倦甚，小睡，核批札稿。二更後溫古文辭賦類。三點睡，三更成寐，五更醒，夢頗多，近歲所罕也。

十四日

早飯後清理文件，圍棋二局，見客坐見者二次，立見者一次。將《左傳》分類，每事為四字目，識於冊末。午刻見客

一次。中飯後至幕府鬯談。閱本日文件。見客，坐見
一次。再錄左傳分類目。宣公畢。傍夕又與幕府鬯談。
核批札各稿。二更後溫古文氣勢類。二更三點
睡。四更末醒。

十五日

早閱內署及各文武賀望。立見十一次，坐見之客四次。清理
文件。圍棋二局。李少荃來一坐。閱左傳成公，記分類目
目。中飯後至幕府鬯談。吳汝綸來久談。吳，桐城人，本年
進士，年僅二十三歲，而古文經學時文皆卓然不群，異材也。
閱本日文件。核批札各稿。傍夕又與幕友一談。燈後改信
稿二件，皆改數百字。二更後倦甚，目不能誦書。三點
睡。是日申刻寫澄沅兩弟信一封。

十六日

早飯後清理文件。旋見客，坐見一次，立見一次，圍棋

二局 抄左傳分類五目 自襄公至哀公未抄 至二更始畢 中飯後至恭中府一談 閱本日文件 核又與恭中府一談 溫七言絕句 三點睡 不甚成寐

十七日

早飯後清理文件 於園棋二局 寫紀澤信一件 寫雪仙信一件 中飯請孫育昀 吳汝綸等小宴 未正散 閱本日文件 周聲澍來見 久談 善化 癸亥翰林 本年留館者也 札批札稿甚多 倦々 與恭中久談 核核信稿數件 二更後溫詩經 四點睡 四更末醒

十八日

早飯後清理文件 於園棋二局 見客坐見者三次 立見者二次 寫壁字甚多 李勇泉來久坐 中飯後至恭中府一談 閱本日文件 閱九月邸鈔 見陳小舫宗

霞仙摺稿，倒畢，身心人憒恇，寫雲字甚多，擬批
札各稿，見客一次，傍夕與幕府鬯談，前日接沅
兩弟二次信，係七月下旬、八月初旬所發，此次所去之勇
本日接兩弟信，係七月中旬去勇帶之一函，又寫雲
字百餘，溫詩經二十餘篇，二更三點睡，四更又未醒

十九日

早飯後清理文件，旋圍棋一局，又觀人一局，見客坐見
者二次，剃頭一次，寫莫子偲之父墓表，中飯後與幕中
久談，見客坐見者三次，袁保齡字子久，坐頗久，午橋之
次子也，閱本日文件，又寫墓表十餘行，傍夕與幕中
中久談，核改信稿三件，二更後溫書經三篇，三點
睡，不甚成寐

二十日

早飯後清理文件，見客坐見者一次，立見者一次，圍棋二局

推寫幾君屆表因昨日寫楷書吃力本日改寫小
書字約寸大計自已刻寫至酉初畢約千二百字
午初許第村來久談中飯後與蔣中府一談未正
閱本日文件申正約宇甸屆來久談傍夕又與蔣中
友一談檢核批札各稿二更偕甚並薛耕耘霽
一談三點睡三更未醒一次五更初醒是日悟作書之
道在分陽剛之美陰柔之美兩端偏於陽者取勢
宜峻遒偏於陰者下筆宜和緩二者並營并騖則
兩失之矣集思每蹈此弊

廿一日

早飯後清理文件於圍棋二局寫對聯十餘付扇二
方午正請閻灝民推進等便飯申初散閱本日文件於又
與劉申孫圍棋二局傍夕與蔣中府一談夜將左傳
百目重編一類二更三點睡是日批札注稿甚多

停閣未稿

附記

桐城吳元甲

太湖王

廿二日

早飯後清理文件 旋見 客 坐見一次 圍棋二局 又坐見之
客二次 吳汝綸張廉卿久寫挂屏二幅 每幅約百字 中飯
後與荔帥府久談 閱本日文件 周瀛樵進來久談 立見
之客二次 傍夕小睡 旋核批札稿 頗多 朱孔陽寫
仲我兄和朱駿聲之子寄所為文七首細閱一遍 二
更後倦甚 又似甚畏寒 其老景侵逼 頹然若難
任也 小睡片刻 旋又寫零字六七十 三點睡 幸能
成寐 四更未醒

廿三日

早飯後清理文件旋圍棋二局見客坐見者二次已正出門拜客二家至袁世兄家久坐渠在銅山殉難婚配高令孫女為繼室也歸時雅屏至未正畢閱本日文件孫雨均來久坐朱式雲張梅珊先後來坐酉刻與幕府久談校核批札各稿因說話太多不復能治事二更後溫易經二頁三點睡四更二點醒旋又稍稍成寐

廿四

早飯後清理文件旋圍棋二局又觀人一局見客坐見者三次立見者二次核改信稿數件中飯後至幕府久談閱本日文件又核改信稿多件傍夕與幕府中一談校核批札稿二更後倦甚不能治一事寫紀澤信一封接澤沅兩弟九月廿一日信沅意欲再辭晉撫堅臥不起喜其知幾之明

襟懷之淡反覆籌思將成其志三點睡不甚
成寐思事兄弟出處進退之道必能避辟而後
可以遠辱但宜不露痕迹耳

廿五日

早飯後清理文件旋見客坐見者二次立見者二次圍棋三
局為時過久袁子久來久坐午初將兩弟近來各信清
閱中飯後至幕府一談寫澄沅信一件凡六葉清閱本
日文件寫沅信一件凡四葉与幕府暢談核批札各
稿二更後寫經書目錄付鈔四點睡不甚成寐

廿六日

早飯後清理文件旋圍棋二局見客坐見者二次立見
者二次將左傳分類正目校對一遍習字一紙中飯後至
幕府一坐閱本日文件又圍棋二局吳汝綸來久坐寫
李文森挂屏一付約四百字傍夕与幕府一談核

核批札稿寫零字甚多 將河南紳士呈細閱一遍 三更後將孟子首卷之十題寫畢 四點睡 五更醒

廿七日

早飯後清理文件 旋見客坐見者二次 圍棋二局 寫扁對數百 習字一紙 中飯後劉松山來一談 至幕府一談 又圍棋二局 閱本日文件 莫子偲來一談 渠明日將回金陵也 核批札各稿 至二更四點未畢 睡至三更成寐 五更末醒 日內荒淫於棋 看似褻玩 而溺淫此 殊為愧悔

廿八日

早飯後寫扁一幅 見客坐見者六次 立見者二次 說話甚多 旋至子偲處送行 圍棋二局 習字一紙 中飯後至幕府久談 閱本日文件 見客坐見者二次 薛世香 劉省三坐談均久 核批札各稿 風雨凝寒 頗增愁思 偏多

小睡。核寫冊頁字二百許。思余之書勢應以剛健婀娜四字爲主，將命紀澤刻此四字爲一小印。改摺稿一件，約改四百字。二更後改作稿一件，旋朗誦九辨。三點睡，三更後成寐。

附記

賀壽蕭若　壬子舉人　五年胡保紅翎藍翎　七年胡保得缺後以同知選用　八年十月姚發往安徽　九年七月到省
在康河帥處當差　元年正月丁母憂回籍　九[illegible]月
唐重調來皖　三年四月服滿　五月曾委辦五河鹽上下七
月賞換花翎　四年在京銅局捐至同知三班

廿九日

早飯後清理文件，旋圍棋二局，見客，坐見者二次，改作稿一件。習字一紙。午刻閱爾雅正義。中飯後至英帥府一談。閱本日文件。薛世香來久談。核批札各稿。傍夕至

至伯荷處久坐檢寫屏字甚多二更後溫十六文其
豫類三點睡頗甜酣卧五更醒

三十日

早飯後清理文件旋見客一次圍棋二局羅茂豐來一
坐檢寫掛屏又付習字一紙改行稿一件約二百字中
飯後寫對聯數首閱本日文件劭宇農來久坐李芳
泉張田畯先後來並閱邵氏爾雅正義十葉傍夕
至帥府一談檢寫屏字頗多改行稿二件並擬
一摺四行二更後溫古文序跋類朗誦數三點睡不甚
成寐四更二點醒不耐卧矣

十二月初一日

早飯後向絕各賀朔之客清理文件旋圍棋二局閱
爾雅正義十三葉計芾村來久坐張梅墅來久坐中飯
後至帥府一談閱本日文件又圍棋二局習字

一紙寫對聯六付傍夕至幕府一談旋核批札稿
二更後寫雲字甚多溫史記公孫宏等傳三點睡
不甚成寐

初二日

早飯後清理文件旋圍棋二局寫橫披一張約二百字
習字農等來辭行久坐寫對聯五付閱爾雅正義
中飯請劉省三等便飯旋閱本日文件又閱爾雅
坐見之客二次傍夕至幕府一談旋核批札各稿
二更後溫古文辭類纂閱史望之先生行述一過三
點睡四更醒

初三日

是日恭逢 先妣江太夫人八十一冥誕向在營中不設祭由
金陵寓中設祭也早飯後清理文件旋圍棋二局見
客坐見者二次立見者一次閱爾雅正義十三葉鈔案語

等書雅訓類記中飯後至幕府久談於閱本日文件
又圍棋一局楊芋庵來久談核改批札信稿寫李少
泉信三葉二更後溫古文論著類四點睡甚難成
寐惟畏寒特甚亦老態也

初四日

早飯後清理文件朱式雲來久坐又三見之客一次閱爾雅正義
抄雅訓類記約五百字明日冬至拜牌指示修理庭院以作
朝賀之所申夫來久談中飯後溫閱本日文件閱邸報
霞仙復為陝西巡撫因楊厚庵奏陝總遺缺而　皇上命
欽差瑞羅瀛集有棄董賊也壽世兄來久坐傷久至幕府
一談核改批札信稿二更後溫孟子頗諷似有所得三
點睡不甚成寐

初五日

是日長至令節五更二點起率文武行禮禮畢坐待天

晴。天寒。胸次作嘔吐之意。飯後清理文件。旋圍棋二局。閱
爾雅釋詁畢。抄雅詁訓類記。中飯後閱釋言十葉。見客
二次。閱本日文件。寫澄沅兩弟信。又圍棋一局。見客
二次。對詠英藩影新均久談。傍夕與幕府一談。核定
閱冊稿信三葉。陳作梅信一葉。核批札各稿。二更後
倦甚。不能治事。三點後睡。頗能成寐。

初四日

早飯後清理文件。旋圍棋二局。見客坐見者一次。閱釋
言十葉。抄雅訓類記。中飯後至幕府鬯談。又坐見之
客一次。閱本日文件。寫紀澤信一件。核批札各稿。夜
聽李載挂彈琴。寫雲字默多。溫杜詩十餘首。二更四
點睡。夢頗多。且似有儆戒之意。為之悚然。

附記　松字軍

黃岡 易　溧陽 捷誠 王平西　湘陰 宋德鴻　湘潭 一　俱出 護軍　曹仁貺 楊玉春　盱眙 李　婺源 王　俱出江北至 薛軍

初七日

早飯後清理文件旋立見之客一次圍棋二局閱釋言至申刻閱畢抄雅訓類記中飯請潘琴軒便飯至幕府鬯談見客二次傍夕又與幕府一談旋核水師丞遠軍程溫詩經數篇二更四點睡頗能成寐

附記

平安書　年底回信

初八日

早飯後見客立見者三次坐見者五次皆武營諸將逢八來見也旋圍棋二局閱釋訓十五葉中飯後至幕府一談閱本日文件抄雅訓類記見客一次倦甚與幕府鬯談二次旋核批札稿核水師軍程因困倦於各省武官數目立表而不果乃請向伯常為之二更三點睡四更

末理畏寒殊甚

初九日

早飯後清理文件見客一次圍棋二局旋又見客坐見者三次閱爾雅釋訓釋親中飯後至幕府一談旋閱本日文件寫爾雅訓雜記寫對聯六付又圍棋二局傍夕與幕府一談夜核批札稿甚多至二更四點未畢睡尚能成寐

初十日

早飯後清理文件見客二次坐談頗久圍棋二局閱爾雅釋親畢芳泉來久談抄雅訓雜記中飯後至幕府久談閱本日文件再鈔雅訓雜記見客一次傍夕又與幕友久談夜核批札各稿二更後朗誦張班詞題誦送浮屠文暢序二更三點睡尚能成寐五更醒

十一日

早飯後清理文件見客坐見者一次圍棋一局出門至李筱泉處久坐又至朱星檻處久坐午正後歸中飯後與幕府久談又圍棋二局閱本日文件見客一次核批札各稿傍夕與開生一談核改信稿多件二更後朗誦韓文十餘首二更四點睡是日下雪夜雪尤大今年已見二白矣

十二日

早飯後清理文件見客立見者二次圍棋二局向伯常不能小便病勢頗重屢往看視閱爾雅釋宮坐見之客二次談甚久中飯後至幕府久談閱本日文件又圍棋二局寫李少泉信一封雪大硯凍難於治事筱泉來久談核批札信稿二更後溫古文朗誦十餘首二更四點睡

十三日

早飯後清理文件，旋圍棋二局，閱汪龍莊先生輝祖所為《佐治藥言》、《學治臆說》、《夢痕錄》等書，直至二更。其庸訓則教子孫之言也，語語切實，可為師法者。近月諸子屢弛，每日除下棋看書之外，一味嬉敖，於公事多所延閣。讀汪公書，不覺悚然面刻。身來後閱本日文件，核閱批札各稿，二更後溫古文氣勢之屬，四點睡。因將參內職事宜一事，課以口訣曰：午前治己事，午後治公文，看客隨時見，查閱勤出門，二更誦詩書，高吟動鬼神。因憶余昔年求觀人之法，作一口訣曰：邪正看眼鼻，真假看嘴唇，功名看氣概，富貴看精神，主意看指爪，風波看腳筋，若要看條理，全在語言中。二訣相近，聊附記之。

十四日

早飯後清理文件，見客二次，圍棋二局，因向伯常病重，與諸友談所以治之之法，已正閱《爾雅·釋宮》。中飯後看伯

常病与諸友商議數次閱本日文件數次進步閱王
龍莊書俳佪庭院不能治事傍夕与芝中友久談極疲
水師章程二更後溫詩經十餘章又溫莊子二更四點
睡不甚成寐

十四日

早飯後清理文件旋見客一次圍棋二局見客尹沛清談甚
久屢看伯常之病係醫言脈象不好焦灼之至陳松如
自金陵來久談閱爾雅釋言中飯後眾議多請
諸醫診治伯常之病又圍棋二局閱本日文件朱星
檻來一坐又与各友議治病事極倦批札稿閱水師章程
核改至二更三點又改數條溫柳文永州山水各記

十五日

早飯後清理文件旋圍棋二局見客坐見者二次寫澄沅
兩弟信甫寫畢而兩弟十月十六之信到又寫一葉

呑々又寫一信与黄南坡因送葬儀与家鄉親屬三百共七

百餘金託黄査鹽局凭匯也申正了清閱卑日文件

午正閱伯常大便方以為喜後屢泄不止而小便癃

閉如故病勢加重深以為憂与各友久談核批札各稿看

核水師章程二更二點温書經世逸啟命等篇三更

睡不甚成寐

附記

○紀澤查武善廉

十七日

早起見向伯常病已垂危四肢及身股但已冰冷萬無生理

為之料理後事自辰至未幸不氣絕於有人言以水銀吹

入前陰玉莖之內可將管內殘精敗血消化并可引出

小便或者起死回生云云諸友因試為之既將水銀吹入則伯

常忽大聲叫呼一息奄奄而聲音無粗衆喜矣

已生機也又孫夢蘇乃人含其玉莖而吸之始出血絲繼出
如米如沙粒數十顆繼出如膿惟夢赤吸出小便然身體
冰冷一日無驗回暖矣瞑閉一日無驗開目漸視矣牙關緊閉
一日無驗吞藥矣衆皆欣詫似有回生之望伯常之病
由於夢遺甚久一旦病發癃閉七日不能小便溢至於此
向使早救曰知水銀吹入之法蘇乃人將管中結塞設抽
吸出固死不起之症也聊記於此以廣異聞早飯後清理
文件圍棋二局李昭慶來一談中飯後閱本日文件
圍棋二局核批札稿數件餘皆與蘇中友談病至種核
水師章程二更三點睡竟夕不能成寐

十八日

早飯後見客坐見者四次立見者二次皆武營逢八衙門期
也清理文件圍棋二局午初向伯常之世乃出水銀等方
強起治事益覺不耐已孱之身何以回暖至數時之久耳

与諸友商籌議，又寫紀澤信。中飯後再圍棋二局，閱本日文件，核批札各稿。倦甚，與申夫久談。稍核水師章程，至二更，將更宜二十六條核畢，營制尚未核也。溫《書經·盤庚》。三點睡，至三更二點成寐，四更末醒。

十九日

早飯後清理文件，見客一次，談頗久。圍棋二局，閱《爾雅·釋器》。李筱泉來一談。中飯後又圍棋二局，閱本日文件。与幕友談甚久，核水師營制，至二更三點未畢。睡，三更後略能成寐。

二十日

早飯後見客，坐見者一次，立見者一次。清理文件，圍棋二局。將水師營制核畢。見客一次。中飯後与幕府暢談。閱本日文件，核批札各稿。見客一次。閱《文獻通考·經籍考》，直至二更三點，凡閱四卷。睡後不甚成寐。

廿一日

早飯後清理文件圍棋二局見客劉申甫細談頗久閱文
獻通考經籍考午初向伯常出殯料理一切中飯後
閱本日文件寫挽聯扁對數事又圍棋二局於此
唐金兩軍鬨鬬結案俟一摺而憚於下手悶甚閱東壁
志數十則與申夫久圍棋將唐金案細核一遍改摺數
行賀勝臣自京歸二更四點睡略能成寐

廿二日

早飯後清理文件圍棋二局旋見客坐見者三次立見
者一次將唐金各卷再閱一遍中飯後見客坐見者二次
閱本日文件圍棋二局改摺稿直至二更二點止約改
千六百字未畢核批札稿數件三點睡不甚成
寐

廿三日

早飯後清理文件 圍棋二局 旋閱文獻通考經籍考
中飯後與人圍棋一局 考時約十一刻 閱本日文件 酉
正改摺稿直至二更三點 改畢 約八百字 共二千餘字 四
點睡 不甚成寐

廿四日

早飯後清理文件 圍棋二局 見客坐見者一次 立見者二次
胡蓮舫同年來久談 即留在館內住 未正又圍棋二局 申刻
又與蓮舫談 閱本日文件 核批札各稿 李筠泉來久談 核
改摺稿約八百餘字 三更登床 近年睡寢晚甚 竟夕不
甚成寐

廿五日

早飯後清理文件 見客二次 談頗久 圍棋二局 旋與蓮舫久
談 中飯請蓮舫小宴 飯後請褚徐二人對奕 衆客同觀一
局 申正已睏矣 復與蓮舫暢談 渠言雲仙撫粵名望

之據多誤於左孟辛 王壬秋二人 旋核改信稿二件 核批札稿數件 二更三點睡 屢醒屢寤 寐尚屬美睡

廿六日

早飯後清理文件 旋圍棋二局 与蓮舫久談 作摺片一件 直至二更三點 僅作八百餘字 未及一半 中飯後寫挂屏一幅 約二百餘字 閱本日文件 偏多 与蓮舫久談 直談至二更止 餘皆作摺 摺日內於應核公牘 諸多延閣 僅溺集及陪客二事而已 已刻寫澄沅兩弟信 旋睡 不甚成寐

附記

豫 ○李信問表 ○劉委往 ○沈省查

寄 ○李信問毛 ○方委往 ○札函桑查 ○張魯瞻

廿七日

早飯後清理文件 旋圍棋一局 与蓮舫久談 送渠出城 作

別午正歸中飯後見客一次思作行稿而難於下筆
閱本日文件閱張石卿所作勸福論等篇作行稿
不成因姑置之核批二摺二片傍夕與幕府久談
夜核批札信稿二更三點睡頗能成寐

廿六日

早飯後清理文件旋見之客一次坐見之客三次圍
棋二局又坐見之客二次談均甚久中飯後至幕府久
談閱本日文件又圍棋二局寫毛寄雲豐表小午到省
之潘琴軒信多二葉傍夕又與幕府一談核批札
各稿料理專差至河南山東等事二更三點睡不甚
成寐接澄沅兩弟十月十九日信

附記

看西先生沅宅或家廟 十月廿沅信 彭三不甚弱
因張縣黔補到縣 考棚可多坐壹七千 本房生三

子五 十月廿六灣信

内〔年内〕正月起川正月到家二月劫送妹至粵 十月十九灣信

萬不肯到寸 十月十九沅信

廿九日

早飯後清理文件 見客坐見者二次立見者二次 圍棋一局

李筱泉來一坐 改水師章程 中飯後至幕府一談 又圍棋一局 閱本日文件 又核澄沅兩弟十月廿六日信 核批札信稿 傍夕又与幕府友一談 旋核批札信稿頗多 二更後朗誦古文簡編 三點睡 尚成寐 是日未刻寄紀澤兒信一件

卅日

早飯後清理文件 圍棋二局 閱爾雅釋器 申夫來久談 中飯後与幕府久談 寫對聯七付 又圍棋二局

与黎蒓齋內談文 至申夫寓所一談 即在公館剃也

枉閱水滸傳二卷二更三點睡是日寫響錄文一首

十二月初一日

早各文武賀朔見客坐見共六次立見共七次清理文件圍棋二局閱水滸二卷中飯後至幕府一談閱本日文件寫對聯數付圍棋二局核批札各稿傍夕與幕府友一談核將所抄古文稍一編次朗誦至三等幕二更三點睡不甚成寐

初二日

早飯後清理文件見客立見共二次坐見共二次圍棋二局閱汪龍莊書中飯後至幕府久談閱本日文件又圍棋二局閱丁雨生許緣仲諸人信論鹽務詳稿核長偏夕與幕府友久談核改丁雨生信約改五百字二更後溫古文三點睡三更後成寐

初三日

早飯後清理文件，於圍棋二局，見客立見者一次，坐見者四次，容閎及張敦堂坐談甚久，閱水滸一卷，中飯後至幕府一談，閱本日文件頗多，核批札各稿，改訐緣件信稿，傍夕與幕友一談，核改陳小浦信稿，約改四百字，二更後溫繫辭傳三點，睡未至三更即成寐，五更二點方醒，近時罕得此美睡耳

初四日

早飯後清理文件，張敦堂來久談，於圍棋二局，看水滸三卷，見客一次，中飯後又圍棋二局，閱本日文件，核批札信稿甚多，傍夕至幕府一談，旋因眼蒙腰疼，不能治事，與伯勇久談，二更後閱古文辭類纂三點，睡頗能成寐，五更以後醒

初五日

早飯後清理文件見客坐見者一次立見者二次圍棋二局又坐見之客二次錄雅訓雜記中飯後再圍棋二局寫對聯七付閱本日文件核批札各稿傍夕與幕府久談夜再核批札信稿閱明馮時寧以一所纂古今將略二更四點睡竟夕不能成寐

初六日

早飯後清理文件見客坐見者二次圍棋二局寫澄沅二弟信寫李少泉信抄雅訓雜記中飯請客純甫張石卿等便飯久談飯後又圍棋二局閱本日文件核批札各稿傍夕與幕府一談夜申夫來久談二更後批閱生所記歷人錄四點睡

初七日

早飯後清理文件見客一次圍棋三局抄雅訓雜記午初閱輯器中飯後閱本日文件核批札各稿

批黎純齋等文二首申正與幕友一談甚久在溫
古文三首倦甚閱水滸二卷二更四點睡尚能成寐

初八日

早飯後清理文件見客坐見者一次立見者三次點桂字
二堂松亭彭中堂之名見客坐見者二次立見者二次
圍棋二局抄雅訓雜記閱釋器中飯後至幕府
一談閱本日文件又圍棋一局觀人一局閱釋器申
傍夕至伯寅處一談在答朱孔揚書論韓注約五百字
未半二更四點睡不甚成寐

初九日

早飯後清理文件旋見客坐見者三次立見者一次改朱孔
揚信申圍棋二局見客一次抄雜雅訓雜記中飯
後申夫來久談閱本日文件閱釋樂傍夕與幕
府久談在寫紀澤等信一件核二京信稿十餘件

二更後倦甚不能治事徘徊庭院與幕友久談二更三點睡

初十日

早飯後清理文件 坐見之客一次 點招字三營之名 圍棋二局 抄雅訓雜記 閱爾雅釋天十葉 中飯後至幕府久談 閱本日文件 寫對聯六付 又圍棋一局 核批札各稿 傍夕與幕府一談 核溫古文六篇 二更三點睡 尚能成寐 夢姚姬傳先生談文頗久

十一日

早飯後清理文件 見客一次 又立見者三次 圍棋二局 抄雅訓雜記 閱爾雅釋天 中飯後至幕府一談 閱本日文件 寫對聯五付 橫披一幀 約百餘字 見客二次 酉刻與幕友久談 將入京摺并所送同鄉炭敬料理一番 核添黃恕皆 徐壽蘅 周荇農信各一葉 核批札信稿

更三點睡

十二日

早飯後清理文件，拜發元旦賀摺，旋點校字三叠之名兒

客一次，圍棋二局，將京信中吳竹如、劉韞齋、黃睦儕、皮筱舫

等各加信一二葉不等，至未正寫畢。閱本日文件，見人

圍棋一局，甚久，約一个半時，天已黑矣。申夫來久坐，直談至二

更後客去。臥睡不甚成寐。未正見客二次，又立見者二

次

十三日

早飯後清理文件，圍棋二局，巳刻至城外閱張敬堂之內

操演。午正歸，中飯後又圍棋二局，閱本日文件，核批

札各稿，見客一次。傍夕與幕府久談，核核二批稿，約五百

字。溫古文數首，朗誦，東萊評上下傳。二更三點睡。是

日沅弟十一月朔日信辰刻未刻，閱武梁祠刻象及

各評數種

十四日

早飯後清理文件 點親兵護軍及教字營之名 見客坐見者二次 立見者二次 圍棋二局 抄雅訓雜記 中飯後至幕府一談 閱爾雅釋天 閱本日文件 寫李少泉信一封 見客一次 談頗多 又至幕府一談 核批札各稿 再寫少泉信一葉 二更後誦杜韓七古 三點睡 尚能成寐

附記

楊治邦 吳郡司之舅 現至壽州 在五河說

吳天保 懷遠人

十五日

早間阿絕沙客飯後清理文件 見客三次 坐均甚久 旋圍棋二局 抄雅訓雜記 閱爾雅釋天 中飯後閱本日文件 出門拜客二家 寫澄沅二弟信 甚長 傍夕與幕友

久談旋核批札各稿二更後温詩經離騷三點睡甚[illegible]成寐五更二點醒

十六日

早飯時摺弁自京歸飯後見客五次坐談均久又見之客三次圍棋二局抄爾雅訓雜記中飯至幕府一談閱爾雅釋地閱本日文件圍棋二局寫對聯六首見客二次傍夕与幕中一談核批札稿寫零零字頗多二更後温東坡七古二十餘首三點睡

十七日

早飯後清理文件見客一次圍棋二局閱濟寧學宮各碑北海相景君碑字及額最為古厚范式碑与鄭季宣碑陰之額亦殊奇古愛玩久之出見之客三次抄爾雅訓雜記閱本爾雅釋地中飯後至幕府一談閱本日文件為朱式雲瑩命案多見客三次商議

久閱經籍考三卷。傍夕與幕府久談。旋核批札信稿。二更四點睡，倦甚，不能成寐。

十八日

早飯後清理文件。見客，坐見者三次，立見者二次。圍棋二局。申夫來久談。中飯後與幕府一談，說本朝古文化改變。李眉生信稿，約千六百字，至二更改畢。傍夕與幕府友久談。二更後接各信，悉湖北成大吉一軍叛變，同擁匪深入，上至黃陂，下至黃岡、陽邏、沙口、滠口等處處皆賊，勢甚急，深以為慮。溫古文詔令類。三點睡，不甚成寐。是夜接沅弟十一月廿五夜信，氣象平和穩實，慰甚。

十九日

早飯後清理文件。是日立春，賀客一概謝絕。圍棋二局。見客，坐見者二次，立見者一次。閱文獻通考經籍考，是日畢，共閱三卷。中飯後與幕府一談。又圍棋二局。寫對聯七付。閱

本日文件 見客二次 與幕府久談 旋核批札各稿

二更後溫古文序跋類 三點睡 頗能成寐

廿日

早飯後清理文件 見客 坐見者一次 立見者二次 圍棋二局 將水師事宜再核一遍 中飯後至幕府一談 申夫來久談 圍棋二局 閱本日文件 將水師營制再核一遍 傍夕核批札各稿 與幕友一談 旋改長江水師一摺 至二更三點止 凡改六百餘字 未畢 睡不甚成寐 是日接澄沅二弟三信 十月十三日發者

廿一日

早飯後清理文件 將長江水師摺改畢 倦甚 閱文獻通考經籍一卷 午刻見客 坐見者三次 中飯後圍棋一局 又觀人一局 申刻坐見之客二次 閱本日文件甚多 核批札各稿未畢 傍夕與幕友久談 旋試草

寫零字甚多核湖團一案之批二更二點畢三點
睡頗能成寐

廿二日

早飯後清理文件圍棋二局見客坐見者三次立見
者一次閱經籍考二三卷中飯後至幕府一談閱
本日文件見客四次核批札各稿下對聯等款看刻
再与幕友一談核寫零字甚多二更後溫古文辭
賦類三點睡三更後成寐

廿三日

早飯後清理文件圍棋二局核閱經籍考一卷
坐見之客二次申夫來一談中飯後至幕府一談
閱本日文件圍棋一局將改查辦山東之件久
未下筆傍夕始清稿頭緒核改摺約六百字二
更三點睡尚能成寐

廿四

早起飯後清理文件 圍棋二局 見客坐見者一次 立見者一次 閱經籍考一卷零七葉 中飯後至幕府久談 閱本日文件 因紀澤久不到 係殊為廑系 派弁再往探接 見客坐見者一次 改摺約三百字 傍夕與幕友久談 夜再改摺約八百字 二更四點畢 睡尚能成寐 四更四點醒

附記

○核奏摺 ○改豫摺 ○寫湘信 ○札批稿件

廿五

早飯後清理文件 見客坐見者二次 圍棋二局 寫紀澤鴻信一件 寫澄沅二弟信一件 與申夫久談 見客一次 中飯後閱經籍考半卷 與幕府一談 閱本日文件 圍棋一局 傍夕紀澤兒自金陵來 與談甚久 夜改摺稿約三

百字二更三點睡倦困極矣

廿六日

早飯後清理文件圍棋二局見客坐見者七次改河南查辦摺畢約改五百字中飯後至幕府久談閱本日文件核近數日批札稿各刻粗粗畢又與幕府一談夜改摺一件約改四百字二更三點睡幸尚成寐

廿七日

早飯後清理文件旋圍棋二局見客坐見者二次與申夫久談中飯後又圍棋一局閱本日文件與幕友久談中正改一密片至燈二更時畢約七百餘字三點睡三更二點成寐

廿八日

早飯後清理文件見客坐見者四次立見者一次圍棋二局又改片稿一件閱經籍志半卷中飯後與幕友久

談見客坐見者二次立見者一次閱本日文件核對本
月應發之四摺二片二清單應改換者數處近年來
每以此次為最難蓋水師更宜整飭關係本重
而查辦山東河南兩摺亦惟恐稍有失中故再三
審慎也旋閱經籍志半卷傷文與幕友久談極
核批札各稿定刻黃報二更三點睡頗能成寐

廿九歲除日

早飯後清理文件旋圍棋二局見客坐見者二
次閱經籍考一卷午刻請幕友中飯旋與之
久談閱本日文件又圍棋二局閱經籍考二卷
與幕友久談極又閱書一卷核批札各稿二
更後倦甚不能治事三點睡

同治五年

正月初一日

早起，黎明率文武各員拜牌，旋見客三十餘次，皆各文武賀喜者。清理文件，圍棋二局，又坐見之客一次，閱經籍考一卷。中飯後，請幕中各友，未刻散，閱本日文件，又閱經籍考一卷，圍棋二局，與幕中友久談，旋又閱書一卷，倦甚，不能治事，徘徊庭院良久，二更三點睡，尚不成寐。

初二日

早飯後清理文件，見客，坐見者一次，出門拜客，午正歸，圍棋一局，中飯後至幕府鬯談，閱本日文件，見客二次，圍棋二局，閱經籍考子部二卷、集部一卷，偶與幕友一談，旋核批札各稿，二更五點睡，三更後不成寐。

初三日

早飯後清理文件，旋見客一次，圍棋二局，閱經籍考集

部一卷寫靈仙信一件中飯後與幕府一談閱本
日文件又圍棋二局閱經籍考一卷見客二次夜與
幕友一談在寫零字頗多核信稿二十餘件 二更
三點睡三更成寐

初四日

早飯後清理文件旋見客坐見者五次立見者三次圍棋二
局閱經籍志三卷至申刻閱畢中飯後與幕府一
談閱本日文件又圍棋一局傍夕與幕友久談在寫
零字甚多改信稿二件未畢 二更四點睡尚能成
寐

初五日

早飯後見客坐見者三次立見者一次清理文件圍棋二局
閱經籍考三卷申夫來久談中飯後寫對聯五付掛
屏四幅橫披一幅閱本日文件圍棋一局核批札各

稿与芗帥府一談，夜核改信稿十餘件。溫詩經二十餘篇。二更四點睡。

初六日

早飯後清理文件，旋見客坐見者四次，立見者一次，圍棋二局。閱經籍考，至未正。中飯後寫對聯八付，閱本日文件，圍棋二局。申夫來一談。寫澄、沅兩弟信。傍夕与芗帥久一談，夜核批札信稿頗多。溫書經三篇。二更三點睡，三更後成寐。

初七日

早飯後清理文件，見客坐見者二次，立見者三次，圍棋二局。閱經籍考，至傍夕止，共閱五卷。完經籍考七十六卷，近粗涉獵一遍。中飯後至芗帥府一談，寫對聯八付，圍棋二局。傍夕又与芗帥府久談，夜核批札信稿。二更後溫陶詩二十餘首，高聲朗誦。三點睡，四更末醒。

初八日

是日恭逢王父　星岡公九十三歲冥誕堂中未能設祭早飯
後清理文件旋見客坐見者四次立見者一次旋圍棋一局又
觀人一局寫李少泉信六葉中飯後寫陳作梅信二
葉至幕府久談閱本日文件寫橫披一幅約二百字
見客坐見者二次談均久核批札稿改摺稿一件傍夕與
幕友一談核核改各信稿二更後溫古文簡本　二更三
點睡三更後成寐

初九日

早飯後清理文件圍棋二局見客坐見者三次立見者一
次閱爾雅釋地釋丘中飯後至幕府久談閱本日各件
圍棋二局見客一次閱釋山一卷傍夕至幕府一談核核批
札稿倦甚懶於治事閱皇甫持正集二更三點睡是
日大雪竟日寒甚

初十日

早飯後清理文件見客坐見者四次立見者二次圍棋二局閱釋水一卷釋草五葉中飯後至幕府一談閱本日文件又圍棋二局紀澤兒病已兩日請人診治見客二次發謝　賞福壽字恩摺申夫來久談傍夕又與幕府諸人一談核改摺稿一件約改三百餘字核批札各稿溫古文讀畢數首二更三點睡

十一日

早飯後清理文件見客坐見者四次因紀澤病未痊請兩醫診治稍觀人圍棋一局閱釋草十葉見客坐見者二次立見者三次中飯後至幕府一談閱本日文件圍棋一局倦甚小睡稍核批札稿傍夕至幕府中一談又小睡片刻核改信稿甚多二更後溫柳文數首三點睡

十二日

早飯後清理文件見客一次談頗久圍棋二局閱釋草
十葉中飯後至幕府一談眼蒙殊甚閱本日文件
又圍棋二局見客坐見者二次立見者一次閱湖海文傳
十餘篇看改所稿六件約改二百餘字核批札
各稿二更三點睡尚能成寐

十三日

早飯後清理文件見客立見者二次清談一次出城看
操午初歸圍棋二局中飯後與幕府久談閱本日文
件又與伯符一談見客坐見者一次立見者二次倦甚小睡
核批札各稿倦久小睡極核核信稿數件二更後溫韓詩
三點睡不甚成寐疥瘡之病昨日小癒本日又劇苦之
不耐

十四日

早飯後清理文件見客坐見者三次立見者二次改所作稿二

伴圍棋二局閱晉書列傳數首中飯後与萼府久談

閱本日文件圍棋二局茇核一摺四片再閱晉書傳數

首酉刻見客一次傍夕与萼府一談核批札信稿

二更後温古文書牘類三點睡尚成寐

十五日

賀節之客概阻不見早飯後清理文件旋出城看馬隊操

演午初歸圍棋二局中飯後与萼府一談閱本日文

件寫澄沅兩弟信左牙牀上落一牙不知何時已落或吞

入腹中矣眼蒙不能治事偶思古文古詩最可學者

占八句云詩之節書之括孟之烈韓之越馬之咽莊之

跌陶之潔杜之拙終日三復冀召万一之合核批札

各稿与萼府中久談圍棋核各信稿温莊子數篇二更

三點睡

十六日

早飯後清理文件 見客坐見者三次 立見者三次 圍棋二局 寫紀鴻信一件 寫郭意城信未畢 申刻又坐見之客二次 中飯後與幕友久談 閱本日文件 坐見之客一次 圍棋二局 將意城信寫畢 核批札各稿 與幕友久談 在核信稿甚多 二更後溫古文序跋類 三點睡 不甚成寐

十七日

早飯後清理文件 旋出城看老湘營操演 午正歸 圍棋二局 中飯後與幕友一談 見客坐見者一次 立見者一次 閱本日文件 閱釋草十葉 核批札各稿 傍夕與紀澤一談 與幕友（張振軒）一談 在寫朱久翁信二葉 核各信稿數件 見二更後溫古文及杜詩 三點後睡

十八日

早飯後清理文件 見客坐見四次 立見者二次 圍棋一局

又觀人一局。閱釋草千葉，寫紀鴻信一件。中飯後與幕府一談，見客，坐見者一次，立見者一次。出門至李黼堂處送行。歸，與幕府久談，改一信稿，約四百字。傍夕申夫來久談。旋改批札各稿，二更後倦甚，不能治事，小睡。三點睡，三更後稍能成寐。

十九日

早飯後清理文件，見客，坐見者二次，立見者二次。圍棋二局。閱爾雅釋草，半。中飯後至幕府一談，閱本日文件。又圍棋二局，核批札各稿。申夫來久談，論我敬、殷試帖之法，頗有心得。傍夕與幕友一談，復核批札稿畢。二更後倦甚，小睡。閱張釋之等傳。三點睡，睡不甚成寐。

廿日

早飯後清理文件，張廷等來坐久談。圍棋一局，又觀

人一局閱釋木十二葉中飯後至幕府一談閱本日文
件又圍棋三局見客坐見者一次午刻改信稿申刻
改信稿至夜又改信稿共計改四五十餘信倦甚与幕
府久談二更後朗誦易繫辭及古文十餘首三點
睡尚能成寐

廿一日

早飯後清理文件閱京信十餘件出城看吉中
八營操演午正歸又閱各京信半中飯後閱
封寄 勅書前半之文清漢皆係於錦中織成其
後半則係續寫裱者之 諭旨即三年六月廿九日
諭旨也其字甚多而寫者頗有錯落沅弟封威毅
伯一軸錯落尤多近年凡領 誥軸皆係如此沅弟今
年進京繳一箇之可改領否閱京中購買之書圍棋一局
又觀人一局祝爽亭來久坐閱釋木十葉核批札

各稿 酉刻與幕府久談 核核批稿〻畢 溫孟子數十章
二更三點睡 不甚成寐

廿二日

早飯後清理文件 見客一次 圍棋二局 閱釋木釋蟲十葉 寫雲仙信一封 中飯後與幕府久談 又圍棋一局 觀人一局 閱本日文件極少 寫扁二方 閱程易疇通藝錄 傍夕與幕中久談 核核批札稿 閱通藝錄 二更後溫序跋中史遷各文 似有所得 三點睡 頗能成寐 夢阮文達公以善教雁硯見贈 玩未〻畢而醒

廿三日

早飯後清理文件 圍棋二局 見客坐見者一次 立見者一次 閱釋蟲十餘葉 閱程氏通藝錄 見客坐見者一次 寫少泉信一件 中飯後寫對聯八付 扁二方 閱本日文件

核批札各稿与幕友一談倦甚傍夕一睡夜溫
古文傳誌類二更三點睡不甚成寐

廿四日

早飯後清理文件見客一次圍棋二局旋又見客二次魏
中先袁處自陝西來接霞仙信并寄石經一部共
二十六套內十二套略為水所漬因晒搌逐葉翻揭
閱釋魚十葉中飯後与幕友一談閱本日文件
計芾村來坐談頗久閱湖海文傳二十餘首寫挂屏二幅約二
百字寫紀鴻信一件傍夕与幕友一談夜核批札各
稿寫零字甚多二更後溫史記三首三點睡甚不
成寐

廿五日

早飯後清理文件見客坐見者三次談頗久圍棋二局閱
爾雅釋魚十餘葉中飯後至幕府一談閱本日文件寫

對聯十五付，挂屏二幅，寫澄沅二弟信，核批札各稿。傍夕與幕友久談，夜閱石經周易略例。二更後溫韓詩。孫純甫來久談。三點睡，甚能成寐。

廿六日

早飯後清理文件，見客一次，圍棋二局，閱尔雅釋魚十葉。倦甚，小睡。中飯請祝塽亭等小宴，申初散。閱本日文件，寫對聯八付，核批札各稿。傍夕與幕友久談，夜又核批稿，溫詩經鴻雁至無羊。石經字大，夜間溫之，稍省目力，即以校對其標之有錯誤否。二更三點睡，三更後成寐。

廿七日

早飯後清理文件，見客坐見者二次，圍棋二局，閱尔雅釋蟲十餘葉。又見客一次，談頗久。中飯後與幕府談甚久，閱本日文件，寫對聯八付，又圍棋一局，觀人一局，核批札信稿。傍夕與幕友一談，夜再核信稿

寫雲字數多 溫詩節南山五篇 將石經一校 二更
三點睡 三更三點後稍能成寐
廿八日
早飯後清理文件 見客坐見者二次 立見者二次 圍棋一局
閱釋獸十葉 中飯後至幕府一談 閱本日文件 寫
對聯十付 核批札各稿 剃頭一次 申夫來久談 極方去
閱王而農宋論 通鑑論 溫詩小宛至北山止 二更三點睡
三更三點後稍能成寐
廿九日
早飯後清理文件 見客一次 談頗久 圍棋二局 又觀人一
局 閱爾雅釋獸十餘葉 中飯後申夫來一談 見客一次
閱本日文件 寫對聯九付 倦甚 小睡 極寫雲字甚
多 溫詩無將大車至大田止 二更三點睡 極倦 頗能成寐
卅日

早飯後清理文件 接奉 廷寄 沅弟開缺 湖北巡撫
從此三江兩湖聯為一氣 於籌餉總較有把握 為之欣
慰 見客一次 圍棋二局 閱爾雅釋畜 邵二雲爾雅
閱畢 旋閱石經穀梁 見客二次 中飯後至幕
府久談 閱本日文件 寫對聯八付 又圍棋二局 申
夏來久談 核批札各件 二更後溫古文 朗誦十餘
首 二更三點睡

二月初一日

早飯後清理文件 各文武賀朔 坐見客八次 立見者二次
圍棋一局 又觀人一局 閱穀梁隱公三年 又閱桓公莊
公 閱公 中飯後至幕府久談 旋閱本日文件 又圍
棋二局 寫沅甫信一件 倦甚 小睡 旋溫史記 倦甚 如
有病然 並寫紀鴻信一件 二更後又小睡 半時候 三
點睡 尚能成寐

初二日

早飯後清理文件坐見之客二次又立見之客一次圍棋二局閱穀梁僖公文公午刻又見客一次中飯後至幕府一談閱本日文件坐見之客一次立見之客二次寫對聯十二付扁二幅倦甚睡傍夕與幕友一談核批札各稿至二更三點睡

初三日

早飯後清理文件見客坐見者二次立見者一次圍棋二局閱穀梁宣公成公午倦少睡中飯後閱本日文件又圍棋二局寫對聯九付傍夕小睡核批札各稿二更後倦甚小睡三點後睡三更三點成寐

初四日

早飯後清理文件見客二次圍棋二局閱穀梁襄公昭公寫沅弟信一件中飯後至幕府一談閱本日文

件閱穀梁宣公襄公畢 寫對聯七付 再至芸帥府一談 傍夕小睡 核批札各稿 二更後溫書經朗誦數篇 三點睡 倦甚 殊不自勝其越

初五日

早飯後清理文件 見客一次 談甚久 圍棋二局 至芸帥處一談 辦改摺稿 躊躇良久 尚未動筆 寫李少泉信二葉 中飯後又圍棋二局 閱本日文件 見客坐見者二次 改摺稿數行 傍夕至芸帥府久談 核核信札稿 改摺稿三百餘字 未畢 寫喬宮保信一葉 二更四點睡 不甚成寐

初六日

早飯後清理文件 見客一次 圍棋二局 旋改摺稿 至中飯後而改畢 約千餘字 改者強半 即湖園一案 張振軒所辦稿也 又見客一次 圍棋一局 閱本日文件 改摺稿一件 傍夕與芸帥府久談 旋改摺稿一件 信稿

衙核批札各稿，二更三點睡，三更後成寐。

初七日

早飯後清理文件，見客一次，坐甚久，核改咨信稿五件，圍棋二局，見客一次，中飯後見客二次，又坐見之客二次，寫對聯十五付，扁二付，與芝帥府一談，核批札信稿，至二更末，眼蒙，倦甚，不能更多，溫七律廿餘首，三點睡。

初八日

早飯後清理文件，旋出門拜門，拜客四家，午初歸，圍棋二局，中飯後閱本日文件，見客四次，下對聯台款，落核批三摺七片，批摺札信稿，清理各件，至夕，清卑，在料明日起程之事，清整一番，與劉開生久談，勤臣處志將等，二更後小睡，三點睡，不甚成寐。

初九日

早飯後見客一次，旋起程赴山東濟寧等處查閱，卯正出城行五十里，午初至柳泉莊駐宿。清理文件。与芗中客久談。中飯後圍棋二局。核批札各稿。見客，坐見者二次，立見者一次。与芗中友久談。核閱本日文件。閱文獻通考兵考十葉。二更三點睡，尚能成寐。

初十日

早飯後起行，三十五里至利國驛駐宿，巳正三刻即到。天大風，在轎中閱兵考一卷。圍棋二局。見客，坐見者四次，立見者二次。中飯後閱本日文件。核批札各稿。与芗中友久談。又圍棋二局。寫紀鴻兒信一件，核寫沅弟信。又閱兵考五葉。与澤兒論古人詼詭之趣、雄奇之趣。二更三點睡，殊不成寐。

十一日

早飯後行十三里至韓莊過河，小坐。紀澤兒從此分手，坐砲船下江南。又行三十五里至沙溝驛住宿。山東兗州鎮总府縣俱未迎接見客坐見者五次立見者二次是日在轎中閱兵考十餘葉申刻後又閱十餘葉圍棋二局与申夫談甚久閱本日文件後与幕府客久談二更三點睡不甚成寐

十二日

早飯後啟行行二十五里至西倉橋住宿因前途無可住之處故少行也見客坐見者三次立見者一次清理文件圍棋二局在途閱兵考下半日又閱十餘葉閱本日文件核批札各稿核改兵考三卷題識与幕府友久談二更三點睡佳甚

十三日

早飯後行五十里至南沙河打尖尖後又行十八里至滕縣住宿在道一書院以公館見客坐見者四次立見者二次圍棋一局中飯後又圍一局寫潘琴軒信一件与幕府友一談閱本日文件在輿中閱兵考一卷申刻又來一閱申夫來久談傍夕

傍夕坐見之客一次 核改信稿二件 二更後小睡 三點
睡 三更後稍能成寐

十四日

早飯後行二十里至北沙河打茶尖 又行二十里至界河住 清理文件
見客二次 在輿中閱兵考第五卷 中飯後圍棋一局 潘琴軒自
濟寧來久談 又見客二次 閱本日文件 將兵考二卷酌加題識
蔭甫友來一談 核批札稿數件 傍夕小睡 核改摺稿一件 潘
琴軒復來一談 二更三點睡 尚能成寐

十五日

早飯後啓行二十五里至鄧[兩]家店打茶尖 又行二十五里至鄒縣
住宿 見客 立見者四次 坐見者四次 中飯後清理文件 閱本日
文牘 與蔭甫友一談 申初謁孟子廟 拜宗子孟廣均 歸後見
客坐一次 是日在輿中閱兵考一卷 至刻酌加題識 旋小睡
酉刻圍棋二局 核批札各稿 閱曲阜縣志 二更三點睡 尚

孫成寐五更醒

十六日

早飯後啓行三十里至宣村打茶尖宣村之東六里曰鳧村孟子

之母宣獻端範夫人之墓在焉因往展謁孟子之父郕國公同葬

塋之旁鳧山之嶺俗名馬鞍山即龜蒙鳧繹之鳧也西至宣（案馬鞍鳧山頂堂）

村又行二十里至曲阜謁衍聖公孔祥珂出城迎接至公館見客

畢見其五次竟見其一次未刻謁至聖廟衍聖公陪同行禮於

（至殿上及後殿敬謹瞻仰又即詣配名崇聖祠 行宮夫人之寢殿也又）

至東邊謁孔氏先世五王閱歷代支派圖碑二層閱孔壁

相傳即魯恭王閱金絲之壁今僅一尋常砌壁耳孔壁之西

爲孔子古井其南爲詩禮堂在此小坐飲茶罷出至大成門外（內）

閱孔子手植之檜環以石欄高僅尺許旁似立石色微紅有似

肉芝檜闌之北爲杏壇有似樓觀旋出大成門外閱御碑亭

十三座其北爲國朝碑其四爲唐宋金元碑旋至西邊謁

啓聖祠又至後殿瞻聖母顏夫人寢殿又閱金絲堂觀

各樂器皆衍聖公陪同周歷各處於是偕至衍聖公府一會
敘談頗久酉正歸圍棋一局檢核批札稱閱本日文件
与萊帀友久談二更三點睡不甚成寐是日輿中閱
曲阜志約三十葉酉正至顏子復聖廟瞻拜行兩跪六叩
禮又至後殿為復聖夫人寢殿至西邊閱杞國公顏
路祠其後殿為端獻夫人祠出外為樂亭亭前稍西
有井相傳即陋巷井其南又一古檜傳為唐梅所
廖酡亭為顏歆顏之推真卿杲卿等八人

十七日

早飯後出城北門謁至聖林約三里許有萬古長春坊
稍北有紅牆夾甬道道皆古柏檜楷勻擬又北有楷觀
即林墻門也過下馬牌後有洙水橋橋北入大門至
享殿下行禮殿後甬道道左為子貢手植楷楷稍北為乾
隆駐蹕亭又西康熙駐蹕亭又北為宋真宗駐蹕亭

又北即聖人墓墓之東為伯魚墓其南為子思墓其西
南為子貢廬墓處雅至周公廟行三跪九叩禮廟之
規模甚小周公墓在陝西相傳此為魯太廟遺址西廡
配享魯二十三公也雅行十里許謁少昊陵曲阜志頌曰
此墓為可疑然墳冢疊石為之廣八丈九尺高二丈規模
奇古云是宋時所為則其來已舊矣又行二十里許謁
聖王林行六叩禮聖兄孟伯皮墓在其南享殿坍塌不整
風雨矣午初二刻回城往返約六十里此一聯寫贈衍聖公
云學紹二南羣倫宗主道傳一貫累世通家[illegible]為衍
聖公府赴宴茶罷閱乾隆三十六年所頒周朝銅器十事
曰木鼎曰亞尊曰犧尊曰伯彝曰冊卣曰蟠夔敦曰寶
簠曰夔鳳豆曰饕餮甗曰四足鬲古澤斕斑信法物也
又觀吳道子所畫至聖像並題識絹本臣小印二方一曰
會稽太守章一曰紹興又觀趙子昂所畫至聖像

綾本無題者即又另一冊畫明君臣像如太祖成祖世宗憲宗等君徐達常遇春鄧愈湯和劉基宋濂方孝孺楊士奇于謙王鏊王守仁湛若水李東陽海瑞等臣但有畫象而無題識又有大軸元世祖明太祖像二幅又出示元明兩朝衍聖公及孔氏達官所留遺之冠帶衣履采色如新余生平所未見也酉初入筵飲後始散歸寓甚倦無閱本日文件核批札稿見客四次寫昨日日記二更四點睡頗能成寐五更醒

十八日

早飯後自曲阜起行三十五里至兗州府見客坐見者二次立見者四次在輿中閱兵書一卷至公館圍棋二局中飯後見客一次寫昨日日記寫紀鴻信一遂件閱本日文件核批札各稿二更三點睡不甚成寐

十九日

早飯後自兗州起行望西門城樓一為眺望行四十里至汶
氏店打尖〻後未覺空客〻後又行二十里至濟寧州見客〻
見者四次書見者六次中飯後圍棋一局未〻半毛寄雲來久談
暝時客去閱本日文件極多顧復基圍棋二局閱文孔
顨軒所著書是日在輿中閱兵考三十葉二更四點睡尚
能成寐

廿日

早飯後清理文件旋与客圍棋二局〻未半而丁方伯
至与之久談客去又將前局圍〻畢又見客一件午初出門拜
客会者三家不会者五家未初至鐵塔寺毛寄雲住
該處僧王有長生祿位在該處拈香拜謁与寄雲
久談小宴盛筵酉初始歸閱本日文件極核批札各
稿二更四點睡尚能成寐

廿一日

早飯後清理文件見客一次旋出城閱彭軍操演未初歸請毛寄雲楊子厚便飯皆戊戌同年也申正散閱本日文件見客坐見者二次立見者二次圍棋一局核閱賊信甚繁形有竄亂山東之意核批札各稿二更後小睡三點睡不甚成寐

廿二日

早間丁雅璜來久談飯後清理文件見客坐見者五次立見者二次圍棋二局又見客一次寫對聯十付中飯後又圍棋一局見客二次閱宗滌樓詩集毛寄雲久坐二時許寫字扁二幅與幕友久談閱本日文件核閱宗滌樓文集倦甚小睡二更二點後核札稿四點睡

廿三日

早飯後清理文件圍棋二局見客二次丁方伯談頗久閱方正學集中飯後寫對聯八付閱本日文件閱兵考六

酌加題識與幕友久談 酉正小睡 燈後核批札稿 二更
二點始畢 三點睡 竟夕不甚成寐

廿四日

早飯後清理文件 見客三次 坐均久 圍棋二局 閱兵考
十五葉 午刻李眉生來 久坐時許 中飯後閱本日文
件 又圍棋二局 見客 坐見者三次 立見者三次 與眉
生久談 核批札各稿 閱宗滌甫文集 二更三點
睡 倦極 尚能成寐

附記

澹 白玉堂不和
沅 潘伊卿大進
臘肉二箱三十二斤

廿五日

早飯後清理文件 見客三次 坐均甚久 圍棋二局 閱兵考
十餘葉 午刻與眉生等一談 請渠與諸幕友便飯

中飯後閱本日文件 見客坐見者二次 立見者一次 又圍
棋二局 核批札各稿 傍夕至寺外一看 午正寫紀澤
信一件 核批稿各件 二更後溫古文序跋類 三
點睡 甚不成寐

廿六日

早飯後清理文件 圍棋二局 見客坐見者一次 坐頗久 出門拜客
會葬二家 午初歸 閱呈考二十葉 中飯後與幕府友
一談 見客立見者一次 又坐見者一次 閱本日文件 寫對聯七付
核批札各稿 核信稿 溫古文論著類 小睡頗久
二更三點睡

廿七日

早飯後清理文件 見客坐見一次 圍棋二局 與眉生等久談 閱兵
考三十葉 見客一次 坐頗久 中飯後與幕府友久談 見客一
次 又圍棋二局 閱本日文件 核批札各稿 於兵考酌加題

識。傍夕與眉生久談。視爽亭來談最久。擬寫少泉信
一件。二更後眉生來談一晌。三點後再寫少泉信二
葉。四點睡。說話太多，倦極，竟夕不能成寐。

廿二日

早飯後清理文件。見客一次。旋出門，閱視濟寧州城外土
圩，從玉露庵營圩城東北隅也，轉而正北，出清門，正西至
豐橋，至西南陽運河、府河相抄之處小住。又由正南之與
隆門東南陽之市，駄棡正東之楊家壩，歸玉露庵。午
午正畢事。凡三十四里。濟寧州之西皆系運河，自西北而來，
繞至城南，從東南而去，下入南陽湖、微山湖，以達於[illegible]。
府河自東北而來，繞城北城西之西，下入馬場湖，匯運河而南。
蓋府河即泗水，由兗州城而來，故曰府河也。濟寧之土圩，則穿
於運河及月河之外，此則穿於府河之外，故遠闊彎曲，難
於後守。中飯後圍棋二局。閱本日文件。核批札各稿

閱兵考馬政二十葉。傍夕小睡，夜溫古文辭類纂
二類。小睡頗久。二更三點睡，竟夕不甚成寐。

廿九日

早飯後清理文件。眉生來辭，久談。圍棋二局。見客，坐見者
三次，立見者三次。閱兵考二十葉。中飯後又閱十餘葉，酌加題
識。兵十三卷閱畢。見客，坐見者一次，立見者一次。與幕友久談。閱
王心齋二十六日戰敗摺，捻匪日益猖獗，可憂之至。閱本日文件。
核批札各稿，夜核信稿。二更後小睡，三點睡，尚能成寐。

三月初一日

早間謝絕文武賀朔之客。飯後清理文件。旋圍棋二局。見客
一次，坐談頗久。閱文獻通考職官考二卷。職官考曾於甲
子年閱過一編，今漸忘之，故再一溫習。日中飯後與幕友
久談。閱本日文件甚久。核批札各稿。傍夕至圩上一閱。夜
閱陶公述酒詩，為南宋鄱陽湯文清公漢所注，於陶公

復詞淞函畫得舒釋慰悅無已改信稿數件二更三
點睡倦困極矣是日午刻寄潘琴軒李少泉信二件

初二日

早飯後清理文件見客坐見者四次立見者二次圍棋二局
閱職官考一卷中飯後與幕府友久談見客坐見者二次立
見者二次閱本日文件甚多倦甚至青中亭上久坐偷
夕小睡核批札稿閱銅沛條議湖田一案斟酌甚久
各件未及閱畢二更四點睡

初三日

早飯後清理文件見客坐見者二次立見者二次圍棋二
局閱職官考侍中省一篇未畢中飯後與幕府友一談
閱本日文件又圍棋二局改摺稿一件約五百字傍夕
至圩上散步申刻見客四次燈後見客一次談頗久核批
札各稿二更後溫詩經三點睡

初四日

早飯後清理文件 圍棋二局 与幕中友一談 接沅弟二月十三日信 病將全愈 擬於三月初赴鄂履任 改摺稿五

中飯後寫千餘字 閱本日文件 閱職官考侍中省中書省畢 倦甚 与幕中友久談 小睡片刻 核批札各稿 閱王漁洋聲調譜 選太白七古數首 二更三點睡

初五日

早飯後見客二次 清理文件 圍棋二局 寫沅弟信一件 紀澤兒信一件 閱職官考尚書省 中飯後与幕友一談 閱本日文件 閱韵鶴軒筆談 近人所著小說也 再圍棋二局 發報二摺一片 將職官考二卷略加題識 傍夕与幕友久談 小睡片刻 核批札稿 改信稿 二更三點睡 三更後成寐

初六日

早飯後清理文件，旋見客，坐見者三次，立見者一次，圍
棋二局，閱職官考二十葉。中飯後見客，坐見者一
次，立見者一次，與叢帥友久談。閱本日文件，閱韻室軒
筆談，悟右軍我号頭通於作字之法，寫澀流兩
字。小睡片刻，核批札各稿，傍夕又小睡，核核信稿
甚多。二更三點睡。

初七日

早飯後清理文件，旋設香案行禮，拜發萬壽摺。圍棋
二局，閱職官考二十葉。午初小睡片刻，中飯後體
中不適，小睡良久。閱漁隱叢話，閱本日文件。酉初寫
功牌一紙，發刻剃頭一次，與叢帥府久談，核核批札稿。
二更後溫蘇詩七古，三更點睡，三更後成寐。

初八日

早飯後見客三次，清理文件，圍棋二局，旋閱職官考

御史臺門二十餘葉。早飯後聞潘琴軒於初六日大獲勝仗，為之欣慰。午正得琴軒信，乃知是日之仗先勝後挫。又聞任賴牛等一股已渡沙河，將竄山東，不懌者久之。中飯後將職官考略加題識。又圍棋二局。閱本日文件。核批札各稿。將湖田撥歸銅沛學校一案細考略核過。夕與幕府友談極久。粗核學校公田案未畢。二更三點睡，竟夕不甚成寐。

初九日

早飯後清理文件，見客，坐見者二次。圍棋二局。接李芳泉信，初七日戰又小挫，憤悶之至。寫芳泉信一書，少泉信一件。閱職官考學士院，至中飯後二十葉畢。與幕府友久談。閱本日文件。小睡片刻。寫對聯十付。核批札各稿。傍夕與幕府友久談。粗核批札各稿。二更四點睡，不甚成寐。蓋以捻匪猖獗，中原糜爛，未知所屆，深為憂懔耳。

初十日

早飯後見客一次，坐頗久。清理文件。圍棋三局。視爽亭廉

次來見，皆久談。閱職官考、學士院卷、列卿卷二十葉。未

刻二半中飯後與幕友久談。見客一次。閱本日文件。核批

札信稿。旋與幕友談極久。植核信稿廿件。二更後盥

頭暈，若不自持，小睡片刻。三更點睡。睡後旋覺昏暈，

右腿麻木，頗似將中風者，殆因本日文甚多，遂不寐。本日說

話太多，棋間沿多，太細之故。與盥老境駸駸不復可已略

念。三更四點後尚未成寐。

十一日

早飯後清理文件。見客一次。圍棋二局。閱職官考二十葉。午

正睡。中飯後與幕府久談。旋閱本日文件。又圍棋二局。

核批札各稿。與幕友一談。傍夕小睡。植核批二件。傍另泉

信一件。二更四點睡。

十一日

早飯後清理文件 見客一次 談頗久 寫閻中丞信一件 圍棋二局 閱職官考二十葉 午刻小睡 中飯後与幕府友一談 將職官考酌加題識 閱本日文件 核批札信稿 与友人久談 閱至王圩墉上之觀燈 時歸 看溫古文序跋類 二更三點睡 四點成寐

十二日

早飯後清理文件 旋見客二次 談頗久 圍棋二局 旋又見客二次 閱職官考二十葉 午初小睡 中飯後与幕府友久談 旋閱本日文件 寫對聯五付 橫幅一幀 約二百餘字 核批札信稿 傍夕与幕府友久談 旋寫扁字頗多 蓋吾所會於昔年體如鷹四句之外 又添四句曰 點如珠 畫如玉 體如鷹 勢如龍 內跌宕 外拙直 鵝轉頸 屋漏痕 閱亭林文集二十餘首 二更三點睡

十四日

早飯後清理文件，旋圍棋二局，與幕友一談，閱職官考三十葉。午刻小睡片刻，中飯後又至幕府一談，旋閱本日文件，再圍棋二局，核批札各稿，傍夕與幕友一談，旋閱亭林文集，二更三點睡，三更後始成寐。

十五日

早間見賀朔望客，飯後見客，坐見者三次，立見者三次，圍棋一局，易泉來久談，去又圍棋一局，巳刻坐見之客三次，立見之客二次，閱職官考十三葉，著批數處，午刻小睡，中飯後至幕府一談，閱本日文件，再閱職官考八葉，酌加題識，閱亭林文集二十餘葉，接沅弟二十四日函，識蔭江知將履鄂撫之任，至幕府談極久，夜溫韓文論著類，核批札各稿，二更三點睡。

十六日

早飯後清理文件，圍棋二局。筠泉來久坐。寫西帥信一件，頗長。巳正閱職官考。午刻見客一次。小睡片刻。請筠泉來便飯。聞後股任賴等賊已入東境，過曹郡，焦灼之至。閱本日文件。再閱職官考六葉。寫李少荃信，約六百餘字。傍夕又圍棋一局。與幕友一談。核批札信稿。寫零字百餘。二更三點睡。

十七日

早飯後清理文件，圍棋二局。閱職官考二十葉。與幕友一談。午刻小睡。王鼎丞來一談。中飯後至幕府一談。又圍棋二局。閱本日文件。寫李筠泉信一封。接沅弟二月初九日信。見客坐見者一次，立見者二次。又與幕府一談。傍夕小睡。夜溫古文論辨類二十葉。二更三點睡。

十八日

早飯後清理文件旋見客坐見者一次立見者四次圍棋二局與幕友久談閱職官考十葉午刻小睡中飯後又與幕友一談圍棋一局閱本日文件核信稿數件又閱職官考十葉核批札各稿與幕友一談核信稿數件寫零字頗多倦甚不能治事二更三點睡三更二點乃稍成寐

附記

二月初九沅信 三月十七到

澄信

二月初三寄沅契 此事難費力

三百八十餘畝 先二百五十餘畝 找六千六百串

王家沖批明入竹亭公

十九日

早飯後清理文件見客坐見者二次立見者一次圍棋二局閱職官考二十葉與幕友一談小睡片刻見客二次中飯後閱池北偶談閱本日文件圍棋二局寫紀澤信一

封摺摺稿而嬾於動筆又閱池北偶談十餘葉向來每作文輒半日不能落筆或竟日僅一字積習已久老而不能改也見客四次本日聞賊匪搶渡運河寸心焦焚如負重疚終日欽欽傍夕與蒲友一談在雪琴處頗多改片稿三件二更三點睡三更三點後成寐

廿日

早飯後清理文件旋見客二次談頗久圍棋二局改摺稿一件午刻核札稿信稿數件至幕府一談中飯後稍睡片刻旋又改摺稿一件閱本日文件見客三次談頗久改信稿札稿數件燈後見客二次又改密片稿四百字本日單書甚多似覺過勞夜深頭暈不克支持矣二更四點睡尚屬成寐

廿一日

早飯後清理文件旋圍棋二局見客二次談頗久改奏

改稿二百字午刻出外看兵勇民團試站牆垛以戰
氣太近恐易疏失也未初歸中飯後又續改稿二百
字申正閱本日文件見客坐見者一次立見者二次寫
對聯五付核改稿三件傍夕至外閒游疲乏殊甚極
小睡片刻核批札各稿二更後發報三摺四片一清
單三點睡不甚成寐

廿二日

早飯後見客坐見者一次立見者一次清理文件圍棋二局
至幕府一談閱職官考二十葉小睡片刻中飯後至
幕中久談又小睡片刻閱本日文件閱池北偶談核批
札各稿筱泉來坐頗久寫橫披二幅傍夕與幕友久
談極倦甚小睡溫古文論辨類二更三點睡

廿三日

早飯後清理文件見客立見者二次坐見者一次圍棋三

局與茀卿友一談閱職官考二十餘葉午刻小睡中飯後
對松山又來久談閱本日文件寫對聯六付閱池北偶
談一卷見客坐見者二次立見者一次核批札各稿傍夕小
睡燈下頭暈殊甚核簽札稿二更三睡是日恭逢
皇上萬壽黎明率文武行禮辰間大雨如注一洗近
日炎燥之氣

附記

宋通直郎以下係朝官　承務郎以上係京官

廿四日

早飯後清理文件圍棋二局閱職官考二十葉午刻小睡
中飯後閱池北偶談倦甚小睡閱本日文件核對者二信
稿一件約改四百字寫挂屏二幅約二百字小睡片刻傍夕
至寺外望眺燈下倦甚睡數刻二更後溫詩經三點睡四更
後始成寐是夕風大如吼聞賊匪全數南竄秀雨潤對

圍陵軍甫經到高未及接仗而賊已他遁深為可惡

廿五日

早飯後清理文件 旋見客坐見者二次立見者二次 圍棋二局 至幕府一談 閱職官考二十葉 午刻小睡 中飯後又與幕中一談 見客坐見者一次立見者二次 閱本日文件 將職官考酌加題識 寫挂屏二葉約二百字 核批札信稿約五百字 傍夕小睡 燈核信稿約二百餘字 二更後溫漢書蘇賀楊王孫等傳 三更睡 疲乏已極 不甚成寐 是夕寒冷異常 仍用重衾

廿六日

早飯後清理文件 圍棋二局 見客坐見者一次立見者一次 閱職官考二十葉 與幕府久談 午刻小睡大半時 中飯後又與幕府一談 閱本日文件 寫對聯十一付 核批札信稿 傍夕又與幕中一談 燈寫沅弟信一件

二更後温漢書馮奉世傳三點睡頗能成寐

廿七日

早飯後清理文件見客一次圍棋二局与幕府一談閱
職官考五十葉午初小睡申夫請至太白酒樓小宴查
南門城樓之旁純皇帝曾經巡幸兩次有御製詩二碑
一乾隆二十二年乙酉一係三十九年甲辰也飯後至曾子讀
書臺扁書宗聖遺址四字臺已頹敗中塑曾子子思
孟子三像申刻歸閱本日文件劉仲良自湖北宿遷來久談
又坐見之客二次立見者一次傍夕与幕府久談核批札
稿信甚少睡二更後温柳文數首三點睡三更後成寐

廿八日

早飯後清理文件見客坐見者二次立見者二次圍棋二局
与幕府友一談巳刻閱職官考數葉酌加題識抄雅訓類記
即職官考中之字也職官考閱兩編略加批識是日辛矣

閱本日文件寫對聯十付劉仲良李芍泉等來久談
又出見之客二次傍夕與蓮甫府久談因說話太多倦
甚核查應抄之文寫目錄交人抄繕二更後小睡核
批札稿三點睡

廿九日

早飯後清理文件見客祝與京談頗久圍棋二局於
與蓮甫交一談閱文獻通考選舉考一卷小睡甚久中飯
後對仲良等便飯申初散閱本日文件倦甚又久睡傍
夕與蓮甫久談核閱古文辭論辨類二更後溫詩經二
點睡三更二點成寐

四月初一日

早飯後清理文件見客坐見者四次立見者四次皆賀朔
出門至劉仲良處一談巳正歸圍棋二局閱選舉
考七葉午刻見客劉仲良等談頗久小睡片刻出

飯後體中不適如故嘔吐甚盛小睡於閱本日文件閱
選舉考十餘葉見客生見其二次三見其一次倦甚又
小睡傍夕与幕中友久談旋眼蒙殊甚不能治事
三更後溫書經盤庚三點睡竟能成寐

附記
劉秉鉌　花翎

初二日

早飯後清理文件見客生見其二次三見其一次圍棋二局
閱選舉考二十葉翌加題識見客生見其二次三見其一次
小睡時許中飯後至幕府一談閱本日文件寫楷鈔一
幅對聯六付見客生見其二次三見其四次摺差歸閱京
信京報各件核批札各稿傍夕又小睡旋改信稿五
件二更後溫杜詩五古三點睡不甚成寐

初三日

早飯後清理文件。旋見客二次，方存之自安慶來，談極久。閱選舉考二十葉。閻中丞自東平來，談極久。未初請客便飯。申刻閱本日文件。申正出門，拜閻中丞，邸談頗久。酉刻見客一次。寫沅弟信一件。核批札各稿。二更後溫史記汲黯等傳。三點睡，三更成寐。是日說話太多，倦甚。

初四日

早飯後清理文件。見客，立見者一次，坐見者一次。圍棋二局。又坐見之客二件次，立見者一次。閱選舉考二十餘葉。午刻睡頗久。未刻至閻中丞處赴宴，酉初歸。閱本日文件，与幕府久談。小睡片刻。核改摺稿，未畢。二更三點睡，尚能成寐。

初五日

早飯後清理文件。立見之客二次。圍棋三局。改摺稿四百字。閻中丞來久談。午正小睡。中飯後改摺畢。閱本

日文件寫對聯五付見客坐見者二次立見者一次與

幕府久談傍夕小睡核稿批札信多件二更後默

誦杜詩三點睡三更三點成寐

初六日

早飯後清理文件見客坐見者一次立見者二次圍棋二局又

坐見之客一次閱選舉考二十葉小睡片刻　飯後至幕府

一談閻中丞來久談閱本日文件又圍棋二局見客立見

者三次坐見者二次視爽亭談甚久與幕府久談核稿批札

信稿甚多又寫毛寄雲信一件是日申刻寫澄沅兩

弟信一件　二更三點睡因是日說話太多圍棋太多睡不

安神夢魘殊甚

初七日

早飯後清理文件寫李筱泉信約四百餘字核批一摺一片核正

咨冊與閻中丞同去閱視黃運兩河巳初開船將選舉考三

四冊卷再看一編以前日看不仔細也午正起至酉初止凡七
十葉覺神思格外清澈酌加批識比平日稍為精當一
則舟次直毫無虛謬一則本日未嘗圖暇神較清爽也
中飯時以倉舟未到全無菜蔬為歉至申刻閱本日
文件酉刻至長溝登岸查看圩墻潘琴軒新札三
營在此與琴軒及閻中丞閱視一周後又開船行二十
里一更四點至柳林閘下等高淮帮船到乃可啟閘板
二更三點過閘三更一點灣泊於分水龍王廟下是日巳
刻酉刻在船久睡醒後至核批札稿又小睡良久故夜
間不甚成寐自濟寧起程時為恐單縣之賊西竄
鄆濮心中十分懸系傍夕接劉省三信知賊已至曹單
縣南竄碭山乃稍放心

初八日

早飯後船行百步許上岸謁分水龍王廟行六叩禮廟對汶

北有大禹殿有宋爲書禮祠配享北為白老人潘同知此間運
河兩邊岸高如山約十丈有奇嘗自開河之土覆於兩岸也
出艙後高坡一望乃知南旺湖現已涸成平陸車馬可行
向來恃有一湖此段全不設守今乃知其疏矣與閻中丞紙
細久之旋登舟開行圍棋二局午清理文件申正至開
河飯後登岸一看該處民圩甚大堂壩太低商議頗久
又行十八里至袁口申飯後登岸一看旋又行三十里至
靳家口申正停泊與中丞登岸一看即至民間場上久坐
一時有餘戌初回舟閱本日文件畢閱選擇考書
兩卷酌加批識未畢傍夕小睡頗核批札各稿二更後溫韓
詩七古十餘首三點睡三更成寐

初九日

早飯後清理文件自靳口開船行三十里至安山閘小泊閘中之二
來久坐旋又開船行三十里至戴家廟午正二刻即到水深風順

故也。未正又開船，行十八里至申家口，出黃河灣泊。坐岸小坐，見客坐見者一次，立見者八次。劉印渠制軍來久談。燈後坐見之客二次，皆直隸司道也。印渠又來談，至三更睡，不能成寐。是日在舟閱選舉考四十餘葉，圍棋二局，又小睡三次。

初十日

早飯後與印渠久談，旋見客一次，衛靜瀾談片刻許。辰正開船，與印渠丹初同查閱黃河形勢，由劉家堤以至張秋，行二十里至劉家堤，為火二里許，因逆風逆行，溜急異常，縴索屢斷，竟不得上。未初即在張秋灣泊，丹初請余與印渠小宴，甫坐席而狂風大起，至戌正方止。即在張秋莊宿。是日閱選舉考四十餘葉，略加批識。申刻見客，坐見、立見各一次。酉正小睡良久。燈後印渠來暢談，至二更二點散去。三點睡，不能成寐。

十一日

早飯後清理文件開船行廿里至大王廟上岸將赴張秋過渡三次皆黃河之分汊也辰正至張秋余與印渠丹初合住公館三處見客坐見者六次立見者三次午初至印渠公館久談未初入席小宴申初散後過渡三次酉至申家口團桅二局坐見之客二次閱本日文件傍夕至印渠船上小坐旋小睡片刻燈後印渠丹初來談二更三點始散三點睡三更後稍成寐是日辰刻在舟次將中閱選舉九約二十葉

十二日

早起至印渠船上辭行旋早飯辛印渠來送行開船即遇大雨沈家口一帶河窄而淺舟屢擱淺大雨如注各勇下水挽舟風大作寒冷殊甚午正始抵戴廟風雨不止遂不復開在舟中閱選舉考三十餘葉酌加批識申夫來久坐中飯後至丹初舟次少坐旋回船圍棋二局方存之來久談丹初中丞來久坐酉刻閱本日文件傍夕小睡夜核批札

較穩，二更三點睡，尚能成寐。

十三日

早飯後自戴廟開船，行三十里至安山登岸，行十五里入東平州城，拜閻中丞，午初三刻到，即留余小宴，亦盛饌也。申初散，至公館圍棋二局，觀劉石庵手卷，與本府一談，閻中丞來談極久，二更四點去。又見客一次，閱本日文件。二更後倦甚，不能治事，三點睡，不甚成寐。

十四日

是日將至泰安府，登禮泰山。黎明自東平啟程，閻中丞送至城外，行二十八里至須城圍打一茶尖，又行卅二里至夏張圍，巳正到，吃中飯。午初又啟行，約行五十里至安駕莊住宿。未至安駕莊，莊前十里見一山，不便小車，山西為東平州轄，東為泰安轄。見客，坐見者一次，清理文件，圍棋二局，閱本日文件，倦極，不能治事，燈後小睡二次，二更

三點睡三更後成寐二日閱選舉考第十一卷昨日僅閱八葉本日僅閱二十葉皆以神氣昏倦不甚清澈又在輿中閱泰安府志十餘葉

十五日

黎明早飯後啟行約五十五里至夏張打尖已正中飯又行四十五里至泰安府在考棚住公館清理文件並閱本日文件圍棋二局剃頭一次酉正至岱廟頭門凡五門正中曰正陽門左右曰掖門又左曰仰高門又右曰見大門余入仰高門院中左有宣和碑右有祥符碑二門曰仁安門院中左右皆有乾隆御碑亭餘碑甚多正殿曰峻極殿祀東岳大帝後殿曰寢宮祀大帝與碧霞元君正殿丹墀之下東有古柏如龍爪有藤蘿繞之西有新柏如鳳翼有倒挂嫩枝蒐累異常又有一柏正當甬道名曰獨立大夫稍南有一太湖石甚奇名曰扶桑石其西院曰環詠亭自宋元以來題詠各碑環

嵌壁間李斯刻碑亦自山頂移嵌於此其内為東岳帝之便
殿陳列歴朝所頒法物珍器於此中有乾隆御頒鎮圭長三尺許厚二寸許上書中白下紺色者為深玉所為者溫瑠璃亭之南有唐槐蒼
古無匹旋赴東院有炳霊宮々前有漢柏六株尤為奇古又
瞻仰高門正陽門之楼一望岱色頗謝遠窮料理明日登岱
多事

十六日

黎明早飯後与巻巾客六人登岱出泰安北門三里許過岱宗
坊旋至玉皇閣小住有孫真人化身據道士云孫某在此修錬
年九十四歳康熙四十年化去今年皮骨尚在如乾腊然
惟頭係土塑耳又至関帝廟小住有鹽當会館旋過
飛雲閣有孔子登臨處坊旋過万仙楼下走登攀旋至
斗母閣小住因水聲清澈可聴旋過水簾洞在大路之西
圖中誤刻於森旋閣經石峪々在大路過渓之東約歩行小半
里其上有摩天嶺々上泉流澗中巨石鋪於澗底縦横五畝

許刻金剛經，其上字大徑尺四寸許，中著三大字曰曬經石。又有
明汪玉此著論能談文其子汪坦之刻石上，側署二大字曰經正。另一巨
石曰試劍石。復還大路，過一小橋，土人名曰東西橋。自此橋以下
路在溪之西，自此橋以上，此路在溪之東。美夫蒼翠柏成列，夫名
柏洞。經至壺天閣小住。自城至此凡十八里。又過迴馬嶺至二
虎廬嶺，岱程遂至此得半矣。該處路稍平，第漸有階降，名
曰快活三里。稍北為雲母橋，該處有瀑布，名曰御帳坪小住。遂
途中最勝之處也。遙望東邊石壁，摩崖一碑曰萬丈碑。
過朝陽洞，有元君殿，今頹毀矣。經至五松樹小住，有石坊曰五
五大夫松，秦時松久不可見，今亦有虬松數株。又此為對松山
溪之西岸，古松森列，與東西橋之橋洞，皆岱岳茂林也。
自此以上為慢十八盤，過昇仙坊為緊十八盤，岱岳中最為險
峻之處。至南天門小住，經折而東行里許，為碧霞元君廟。又
東北一百步許，為東岳大帝廟。余即在此停住。卯祈自

城起程午初一刻到此不覺登陟之難盖步為四十里實不過三
十二三里小憩行時雅至兩廟各行三跪九叩禮因捻匪未平蔵
彩默為祈禱中飯後小睡行刻雅與蕭中散步行登覽各處
先至岱頂即所謂天柱峯也中有玉皇殿殿外有巨石陂陀相傳
為山之巔頂殿門外有無字碑廣二尺許厚一尺五六寸高丈二三尺志
稱為漢時立石頂之西南為青帝宮又西為寢宮殿內有元君臥
像門額未得細視其南為北斗台台上兩石幢高二尺許寢宮
之西為孔子殿以上宮殿四處及北斗台皆巨額敬雅至岱
頂之東曰乾坤亭因純皇帝書乾坤普照扁而名之也又東
為日觀峯亭亭亡已純皇帝詩碑其後一碑題孔子小
天下處比亭本可觀日出今已頹毀上蓋瓦不如玉皇
殿東軒看日出之便又東南為舍身岩改名愛身岩之之
側為仙人橋兩石壁之間二石相銜下臨深谷有如飛橋又
東為東神霄山即日觀峰迤東之深峰其實一山可遙對

西神霄山即南天門迤西之峯也 傍夕歸 觀東岳殿後唐明皇摩崖紀泰山銘 其旁泉曰聖女池 凡岱頂之西觀其略盡於此 此外如丈人峯 不過三石略具人形 東天門 西天門 此天門不過各立二石而已 大略泰山自此而南分兩大支 一小支 西大支由西神霄峯而南至臥馬峯傲來峯一帶 東大支由東神霄峯而南至乾坤山老人寨二虎山摩天嶺一帶 中一小支自東支之二虎山分出南至馬蹄峪水簾洞白楊洞一帶 東大支及中之小支皆不甚長 惟西支自傲來峯以西綿亘三四十里 重巒巨嶂 惜不及徧游 山水亦分兩支 西支發源於南天門 自下紆迴至對松山 始見流水 下經傲來峯 出郡城之西門外 名曰黃西河 又名漆河 東支發源於二虎山 自二虎山以南皆大路 皆在此溪之沿 名曰中溪 又曰環水 余粗識脈絡如此 餘不及詳 是夕陰雲飛雨 聞賊又竄曹州 恐其渡運河而東 進灼之至睢 不甚戒嚴

十七日

因昨夕陰雲漸雨計五鼓斷不能觀覽日出遂高臥不起
兩幕中友黎純齋及薛叔耘長卿王叶亭錫壽四人至玉皇頂東軒五
更後風漸雨過後竟得一觀日出之勝乃出天下所未閱
歷此不可以臆測稍難雖此不可以中阻也卯初二刻起行下
山中過紅門宮廬洞万仙樓均小停並眺至山麓王母池小休辰正一
刻即入郡城下山行走極速蓋從岱頂則已一種山轎長六
尺許兩頭翹而向上如一長小橋然舁夫以皮帶承肩上下石
磴轎皆橫行舁夫面皆向前以直行則皮帶正在轎頂肩胛頭後橫行
則皮帶斜垂在肩側也至郡見丁方伯寶楨饒管攻源深
又見長清令張曜寧昨已託約五百字未寫午正二刻又
起程行四十五里至夏張宿途次飽看徂徠峯以西諸山又寫
日記七百餘字二更圍棋二局閱本日文件連日積閱批札
等件甚多檢閱清摺數件倦甚竟不能全了矣悵悵

巍巍至計，此次登岱所見者，在廟則為鎮圭，秦李斯碑，為漢柏，唐槐，為龍爪柏，為扶桑石，在山則為玉皇頂，無字碑，為紀泰山銘，為南天門，為御帳坪。外此雖有勝蹟，記所缺已。

十八日

黎明早飯後起行，四十里過汶河，二十里至岡山屯打尖，係寧陽縣境。飯後行十餘里，滂沱大雨，冒雨行二十里至寧陽城住宿。新令程西池，桐城舉人，頗有緒聲。見客一次，寫昨日日記，閱本日文件。聞賊後竄畫知定陶左曹單，攻破民寨多處，甚為悒歎，憂灼之至。核批札信稿至二更末，疲倦殊甚，不復能治事，小睡刻許，三點後又核一信稿，睡不甚成寐，三更三點乃成寐。

十九日

黎明飯後，因道路泥濘，改而坐車，行四十里至馬莊橋打尖，係滋陽縣境。兗州鎮總兵及太守彭令在此迎接。已

祁中飯後又車行四十里至馬家井茶尖係滄寧州境程
兆等在此迎接見客三次旋坐轎行二十里回滄寧
城見客坐見共七次清理文件并閱本日
文件小睡片刻燈後寫零字數多核批札信稿
至二更四點未畢睡不甚成寐前所閱選舉考十
二卷不甚仔細昨日重看三十餘葉本日重看二十
餘葉車中搖簸殊費目力耳

廿日

早飯後清理文件見客立見者三次坐見者三次圍棋一局
又觀人一局徐琴舫編修自京師來與談頗久又立見之
客四次坐見者二次再圍棋一局將選舉考末二卷酌加
題識未初畢閱本日文件核批札各稿將途次停閣
之件概為清釐酉正後圍棋一局與幕友久談桓
核信稿尚未完畢二更三點睡尚能成寐

廿日

早飯後清理文件，見客，坐見者二次，圍棋二局，又觀人一局。潘琴軒來，久談。寫少泉信一件，約七百餘字，右輔目蒙殊甚。與方存之久談，渠攜至魯通父詩文集，翻閱良久。中飯後，溫閱二卷。見客，一次。申正，因目蒙久睡一時有餘。傍夕與幕府久談。核寫沅弟信一件。核批札稿。二更後溫韓詩七古，三點睡。

廿一日

早飯後清理文件，祝爽亭來，久坐。圍棋二局，目蒙殊甚。與申夫一談。閱文獻通考學校考二十葉。寫郭雲仙信一件，約六百餘字。宋滌樓來，談頗久。中飯後，至幕府一談。閱本日文件。再圍棋二局。核批札信稿，頗多，途中積壓之件為之一清。與幕中友同至營外圩牆一看。溫誦杜韓七古頗多，似覺會於古人沉雄頓挫之處。二更三點睡。是日得沅弟

初五日信云腳痛甚苦孫君屢急又接紀澤初一日信知
慶郵寄太緩而快也

廿三日

早飯後清理文件圍棋二局又觀人一局見客一次閱學校
考二十葉至幕府一談中飯後見客孫甚又圍棋二局
閱本日文件甚多彭澤李比海靈巖寺拜頌石在
長清東平卿所送用油紙蓋本寫一葉申刻出見之客
一談核批札各稿傍夕小睡在核信稿數件二更後朗
誦韓詩七古十餘首以暢襟懷

廿四日

早飯後清理文件習字一紙圍棋二局又觀人一局係
棊竹來談頗久閱俞樾蔭甫所著羣經平議之十
四卷論考工記世室重屋明堂之制駁正鄭注思通鬼
神有超乎戴氏考工記圖者凡二十六葉閱畢見客坐見

者一次，立見者一次，午正小睡，中飯後至幕府一談，閱本日文件，批識俞氏之書跋摺稿一件，又圍棋二局，覺倦殊甚，與幕友一談，小睡片刻，閱王鼎丞所為遊泰山記，條鬯雅潤，深為喜慰，核改信稿一件，核批札各件，未畢，二更三點睡

廿五日

早飯後清理文件，見客立見者二次，坐見者三次，圍棋二局，核改信稿一件，寫澄沅兩弟信一件，寫紀澤兒信一件，至幕府一談，中飯後見客一次，談頗久，小睡片刻，閱本日文件，徧身奇癢，甚覺不適，至幕府一談，習字一紙，核批札各稿，傍夕與幕府一談，閱王鼎丞所為遊泰山詩七首，仿杜公紀行詩體，深見斟酌，極情诵杜韓七古十餘首，寫匾字頗多，悟此法上取直勢，下取橫勢，左取直勢，右取橫勢之法，大約直勢本於秦篆

橫勢本於漢隸，直勢盛於右軍，暨東晉諸帖，橫
勢盛於三魏，迄隋唐初，歐公用直勢，褚公用橫勢，
李公則並用之勢。二更後小睡，三點醒，迄不能成寐，
頸項奇癢，小疹腫起，大者如粟累累，三四更爇火視
之，搔一番，出血不止，何以毒氣甚重如此。

廿六日

早飯後清理文件，圍棋二局。因昨夕瘡癢極苦，命人尋捉
床鋪，得大臭蟲四五枚，形扁而闊，比尋常臭蟲大至倍許，
或曰此去冬蟄伏之蟲，今年新出，故饑而悍也。竟日遍身
奇癢，不能治事。閱李西漚所纂《清儀寶鑑》，閱等於
考二十葉，午正至王錫床上小睡，中飯後見客一次，又
請見之客二次，錢子密新來，談甚久。閱本日文件，又閱
《清儀寶鑑》，寫之倦殊甚，再圍棋二局，傍晚寫對聯七付，
小睡片刻，圍棋，批札稿。二更後溫漢書數首，三點睡。

廿七日

早飯後清理文件圍棋二局坐見之客一次閱清修
寶鑑閱并校考二十葉午刻與錢子密久談小睡片
刻天氣漸熱體癢心燥習字一紙中飯後至幕府
一談閱清修寶鑑閱本日文件甚多寫對聯七付
筆敗已久殊不適意至子密處久談核批札各稿小
睡片刻燈後背倦殊甚不能治事寫霞仙信數行
因目昏停止朗誦放翁七絕數十首在庭院與方存
之一談二更三點睡差能成寐在此月為美睡矣

廿八日

早飯後清理文件圍棋二局見客一次習字一紙寫霞仙信
一件約八百字閱清修寶鑑至申夫處一談寫劉省三信
未畢酌中飯後畢約四百字至幕府一談閱本日文件
手疲殊甚又圍棋二局近日圍棋甚多因寄心於棋則

應輯甚忙也寫對聯七付將學校考三卷酌加題識僅甚
小睡時許不寐飯後與友院中一談核批札信稿多件溫
山谷七律二頁四點睡雖輾轉多時差能成寐

廿九日

早飯後清理文件圍棋二局習字一紙見客立見客三次坐
見客二次閱學校考二十餘葉午刻小睡半時許中飯後
至華府一談又圍棋二局閱本日文件吳摯甫自桐
城來久談核批札稿傍夕與華甫友一談核改批札稿頗
多二更後誦杜蘇七律數十首三點睡睡二更後成寐

卅日

早飯後清理文件見客坐見客二、圍棋二局習字一紙悟古人
用筆之法戲為詩二句云龍作身戲海如鷹指佳耶毫
是閱學校考二十餘葉午刻小睡成寐午正請子密摯甫
等中飯二更散甚閱本日文件又圍棋二局黃軍門翼

升自金陵來，又談。旋核批札稿，宋軍門又來，與之久同至二關外觀新修操場。燈後便飯，潘琴軒來一談，客去。改信稿數件，約三百字。二更三點睡。

五月初一日

早飯前後見客，立見者七次，坐見者四次。清理文件，推圍棋二局，習字一紙，閱《學校考》第六卷。黃昌岐來一坐。午刻小睡半時許。中飯後至幕府一談，閱本日文件，寫對聯八付。至申夫處與昌岐久談。旋核批札信稿，傍夕又睡數刻。日來牙疼殊甚，本日兩次成痲，疼稍平矣。夜溫抄本傳誌類，上朗誦至二更三點睡。竟夕大雨，心以麥收未平為慮。

初二日

早飯後清理文件，圍棋二局，寫字一紙，閱《學校考》二十葉。至幕府一談。牙疼殊甚，午刻小睡。黃軍門來。是日潘琴軒請余與黃軍門至太白樓小宴，因雨未能赴，移席來余公館。
午正二刻散席。余以牙疼頗劇，飲食強進，時許殊以為
困。飯後閱本日文件，又圍棋二局。心有所營，中懷精
愈疲。將本日所閱文獻通考酌加題識，并校考閱二平段
信稿二件。黃軍門來久談。又改信稿二件。傍夕小睡着
改信稿七件。二更後溫韓詩七古三點，聽尚紀咸森。接
沅弟四月十六日信，知紀澤母子已到陽邏，紀瑞母子已自湘
來鄂矣。

初二日

早飯後清理文件，習字一紙。閱王而農先生禮記章句二十
葉。先生著書三百餘卷，道光庚子年其裔孫王半帆
刻二百餘卷，鄧湘皋、鄒叔績經紀其事。咸豐四年賊破湘
潭，板燬無存。同治元年，沅甫弟捐資全數刊刻，開局於安
慶，三年移於金陵，歐陽小岑經紀其事，四年冬畢工刷樣。

本來請余作序，余以禮記章句為先生說經之最精者，擬
細看一徧，以便作序，因以考校對者之有無錯誤。旋圍棋
二局，至蕙帥府一談，又閱禮記十葉。午刻小睡，時許見客，坐
見者二次。中飯後閱本日文件，至蕙帥府久談，寫沅弟信
一件，寫對聯七付，剃頭一次，傍夕小睡半時，核批札稿
信稿。二更粗畢，溫韓文若傳誌。二更三點睡。是日牙疼
一二次，食地黃蛇肉而稍愈。

初四日

早飯後清理文件，圍棋二局，閱禮記章句十五葉，出門拜黃
軍門，巳正歸。牙疼殊甚，不能治事。又圍棋二局，至蕙帥府
一談。中飯後閱禮記十五葉，閱本日文件數多。寫意城、次
青信，各添一葉，嘯山信添數行，寫對聯四付。酉刻至牆外
場上觀打麥，又小睡片刻，核批札稿，寫零字甚多。二更
後溫韓文十餘首，接沅弟暨紀澤四月二十一日信，是

日以金銀花薄荷並鷄子半碗稍愈

附記

澄侯送日記　蒲塘送[illegible]對　沅甫言倪子

初五日

早間本縣文武賀拜節，飯後外間賀節者概尚不見。習字一紙，清理文件，圍棋二局，黄軍門來一談，閱禮記章句十五葉，對着三張，振軒來久談，倦甚，午刻小睡，中飯請黄軍門小宴，旋閱本日文件，習字，澄沅兩弟信，現定逢三日寫沅信，由驛遞至湖北糧署，寄每旬日記；每月初四五寫澄沅信，寄由專人送至湘鄉本宅，寄每月日記；十四五、廿四五寫，如見信近則專人，遠則驛遞，計一月共六次矣。再閱禮記十葉，微加批識，又圍棋二局，見客坐見者次，立見者四次，傍夕小睡，核批札稿，溫古文辭賦類，二更三點睡，後困殊甚，蓋說話稍多，即困本性然也。

初六日

早飯後清理文件，見客一次，又見客一次，圍棋二局，習字一紙，閱禮記二十六葉，與蒓齋室一談，午刻小睡，中飯後再圍棋二局，閱本日文件，請見之客二次，寫對聯九付，改信稿十餘件，核又改十餘件，二更後溫黃山谷七律、陶詩數十首，二更三點睡

附記

張勝琪　張沛之　銘軍

吳信要儀禮

初七日

早飯後清理文件，圍棋二局，劉省三來一談，習字一紙，閱禮記檀弓二十一葉，酌加批識，午刻小睡，中飯後閱本日文件，又圍棋二局，至蒓齋府一談，核批稿十餘件，信稿十餘件，傍夕在院中與蒓齋久談，核信稿數件，倦

甚小睡半時時更三點時睡三更二點成寐

初八日

早飯後清理文件於園棋二局黃軍門來談最久閱禮
記章句二十五葉核呂上單見客坐見者一次立見者一次
午刻小睡半時中飯後至藩府一談閱本日文件又圍
棋二局倦甚不能治事在竹床上小臥繼閱溫公修資
鑑閱十餘葉旋核批稿核稿十餘件未畢倦又李芳
泉自皖來久談客去又改批稿數件二更後溫杜
詩五古因說話太多疲困殊甚三點睡是日閱河南
諸軍四月廿四日在歸德打仗敗挫宋慶孫希表兩軍
傷損尤多為之焦憤蓋官兵挫一次則賊燄長一次勢
將燎原矣而河南乃以勝仗入奏請獎殊為可怪

初九日

早飯後清理文件閱禮記十五葉圍棋二局又閱二十葉見

寫二次午刻小睡半時許昨夕為臭蟲所齧本日又發癬
癢難耐中飯後至署府久談閱本日文件又圍棋二局
倦甚不欲治事與戈什哈李翥漢細問李希庵家事
酉刻核鮑鋆彰水口賬單未畢李芳泉等來久談
又核鮑鋆單畢二更後核批札稿未畢溫王摩詰五律
十餘首三點睡是夕服人蔘二錢

附記

松生百金信　松山石百金并幛父黃軍門

初十日

早飯後清理文件圍棋二局見客坐見者三次閱禮記二
十一葉核弓閱畢又將鮑鋆彰水口賬單一核午刻小
睡中飯後寫霞仙信二葉見客坐見者二次接沅弟信見
大考單李鄉園蔣農二等第二餘三人皆三等閱得庵
呈疏自請治罪另簡賢能甘肅多事勢日壞殊為可憂

本日文件極少，頗為可喜，而不得滬江確信，又以為慮。再核鮑營清單，寫對聯九付，核批札各稿，未正倦，夕與幕友小坐庭院一談，夜核批札稿，二更寫李眉生信二葉，溫韓詩七古，朗誦十餘首，三點睡。

十一日

早飯後清理文件，寫朱久香信一葉，圍棋二局，黃軍門來久坐。閱禮記章句十七葉，黃軍門又來一談，午刻小睡，中飯後前雲南提督傅振邦來久坐，閱本日文件，知劉仲良於二十、初一接戰，劉壽卿初二日接戰獲勝，文報皆梗阻未到。又圍棋二局，寫對聯、祭幛等五件，寫沅弟信一件，約五百餘字，李勉泉來久談，傍夕與幕友久談，夜寫紀澤兒信約二百字，核批札稿，二更溫韓詩七古，閱後遂又忘卻，甚焦灼之至，二更三點睡。

十二日

早飯後清理文件，見客一次，李勉泉談頗久，圍棋二局，旋至幕府久坐閱禮記廿四葉中飯後酌加批識閱本日文件又圍棋二局寫陳埔信一件核批札稿甚多倦久倦甚小睡半時核又核批札信稿二更三點睡三更未能成寐

十三日

早飯後清理文件祝塏來久談圍棋二局黃倪二軍門來一談頗久閱禮記二十葉王制畢午刻小睡中飯後又閱中庸二十葉船山先生大學中庸皆全錄朱注而以己說衍之仍第於禮記中以足四十九篇之舊余因先生說禮多通於性命之原故急取中庸閱之閱本日文件寫對聯七付又圍棋二局核信稿三件與幕友一談李勇泉來一談核核信稿數件二更三點睡聞張牛任賴兩股均集於徐州城外各軍執視而莫如之何焦灼無已

十四日

早飯後見客一次談甚暢寫竹如信五葉集於本年致任

偕居山東之張城驛刃香之招往回訪視段寓書條之由圍
棋二局閱王制二十葉潘琴軒招出隊劉銘來談既久又覓
亡寓二次午刻小睡留居廟內屋後有一小院書閑數月
本日始開蓮陰藥藏為之豁朗又圍棋二局閱本日文件
天氣驟熱余畏熱年甚一年余不敢治事小睡良久不能成
寐在床看戴東原文集二十餘葉酉刻始起校批稿未
畢傍夕与花中友久談檢校批稿至二更之點粗畢信
稿此積閱甚多睡後不能成寐三更後燒蚊數只三
更某始寐

十五日

早閱經文武賀望名員飯後見客一次又坐見之客二次黃昌期坐
甚久圍棋二局閱月令廿五葉閱赫德所呈局外旁觀論條
二月二十三日密　論中寄來共十八葉小睡半時許中飯後
閱本日文件又圍棋二局閱威妥瑪所呈新議論略亦密

論中寄來冊共三十葉見客三次傍夕與吳摯甫一談見客
三次小睡片刻在上院中與荃帥久一談核批札信稿未畢
二更三點睡三更後成寐

十六日

早飯後清理文件在圍棋二局見客二次閱王制畢閱曾
子問五葉午刻小睡中飯後至荃帥府一談又圍棋二局閱
本日文件核批札稿添莫愁皆徐壽衡信各百餘字又改
信稿二件傍夕與荃帥在庭院納涼久談又改劉開生信稿
二更後溫韓文數首三點睡

十七日

早飯後清理文件洪貞謙來一坐在與劉申孫圍棋二局又觀人
一局閱曾子問二十葉午刻小睡中飯後閱本日文件倦甚
小睡核批札信稿多件酉正與荃帥在庭院納涼久談極
又改信稿二件二更後溫古文辭類纂辭賦之下卷

不能接續，蓋衰遲之象也。三點睡。

十八日

早飯後見客，坐見者三次，立見者二次。清理文件。圍棋二局。閱曾子問、文王世子二十葉。午刻小睡。接澄沅弟四月初八、廿八日等信，并寄鄂署、仙吉城信。至幕府一談。中飯後又一談。閱本日文件。寫對聯十一付。李芳泉來一談。核批札信稿。傍夕又與幕府友院中久談。倦甚，小睡。檢字費字甚多。夜溫史記淮陰侯、季布欒布等傳。是日因說話稍多，疲困殊甚。昨夕為臭蟲所嚙，是日檢捕一遍，移床於西畫。二更三點睡。

十九日

早飯後清理文件，旋見客，坐見者一次，立見者二次。圍棋二局。至幕府一談。倦甚，小睡片時。午正閱文王世子一篇八葉，上下二篇。未正核公牘之事，探京良久。中飯後至幕府一談。閱禮運

廿二葉寫挂屏五葉約二百餘字至幕府一談傍夕與客
納涼庭院久談核核批札信稿未半二更後倦甚小睡
三點睡酉初芗泉來一坐

二十日

早飯後清理文件見客坐見者一次立見者二次圍棋二局至
幕府一談小睡片刻午刻閱禮運十六葉中飯後閱禮器八
葉閱本日文件又圍棋二局寫挂屏四葉核批札稿剃頭
一次又與幕府友院中久坐核核信稿十件二更後朗誦詩
經二十餘章并誦九辯反騷諸篇似有所得三點睡

二十一日

早飯後清理文件見客坐見者一次圍棋二局至幕府久談小
睡半時午刻閱禮器十二葉中飯後又閱八葉閱本日文件
又圍棋一局小睡片刻改摺稿一件片稿一件約四百餘字傍
夕至庭院與幕府友久談核核批札稿二更後溫韓詩七

十二點睡

廿二日

早飯後清理文件見客坐見者四次前大原鎮墨田生頗久
圍棋二局小睡片刻已正閱郊特牲二十二葉中飯後又
圍棋二局閱本日文件核沅弟信五葉見客立見者一次
坐見者一次小睡片刻核批札信稿多件傍夕與幕友
久談夜飯後困倦殊甚竟不能治一事久睡至二更三
點乃起洗腳脫衣而再睡幸能成寐數年以來未有然
後不治一事而長睡者此次昏倦殊〔異〕常蓋由於夜短少眠而
日間亦未甚休息耳

附記

禮三　兵四　小學四　〔詩〕文二　修齊三

經籍三

廿三日

早飯後清理文件，圍棋二局，小睡片刻，閱郊特牲、內則共三十二葉。中飯後將禮目記錄少許，又圍棋二局，閱本日文件，寫扁二方，掛屏三葉，核批札稿。傍夕在二庭院散，小睡片刻，核核信稿數件。二更後溫韓詩五古，三點睡，二更三點成寐。是日天氣酷熱，余在大屋高棚之中尚可自適，軍中則甚為難堪矣。余將有桃源宿避之計，亦畏難而不遠去。

廿四

早飯後清理文件，圍棋二局，閱內則十葉，小睡片刻，雅文閱十二葉，至幕府一談。中飯後閱本日文件，又圍棋二局，核批札各稿。天氣酷熱異常，與幕友一談。酉初小雨，坐床睡至燈初，不能成寐。雨勢漸猛，暑氣竟退，雷雨傾盆不息，滌除鬱蒸，亦怡慰農家之望也。燈後改信稿數件，二更後溫杜韓五古，三點睡。

廿五日

早飯後清理文件，推看紅樓夢三卷，寫紀澤兒信一書，閱內則十二葉。中飯後又閱小說十餘葉，閱本日文件，圍棋二局，核批札稿。天氣鬱熱殊甚。酉刻與幕友久談，傍夕小睡。夜核信稿數件，二更後溫古文序跋類。三點睡。

廿六日

早飯後清理文件，閱紅樓夢二卷，閱玉藻十六葉，圍棋二局。中飯後至幕府久談，見客，坐見者一次，立見者二次。閱本日文件，又圍棋二局，雜記標目約五百餘字，核批札信稿。傍夕小睡。夜又核批稿畢。二更後溫古文奏議類，朗誦十餘篇。三點睡。是日天陰而鬱熱殊甚，夜間大雨如注，竟夕不停，直至次日辰刻乃止。

廿七日

早飯後清理文件，推圍棋二局，見客，坐見者二次，寫少泉信

約六百餘字。中飯後又圍棋二局，閱本日文件，閱玉藻二十
二葉。於古人衣冠盥漱之制若罔所會。玉藻中脫誤偽多。
寫筱泉信二葉，核批札稿。二更後溫古文書牘類，小睡
片刻。三點睡，三更二點成寐。

廿四

早飯後清理文件，見客，坐見者四次，立見者二次，圍棋二局，閱明
堂位、喪服小記二十葉。午刻倦甚，小睡。中飯後又圍棋二局，
閱本日文件，因倦殊甚，久不得靜。適錄樸目錄之百餘字。見
客，立見者一次，坐見者二次，與花帥友久談。余近日每於早飯、中
飯後坐困異常，蓋脾為食所困，陽氣不能鼓盪運化也。
勉強圍棋，後雖脾氣稍得醒豁，而疲困如故。看書、會
客皆十分勉強。申夫言飯後散步數千步，可以醫脾
困，因憶余於道光二十九年聞陶鳧香先生養生之法，
渠言每日兩飯後各行三千步，或早飯後因事耽閣，則

中飯後補之冊飯後均躭閣則傷多戲煙後補之四十年未嘗間斷彼八十餘歲而壯健異常余時癬疾正劇偶亦效其所為輒覺身輕體適以後當日日遵行此法并勸澄沅兩弟及子姪輩行之与幕中友久談在室中散步竟不治事二更後核批札各稿未畢四點睡尚難成寐

二十九日

早飯後散步二千步旋姪兒之寓之一次清理文件旋圍棋二局閱喪服小記太傅二十五葉小睡片刻中飯後散步三千步是日大雨傾盆自巳刻起至三更未嘗少息室中黑暗悶甚又圍棋二局閱本日文件閱小說就廳上天光稍明申正室內點明寫雪仙信三葉未畢小睡旋將雪信寫畢約七百字讀古文辭類纂甚不能朗誦僅繙閱十餘首二更四點睡尚難成寐

六月初一日

是日均絕賀朔之客早飯後三千步表上約二刻之久清理文件於圍棋二局閱大傳步儀二十三葉午刻小睡中飯後散步閱本日文件圍棋二局閱小說二卷核批札各稿傍夕與幕府久談小睡片刻在溫史記數篇目光益蒙渾比往間竟不復能看書學有日退無日進矣接沅弟五月十六日信知吳侯已愈為之大慰二更三點睡是日申刻清見之客二次

初二日

早飯後清理文件圍棋二局看小說一卷閱學記樂記二十葉至幕府一坐午刻小睡中飯後散步與早飯後合三千步閱本日文件寫沅弟信約四百餘字寫對聯八付見客坐見者一次立見者二次至幕府一談寫楪目雜記傍夕小睡核批札稿二更後溫古文以間本三點睡竟夕不能成寐是極閱

賊復回竄宦陶，焦灼之至。

初三日

早飯後散步二千，清理文件，圍棋二局，見客二次，看小說一卷。巳午兩時閱樂記三十葉，小睡片刻，中飯後散步，閱本日文件，又圍棋二局，核批札各稿，與幕府友庭院中久坐，夜小睡片刻，改信稿數件，溫李韓七古，二更三點睡，尚能成寐。

初四日

早飯後散步，清理文件，圍棋二局，見客坐見者二次，立見者一次，閱樂記、雜記二十餘葉，午刻小睡，中飯散步，閱本日文件，圍棋二局，記錄樸目，核批札各稿，傍夕與幕中友院中久談，夜溫李杜七古，頗倦殊甚，目若無所見，甚矣老境之逼人也，因不復治事，上床小睡，二更三點後乃睡，幸能成寐，雜夢甚多。本日閱賊竄宦陶之信，不禁為之少慰。

初五日

早飯後散步三千　清理文件見客坐見者二次　圍棋二局　閱雜記
二十二葉　中飯後散步　閱本日文件　寫沅甫信約六百餘字　體中
覺有不適　酉後至幕府久談　倦甚　夕小睡　旋核批札稿　體中
若甚有病者　與吳幹甫一談　二更三點睡　睡後腸胃作燒　蓋絲
棉被　微覺輕適　或連日陰雨受寒之故與

初六日

早飯後病未愈　僅吃半碗許　是日不食油葷蔬菜　腹泄五
次　近數年夏間每患腹泄　蓋病之頗輕者　不敢健步　每
次千步分三次　午正散步始畢　旋見客三次　閱雜記二十
二葉　清理文件　中飯後圍棋二局　又觀人一局　散步一千　旋又補
一千　至幕府一談　見客坐見者一次　閱本日文件　核批札各
稿　因腹泄困倦　屢在竹床小睡　偶久立庭院　小坐　旋又核批
札稿　至二更三點未畢　連接沅甫兩信　紀澤兩信　沅弟

御瘡全愈洋人醫以藥奇效為之大慰而又以其太速轉

之

初七日

早飯後散步一千清理文件改信稿三百餘字辰正由清寧

起程至嘉祥驛[illegible]謁曾子林廟大雨之後積潦盈途行三十里

至新開河茶尖沿途見運河隄壩概行坍卸憂慮之至因思

一律改為板築與程牧繩武商議良久又行十八里至嘉祥驛

未正始到住嘉祥書院見客先見者三次又見者二次生

輿中閱雜記喪大記二十五葉午飯後陸續散步三千小睡

半時許記錄檔目酉初至宗聖廟叩謁行三跪九叩禮廟

中規模扁小朽敗已甚左子亞配享右為子配享後為

啟聖廟名義甚樸尤朽敗不能庇風雨拜至宗子五經

博士廣莆家一生其頭二門及大堂等一概頹毀多存內

室亦甚殘陋即雍正間所　賜省身念祖扁亦並懸掛

之露佳處置於棹上僕前聞嘉祥聖廟武梁久思有以往
訪之李日揖紮房銀千兩又贈廣蒲銀四十兩及見此景況則
又惻焉不安起焉不忍而非人力所能遽振也傍夕歸閱李
日文件改信稿一件再閱王氏禮記章句溫習所已看
者二更三點睡尚能成寐

初六日

早飯後散步二千(步)由嘉祥至南武山本不過四五十餘里因路
上霧之隔水繞道行四五十餘里始至南武山未刻到巳正至紙坊
集打尖即往宗聖廟之東省身堂廟在南武山下山高約五
十丈一片頑石不生草木廟外內柏數百株大約二三尺圍
上下殆嘉慶間所植附近居民種五穀步皆種藍及菲曾
氏閤族人丁不過三百貧窮特甚文生員及鑑等未備述窘狀
未正謁廟先拜萊蕪侯廟在正殿之西後有寢殿拜宗聖廟廟係
不能始於何時祿宗聖在前殿萊蕪侯在後寢正統間重

修始陵為宗聖在中茔墓在西至萬曆間重修有太僕少卿
劉璽曰不息碑記載曾質粹之孫承龍（名承業者）若附與訟子碑立於茔
歷七年立廟庭之東南至　國朝雍正七年諭令重修規
模始大後有寢殿前有　御碑亭刻　純皇帝宗聖贊
兩廡祀弟子陽膚樂正子春東西各五人中有宗聖門前有石
坊三座西刻謁林墓在廟西南里許此東西三面皆石山墓在
平地今雨後墓道被淹石馬翁仲皆在水中僅墳未淹耳享堂
及門額皆美常幾於行瓦茔存有碑曰郕國公宗聖曾子之
墓緣宗聖公（墓也）久已佚已不知所在明成化初山東守臣奎奏祥勒
南武山有漁者陷入一穴中得幽碑有石鐫曾參之墓宏治十八
年山東巡按金洪奏請建享堂石坊即今林也余觀山石
頗擴地勢散漫不似葬聖賢者殊以為疑舊（碁）塋歸補
行四千步是日在輿中閱喪大記祭法二十五葉申刻寫日
記夜在庭中納涼二更三點睡不甚成寐

初九日

早飯後行千步。旋自宗聖廟啓行，四鴻卯正成行，濠水盈途，輿馬深屬淺涉，遠或半里，近或數丈數十丈，行四十里至午正始抵新閘河中。飯後千步，旋又行二十里至濟寧。是日天氣暑熱異常，在輿中昏似釜甑炊爨之時，閱經法經彖三十葉，蓋不看書則心無所寄而愈熱也。補行二千步。閱昨今兩日文件，寫日記約五百字。至庭院中與幕中友納涼久談。在飯後坐竹床小睡。天熱不能治事。二更三點睡，不甚能成寐。

初十日

早飯後行二千步。午初補行千步。卯正見客，坐見者一次，立見者一次。清理文件。旋出門至市獻棚看新築之牆，高六尺，基厚一尺六寸，頂厚一尺二寸，長五丈餘，以河沿隄牆全塌，改旋另為板築。今程牧先築數丈為式，觀其所為，築成後半月不雨，可保三年也。辰正三刻歸。圍棋二局。天氣異熱，至幕中府一談，閱經

蒙察統二十葉中飯後兩次散步三千又閱書五葉閱
本日文件圍棋一局觀人一局至華府久談近四日來大
辭體若不甚適共二齊勉強持大風懶於治事傍夕
看小說十餘葉校核批札稿三日內積閱已多矣
更三點未半睡尚能成寐

十一日

早飯後兩次散步三千清理文件圍棋二局見客坐見者次
閱督統經辭底作間小睡刻許中飯後散步三千閱本日文件
將五日內所閱之書酌加批識記錄標目申刻小睡申正核
電瑩雜數單傍夕與華帥友久談校核批札稿改各信稿
約近千字二更三點睡尚能成寐

十二日

是日 先大夫人忌辰齋戒一日早飯後散步三千清理文件
圍棋二局見客坐見者三次立見者二次閱孔子閒居仲尼燕居

坊記二十五葉。午刻朱小午來久談。中飯後散步二千，閱本日
文件。寫沅弟信一件。天氣蒸熱，閱本日文件，再圍棋
二局。補行五百步，核批札各稿。傍夕方存之來，渠至諸城省
視吳竹如先生，往返二千餘里，與之暢談。核改信稿十餘件。
甚覺勞乏，目光昏暗，夜四點睡，不甚成寐。

十三日

早飯後因散步三千太多，斷難有恆，改為二千。清理文件。圍
棋一局，又觀人一局。閱坊記中庸三十葉，至幕府一談。中飯
後散步二千，朱小午來，陪談時許。閱本日文件，改摺稿，未畢。
酉正小睡，夜改摺稿，至二更二點畢，約改六百字，倦甚不能
復治事。是日申刻寫對聯十付。二更三點睡，三更後稍能成
寐。是日天氣陰寒，至申酉間大雨，竟夕雨如傾盆，冷如深秋。此
之深蘇南之稻田，俱恐傷稼，深為焦慮。

十四日

早飯後散步，午清理文件，圍棋三局，鉄函斷甚，改信稿一件
約三百字，閱中庸二十二葉，見客坐見者一次，中飯後散步
二千閣中丞自東平來濟送行，久坐二時許，申正出門拜客，会
者二家，酉正回，核批札稿，荄報一摺二片稿，又核批札稿，困
倦殊甚，未能了者尚多，二更四點睡，似用心稍過，說話稍多
竟夕不能成寐

十五日

早飯後散步一千五百，清理文件，核批札稿數件，見客二次，巳初起程
出城，拜閣中丞，久談，渠又至余舟久談，中飯後開船，北自宿遷
桃源臨淮以達於周家口也，見客，竟見者三次，坐見者一次，旋泊船
拜袁少午，在船與屠晉卿圍棋二局，申刻至趙村閘，觀張錦
芳、李昌樂所為隄牆式樣，即至趙村泊宿，閱中庸表記三
十葉，至正與幕客一談，核批稿至二更三點，睡，舟次頗覺
加以勞之，不甚成寐

十六日

早飯後散步二千，船艙數尺之地不能成步，略存其意而已。清理文件。閱禮記緇衣三十葉。卯刻開船行，二十六里至新店閘灣泊，因前係湖面，天氣陰雨，恐有風暴也。寫紀澤信一件，約四百餘件。午刻圍棋二局，又觀人一局。請表姪午便飯，未正未散。因天氣開朗，又行船三十六里，瞑時至棗林閘泊宿。酉刻閱小說一卷。申刻散步二千。核批稿信稿。傍夕小睡。夜改信稿二件，內為申甫信改甚多，因來函以古文甚佳也。二更三點畢，四點睡。

十七日

早飯後見客一次，散步二千。清理文件。開船行十二里至南陽鎮，因風逆即停泊。圍棋二局。閱小說一卷。閱緇衣、奔喪、問喪二十六葉，至未正乃畢。中飯後散步二千。閱本日文件。將近三日所看書改加批識，抄錄標目。又閱小說一卷。小睡。酉刻

核改信稿三件至船樓頂上乘涼又改信稿二件添另
泉信二葉洗澡一次二更三點睡三更後稍成寐

十八日

是日東南風大竟日逆風不能開船在南陽鎮停泊未動早
飯後散步二千清理文件圍棋二局又觀人一局閱服問
閒傳三年問深衣共二十六葉閱小戴說一卷摘抄其要
一條行刻中飯後散步二千又圍棋二局小睡半時將儀禮
喪禮既夕士虞禮三篇與讀禮通考一對甚覺悶悶
至不欲治事見客一次申末來久談傍夕至船樓頂上乘
涼旋添毛寄雲信三葉核批札稿二更後溫韓詩七古杜
詩七律二更三點睡尚能成寐

十九日

是日仍逆風在南陽鎮守風不能開船早飯後散步二千清
理文件見客坐見者一次立見者一次閱書大雨入窗打

澀所看之書日記則遠遜如讀矣少傳一胸推閱儒行大
学魁蒙園旌二局又觀人一局許緣仲敏察辭江北漕米由
万進京未此久談中飯後散步二千又閱戲家共閱四十七
葉派李勞泉候二葉申支等久談以睡半時許申正後
改信稿九件倘夕至船頂乘涼若將遶其然蓋久泊小
河之中雖水大衰常而兩面皆街逼閉鬱蒸又園圃皆在
堂一寸乳王可以豐饒收盛澀粗而少惡也。檢背東坡七律
目光疲困不耐久視燈下尤以為苦二更三點睡

二十日

早飯後散步二千於園旌二局又觀人一局因風已平息巳正
開船閱鄉飲酒義射義燕義聘義中飯後閱喪服四制
又補閱投壺困服日暮凝酗乳也凡四十七葉船山先生禮記
章句校讀之畢未刻散步二千本日竟登文件雖因舟行
湖中騷夫不測其所在亦緣不得地方官公事日少耳批核稿

數件，將近三日所看之書略加批識，並錄標目備忘。夕泊船於宋家閘下八里之澂家口。是日凡行八十八里。與方存之在船頂久談。抱又批禮記二條。余閱此書，本為校對訛字，以便修板再行刷印，乃查覆全書辨論經義者半，校出錯訛者半，蓋亂校讎家之體例，然其中亦頗有可存者。若前數年在安慶、金陵時，則反不能如此之精勤，此以軍營多簡。老年無可屈悅之境，而流寇縱橫，制敵無術，體衰目昏，學問無成，則又深可憂灼之境也。誦蘇東坡、杜牧之七律二三十首。二更三點睡，數甚久不成寐。

廿一日

早飯後散步二千，開船行三十六里，至午刻抵夏鎮灣泊。清理文件。圍棋二局。閱王船山先生《四書稗疏》二十二葉。中飯後散步二千。申亥來一談。閱船山文集中先世行述九篇等，約四十葉。又閱六十自定稿，約三十葉，瀏覽而已。見客，坐見者

一次錢子密等來一談傍夕至河干散步与素小午等一談
本日因風逆不能過湖澤暑蒸逼酷熱異常時而驟雨
船窗不敢打開檣間大雨數次而酷熱如故不能治事睡
後亦不成寐蓋在今年為極熱之

廿二日

早飯後散步二千開船行三十五里至赤山口又三十五里至
韓莊泊宿在舟次圍棋二局已刻閱四書稗疏二十三葉
中飯後散步二千未正至韓莊見客坐見者二次立見者千
次天氣酷熱之波之殊甚酸未刻在船改信稿八件閱本
日文件頗多傍夕在山岸上草坪久坐与申夫久談至
二更後暑熱過之氣異常風暴大雨而暑熱移其亂極
睡不能成寐

廿三日

早飯後申夫來久談渠將至徐州即由鄂回蜀看親在此今

午初散步二千至申正又宴一談見客二次圍棋二局巳正二
刻開船沿途察看堤墻自韓莊以下東岸皆條石砌疊貫
絕少縫隙雖極堅實且新漲丈餘皆與平日情形迥異
所修之墻坍塌大半且無子墻可以立足殊不可靠西岸
二次閱船山四書稗疏詩經稗疏三十葉至申刻申中飯
後散步二千申正至台莊灣泊營沅弟信一件見客出見者
一次客見者三次酷熱異常不能治事又圍棋一局傍夕出岸
上常旅與客久談閱本日文件二更三點睡尚能成寐

廿四日

早飯後見客一次旋即開船散步二千清理文件圍棋二局閱
詩經稗疏陸續三十八葉天氣奇熱心不能入涉獵而已看
視堤墻自台莊以下高者或二尺餘低者或一尺或數寸堤
東亦有積水至灘上以下十餘里則堤身全淹一片汪洋而已
過灘上四里許船觸堤硬淺阻半時歐陽利見來迎一談

適值逆風即停泊二時許中飯後散步二千又与劉申孫
圍棋三局汗出如洗申刻又開船行三十餘里至馬家集
泊宿是日凡行八十九里風雖逆而仍為流也 東岸隄埝被
淹者十分之六所未淹者亦須另行修築深為可慮 是日
并無公事只批札稿亦未能核熱極煩悶故午偏夕生
岸上荒涼与幕中客久談南風甚大而無救於其熱在
竹床睡至三更始行睡 席不甚成寐

廿五日

早飯後散步二千 清理文件開船行十八里至窯灣停泊午刻見
客坐見者一次立見者二次 旋又開船行廿五里逆風甚大灣泊甚
久中飯後散步二千 又開船行六十二里至正更至宿遷停泊是日
巳刻圍棋三局 餘閱詩經稗疏 三十葉 閱小說一卷 酉刻見客
坐見者三次立見者二次 天氣燥熱 連日體汗未乾 歐陽健飛
言宿遷極樂庵甚大可假館消停數日余因清江須換船入淮

雇船須數日乃有因在偏夕登岸住極樂寺擬先派人至樓

莊雇船而在民小停二三日在核批札稿未半二更三點睡

身體之汗已乾並亦不甚成寐

二十六日

是日住極樂寺早飯後散步二千圍棋一局又觀人一局見客一次

清理文件料理昨日公事辦畢閱詩經稗疏二十七葉中刻始完

午刻何敬之自湖北來與之久談中飯後散步二千又圍棋

二局天氣驟雨驟晴溼熱薰蒸難居岸上廟中處覺不適

寫紀澤兒信一封酉刻與莘友一談疲困殊甚偏夕小睡

鐙上在飯後大睡幸頗成寐二更三點後洗醒腳後睡

但得甘寢近日所未有也

二十七日

早飯後散步二千圍棋二局閱詩經稗疏屢次共四十七葉天

氣奇熱心緒煩躁不能仔細聊一涉獵而已接山東咨文言任賴

殘匪又將河南、竄山東進剿。午中飯後散步二千，又圍棋一局，觀人二局，閱本日文件稍多。傍夕又圍棋二局。本日為棋所困，亦因軍事不定，心志怫鬱而為此，已接沅弟十三日信，賊尚未入鄂境。傍夕小睡，夜改信稿二件，小睡亦久。二更三點睡，尚能成寐。

二十六日

早飯後散步二千，清理文件，圍棋二局，又觀人一局，閱周易稗疏陸續四十五葉，至酉刻閱畢。見客坐見者二次，立見者三次。午刻在竹床小睡。中飯後散步二千，至幕府一談，又圍棋二局。見客坐見者一次。閱本日文件。酉刻至幕府久談。核批札稿，將連日所閱稗疏摘點一過。二更二點洗澡一次，三更後睡。是日立秋，夜雨微涼，尚能成寐。

二十七日

是日仍住宿遷，蓋因天氣太熱，本思多歇幾日，而閻中丞催戰

匪四竄山東又不能不至此聽候確信也早飯後散步二千
清理文件圍棋二局又觀人一局見客坐見者一次立見
者三次閱王船山所注張子正蒙二卷五十八葉船山氏最推
重正蒙一書以余觀之亦非深而不能顯豁其余亦屬言天
地日月五行之理較尤多障礙中飯後散步二千圍棋一局又
觀人一局閱本日文件酉初閱書書畢體中若不適然亦睡良
久呻吟不甚成寐燈後核批札稿數件倦甚不願治事
二更三點睡三更二點乃稍成寐

同治五年七月初一日

早間見各賀朔之客飯後又見客〻〻
二千閱張子正〻蒙注神化篇動物篇
七篇酉刻始〻平巨刻圍棋二局湖 丁壽祺
進東道光後未見棋譜久午二年
棋藝久中飯後散步〻千又園〻
賴賤匪竄亂豆目睢州焦灼〻〻〻
勉〻常倘夕小睡種〻〻〻

初二日

早飯後散步〻千清理文〻
閱張子正〻蒙注誠明篇〻
三〻件中飯後散步〻〻
道光 丁未年六月初九十舊日
耐勞生平畏暑

遣醅暑止二日始
正改摺稿一件酉正
札稿未了二更四點睡
初三日
早飯後散步二千一見客
局閱正蒙注至富貴止
續閱五十一葉至申刻止
楞嚴於佛殿廊地兩坐中飯
申正閱本日文件酉正粗畢
華宮久坐二更二點始入四點聞雞鳴
初四日
早飯後散步二千圍棋二局清理文件
殿久坐已正繙盤件左孟手未一謨年
大易萬年樂器萬閣二葉畢

天氣奇熱申正宮去仍以熱極不行
一行又圍棋二局汗下如雨傍夕雲々
不止二更後漸轉北風在竹床久臥
尚成寐

初五日

早飯後散步二千清理文件圍棋二局
王禕蕭乾稿蕭上下陸續閱五
十八卷至是校閱完竣今
過不多細也已刻寫對以國
之熱汗下如瀋中飯後并
文件傍夕至後院樓下小
外孫批札稿至二更二點
甚成寐

初六日

早飯後申文肅公
之七浚亮見其二浚居
仲與之南岸按星即掀々
成子河看視捲竈清江々
新路又不通舢板遂不回
里至雙與閘泊宿距楊莊
高郵與化東台鹽城但被水淹々
在城兵不勝焦灼悚息巳刻閱難々
周易内傳王氏說理之書每案之若
蒙注相同因不果閱改閱讀通鑑
五十葉每段為之標題午正散步々
正宮澄市店五葉偏夕在隄上小
立未後風暴驟起幾於不能行並
去三點睡不甚成寐

初七日

早飯後開船行十二里至楊莊灣泊
見者二次立見者三次巳初吳仲仙偕
二刻方散又見客坐見者二次立見者四次畢
見者三次立見者二次閱本日文件讀
通鑑論陸續看四十葉至二更始畢
成寐

初八日

早飯後散步二千見客坐見者
高梁澗過洪澤湖因堤岸
搬移見客坐見者三次立見者
至二更方止中飯後散步二千
二次閱本日文件核批札稿
見客坐見者一次矣 小睡

書精久在閣不顧治
夏後漸覺竹簟太涼命取將
附記
○陳李　○潘長
○腳下蹩疼
初九日
早飯後開船幸遇東北順風行兆千
宿因叢帥府及隨員各船未到等至申正
步二千閱讀通鑑論桑瀍陸續看五千葉又
中飯後散步二千圍棋二局錢子密來久談
東六月初一初四初六日三次小睡二次棋稿
補揚子雲傳諸文三點後睡疲乏殊甚不
初十日
午飯後清程文伴自高唐閘開船瀍湖門西午正千正正六點

等候各船至申正始到遂至此灣泊卯刻起 二午閱讀通
東漢紀六十葉陸續閱至未初畢事頁
與三弟三次三兒弈三次申正圍棋二局酉正燈點 閱米元
章所書第一山碑 燈閱梅批孔稿二頁
在竹床小酣睡三點鐘床睡熱甚 十二
二點睡始成寐

十一日

早飯後散步二十 南風逆而甚大
局閱讀通鑑論東漢三國
止天氣奇熱汗出不止中飯後
艙前灣泊打掃艙艙入內江
排擁地達舊後人莫際時許
皆來廟廟茶談与之久談至更以
件 三更點睡熱熱

十二日

早起至暨庵拜解道視慈母，重

甚順取橫勢尚可成行，至午

停中飯後未正後開船行七

午正兩次各散步二千 閱[illegible]

至酉刻平自午正後酷熱殊可耐日已

[illegible]涼二更始歸本船 是日熱[illegible]

夏[illegible]一擾与沆弟競以[illegible]

睡室外則南風過大，室床則熱 [illegible]

以風大頗[illegible]嚴竟夕不寐，始覺行後未[illegible] [illegible]

十三日

西南風逆不能開船，即在雙溝灣泊一日，此處無[illegible] [illegible]至一

寄熱竟日汗未嘗乾，早飯後散步二千，清[illegible] [illegible]園横二圖卜

讀通鑑論東晉宋，陸續看六十三葉，至酉初平中[illegible]後又撤

步二千圍棋二局蕭中友來談二次宜
直至二更三點始回本船歇息查艙
終不成寐南風極大而炎熱不散
屢獲勝仗為之少慰

十四日

早飯後因西南風逆未能開船散步二千五
辰正三刻風稍順開船行至浮山口以閱
正抵五河灣泊閱讀通鑑論一
午中飯後散步二千　讀詩
酬至祈嘗岸至賀雲甫處以
作一洗煩熱捉與王晏歷定甲
點睡　夜適日為佳眠矣

十五日

早飯後自賀宅下河開六安二

四 伴園於二局閃回昨日下
陸續看至酉初始之午正之
有餘未正後開船順風
縴後行數里因雨又暫泊灘
此處次換舊見客五次於
盤未見坐官久譚別去時甲正
隔十里忽於酉正二刻大風暴
附近船板翻沉二隻余船亦傾倒
下於拖船上岸大風將頭篷二篷吹
中而船乃定戌初二刻風稍息乃慶
死兵船板覆溺八隻死者四人各船在下
幸得保全余生平經江湖風波之險
如陸河中與郭雲仙陵荻洲同舟於風亮植咸豐四年三月
七 初四日帶水師在岳州南津港大風於起湖

中三舩被風捲去各船皆擱於亂石之上又風二日亂
活不謂老年又受此驚嚇也在這人口
點睡不能成寐

十六日

早飯後開船行十里至臨淮灣泊散步二十分
去年舊壁所造之屋見家坐見其三六
府諸人一談中飯後散步半時圍棋二局
十葉寫沅弟信小睡片刻在核批札件
睡不甚成寐

十七日

早飯後散步二千清理文件見客坐見者二次
二局閱讀通鑑論隋唐三十頁
圍棋二局出汗甚多不小睡片刻
寫沅弟信未畢與薌帥

溫李韓七古洗澡一次

而料理雨漸漸乃止天氣殊乍涼一洗

十八日

早飯後曾見客三次竟費去一源上

二局那少泉二信寫成約八百字

至未正三刻中飯後散步二千步圍棋

未及二局而天已昏暝蓋秋陰始濃矣

擬撰批札各稿二更後溫易繫辭

十九日

早飯後散步二千清理文件圍棋二局見客

二次閱寶雲船談嚴久閱讀通鑑論唐韻隋書錄少許

至申初止中飯後散步二千圍棋一局聯語寫尤多少許

撐不開何敬之張敬堅來先後久談閱本日文件稿

未正倦夕小睡核核信稿數件二更二點後溫杜詩

律三點睡，疲困之至。今年大熱之後，衰態殊增，實不能勝

此巨任也。

附記

○潘信批　劉楊暫札河西　○劉張亦暫札河西

二十日

早飯後清理文件。散步二千。寫紀澤信一件。見客，坐見者四次、

坐見者一次。又寫濤集軒信二葉。閱《讀通鑑論》唐玄宗八葉，至

未正。午中飯後散步二千。疲困殊甚。閱小說十餘葉。閱本日文

件。寫對聯、挽幛等三件。核批札稿。困中小睡帳內片刻。坐見之客

之與黃高西久談。小睡。夜張敬堂來久談，詳論脈理，出

汗太多，精神委頓之至。此二日服大蕓三錢，後考少泉所送

上之品，因夏間積黴壞，不甚有力。然服後睡後略覺安神。

敬堂言以為汗多大傷精液，宜服大蕓，宜節勞少看書。

五月以來閱王船山之書，較平日於多，以後誡之。　戒之

廿一日

早飯後散步二千，清理文件，圍棋二局，兒室一次，閱讀通鑑論三十
三葉；中飯後散步二千，圍棋二局，閱本日文件，核批札信稿
頗多；偏夕與茀友久談，核張敦堂來久談，二更去，核信稿
二件，三點睡，出疹成癬。

廿二日

早飯後黃昌期來一談，散步二千，清理文件，渡河至南岸，拜張敦
堂，偏閱數營，至譚壽浦處弔唁，巳正歸，圍棋二局，見客
坐見者一次，立見者三次；中飯後散步二千，閱本日文件畢，日在
次閱讀通鑑論三十五葉，陸續看至申刻，申刻兒室竟見者
一次，以見者二次，體中甚覺不適，以筋骨酸疼，畏寒頭痛，因
加綿衣蓋兩被，自酉正睡至四更，微汗，稍覺輕鬆，呻吟甚苦，
振頓已甚，衰病催迫，萬難當此巨任矣。

廿三日

早飯後散步未計數清理文件 張敬重莫昌期來問疾久坐旋
圍棋二局 筋骨酸疼畏寒如故又加腹痛作脹大便又不爽快常
在床上歪睡閱讀通鑑論唐德宗以下三十三葉陸續看至申正止
中飯後散步申正圍棋二局 酉正張敬重來勸服藥一二帖因單
方桂枝湯張親自揀藥煎藥至二更三點守候余服藥後乃
去昌期亦同來同去服後覺身體稍為輕鬆但腹脹如故小
解兩次但不暢利

廿四日

早起外感之寒稍覺輕鬆惟腹疼作脹筋骨尚痛早飯後散
步二千清理文件圍棋二局常在床上歇究亦難熟寐甚覺
不適閱讀通鑑論陸續看四十葉至申刻止枕邊許久眼病中
朦朧不甚清晰涉獵而已午刻寫沅弟信一封 服桂支湯第
二帖服後覺發脹腹疼甚有腫脹之象至申刻乃稍平清
偏夕疲困之至昌期敬重諸人均來候視亦有憂加之勢矣

二更三點後睡，幸能成寐，至五更乃醒，是夕病已減矣。方知藥之對病，然亦須閱八九個時辰，或酣睡一覺，乃能奏效也。五更後亦略成寐。

廿五日

早起覺病大減，診脈亦平和。飯後散步，並餘清理公件，圍棋二局，以後大汗透溼重衣，虛弱不能用心，一無所為。又覺煩躁。本日接奉廷寄，有朱學篤劾奏之件，閱之不無憤惱。午刻與錢子密久談，閱讀通鑑論唐末廿葉至宋正三卷。閱本日文件甚多，內有沅弟六月廿二、七月初二、三及兒姪等信，翻閱時許，遂覺太勞，身體又大不適。老臥床寧倚，夕呂期敬重諸人來視余，堅持不服藥之說。極小睡二次，俱略成寐。二更三點後睡，凡醒然四五次，成寐然亦四五次，尚不至一味煩躁不安，無喚人宗火求藥等事，可外症要不重耳。

廿六日

早起診脈去皆言尋澀滯余但請人診視而堅不吃藥飯後散步千餘圍棋一局第二局未三手訂已溢不終局而罷小睡片刻閱小說十餘葉僚友皆勸不宜看書本日脹書不親中飯後大瀉糞中有凍一塊如卵白類有紅絲纖痢疾鄉夜間兩次糞但黑或胸腹積滯稍出矣閱本日文件頗多而神思清爽不似昨日前日未申間煩躁可笑象首將張敬重黃昌期等文談晚飯僅食葉反覆亂亂之類客散後因病漸輕減朗誦陶詩杜詩辯論詩經數十篇二更三點睡為發臧蘇除腹瀉療外似已無他病但不知有反覆否

廿七日

早起診脈如故飯後散步千餘清理文件圍棋一局看小說十餘葉小睡半時許午刻聽講稿一件中飯後散步千十

餘又改一摺二片至黃府一敘小睡片刻申正閱本日文件核批札稿多件至酉正止甫覺太勞嗣時發亂病加重張敬堂來診脉象不好昌期小亭及注人等均有憂色勸余服藥因又定服桂支湯直至二更四點始並好服之睡不安神四更四點始稍成寐

二十八日

早起昌期敬堂等來見診脈飯後說芝斌等來見病勢稍愈辰刻坐舟開行順風揚帆一日行九十里申初至懷遠縣久睡閱讀通鑑論十餘葉喬中丞自壽州至懷遠來迎会晤申刻久談燈後又來談又見宋唐星九等二次又張敬堂等來診病久坐時許余以外病已去但有腹痛寒在下焦因議定服萆附二更服之是夜竟得酣睡五更始醒

二十九日

早飯後見客三次，唐家九等坐最久。又張敬堂、黃昌期先後來話別。辰正開船，沂渦河而上，順風揚帆，申正三刻至距蒙城以下十五里地方灣泊，名為一百三十里，實不止此數也。在舟中，上半日甚爽適，閱讀通鑑論十六葉。下半日體中仍覺不適，腹中作疼，屢次小睡。夜飯因多食菜，呼亨錫齋久談。二更方去，三點睡，穿兩襪衣未蓋被，五更醒來，殊覺受寒，恐其復感外邪，為之悚息。

昔

早飯後開船，節節淺阻，未刻行至蒙城上數里之七里溝地方，膠淺一時之久。因在該處灣泊，派人至上游探看淺灘甚多，不能再進，乃於酉刻退回蒙城西外河下泊宿。或稱宜退回懷遠，仍由正陽沂沙河而上；或稱宜在蒙城登陸，商議不定。見客坐見者二次，立見者一次。幕府來談者三次，叶亨錫兩次，談甚久。是日閱讀通鑑論唐末五代凡三十葉，未刻畢。下半日體

中又以不適，蓋餘邪之未淨者。小睡多次，燈後仍覺清
爽。於睡至三更四點，汗透衣襟，有似醫家之所謂自汗
者。蓋三帖共服桂支一兩八錢，為分量之太重，乃知凡藥皆
可傷人，悔不堅守勿藥之戒。

六月初一日

早起，派老湘營第十旗護衛者改為陸行，查騰出之艘
坐船隻吃水少淺者，換給幕中府及隨從各員。撤調楊字營
車輛來壽州迎接者，改至雉河來迎，將輜重之物仍由懷遠派
淮西上。余亦改坐小舟，自卯至午，各舟次第換乘，巳刻圍棋二
局。旋閱讀通鑑論三十葉。未刻開船，至王家園子遇灘擱灘，
十分吃力，即號曰三里溝也。自過此灘，即不甚淺矣。行二十五
里至小澗集泊宿。病體似已全好，餘邪略有未淨，腹微漲。
傍夕叶亭甥來久談。二更三點睡，尚屬成寐，五更醒。

初二日

早飯後開船行五十餘里酉刻至雉河以下十里泊宿涸水淺深并
多淺阻々處夜刻大便甚暢与尋常時人無異旋即腹脹
等症或可除矣閱讀通鑑論三十六葉陸續看至午正止屢
次小睡中々飯後過高鎮集小傳因聞有淺灘故步隊至先尋
候口酉刻見客坐見者三復竟見者三次藩府諸人來謀無談
叶亭甥久談校核批札稿數十件二更三點睡五更醒矣
上燈後壯肖大動即日當辭去也

初三日

早飯後清理文件圍棋二局開船行十里至雉河集岸上一看
新渦陽縣城基即彭恬舫営々蘭所相覰々畫也隍已浚而城
未修又至紀八河街上西頭新々築土圩知縣即住其中 移田船開
行順風行七十里至白龍王廟以上十里地方泊宿実逾八十里
矣閱讀通鑑論二十五葉凡三十卷閱畢 酷熱之後繼以
痱病沙擺一遍校出錯字誤少閱宋論十二葉陸續看之

未初寐申刻寫沅弟信一葉紀澤信一葉旋核批稿
蓋十日內所積閱畢酉刻見客坐見者一次立見者一次旋登岸
散步良久旋與叶甥一談默誦杜韓詩數十首二更三
點睡尚能成寐五更醒

初四日

早飯後開船拉縴上行竟日至酉正抵亳州北門外泊宿約行七十
里自蒙至亳水路實有二百五十里自懷遠至蒙城百五十里凡
行渦河四百里惟蒙城上七里王家園子最淺餘雖有淺處
尚可行辰巳刻圍棋一局旋方伯翰來久談閱讀通鑑論五
十二葉陸續看至未初止旋溫杜詩五古甚多因先作瞶目
力久久病後尤不耐多視申刻以後燥熱如夏迭次小睡
蒂府來見坐見之次又坐見之客二次叶甥直坐至二更二點
始退是日各船多未到齊

附記　黨參膏　牛乳　桂元　米湯

初五

是日因船未到，在亳州停住一日。飯後清理文件，推進亳州城公館。小睡時許，見客，坐見者三次，立見者四次。午刻回船，閱宋論四十二葉，至未正畢。小睡片刻，圍棋二局，汗透中衣，亦因燥熱，亦由病後全不能用心。午料理陸行之具，自[illegible]書籍。酉刻剃頭一次，閱本日文件，內有沅弟七月廿二等日信二件，蓋已接余臨淮受驚之信，近日未往信，比當寂速矣。紀澤信言澤兒患背痛、潮熱等病，甚為焦系。於論孟中各擇最切身心者，教之默誦，並將論孟全選識一編，各點八章，與往年所書帳房聯有異同，又補之時積久二更三點後，又改信稿一件，四點睡，不甚成寐。

初六日

早飯後卯正自亳州起行，周家口張鎮派來迎接之大車轎車共六十輛，又在亳州雇牛車數輛，共五十餘輛，行廿里至十八里鋪打茶尖又行四十里午正至廣邑雞澤宿名為六十里實不止也見客畢一點三次三見共二次中飯後清理文件車輿中閱宗論四十二葉申刻圍棋二局至著中府久談傍夕劉子愁來久談摺差王錫山自京回閱京信多件並看邸抄二更三點睡時數覺瘦勞尚能成寐三更後盜汗甚多殊苦不懌

初七日

早飯後行二十五里至趙村集打尖又行二十五里至石郎集午初即到在此住宿清理文件見客畢見共三次三見共三次中飯後閱本日文件在肩輿中閱宗論四十三葉未正圍棋二局接奉 廷寄河南不願將沙河賈魯河之隄 諭旨允許隻灼之至有魏寬共閩入寇內所負訊問不覺生愁 兼申夜冊次來談 旋核批札稿 是日陳州府來接二更三點睡不甚成寐

初八日

早飯後起行三十六里至戴家集打尖又行三十六里至午正三刻抵陳州府名爲七十二里實有八十餘里見客坐見共四次立見共四次在輿閱宋論高宗四十四葉申正出門謁袁端敏公祠行禮与小塢久談酉正歸与蕃夜一談閱年目又件閱張總愚股回竄許州憂灼之至蘇杌凋度三更印發後睡稍感蘇

初九日

早飯後起行十八里至李集打尖又行三十六里至周家口住宿名爲五十四里實及六十五里陳州縣趙馨伯福老過陳州縣西步南一步蓋縣志相傳久矣在輿閱宋論四十七葉至周口見客坐見共四次立見共十次申飯後清理文件圍棋二局至營牆上周覽一遍黃軍門來久談傍夕小睡頗久枕默誦詩經數十章困極二午書四葉

長兒不覺惱怒又反覆籌思進退身世之宜百感交集二更三點睡久不成寐昨日在途見硃刻對石庵所書讀聖賢書十六字本日又見十六字硃刻桂屏心竊愛慕無已

初十日

早飯後清理文件見客視興亭坐談最久又坐見之客四次立見共三次圍棋二局閱宋論二十八葉宋論十五卷閱畢中飯後寫澄弟沅弟五葉沅弟一片見客坐見共二次立見一次 核批札一件 已未有
傍夕乏甚小睡在將摺稿改畢核批札稿二更又睡溫孟子數十章三點睡四更三點醒

十一日

早飯後清理文件見客坐見共三次立見共三次圍棋二局
小睡目生惱怒已而悔之閱孔顨軒數學類等書中

飯後寫橫披二幅約四百字 改公稿二件約二百字 閱本日文件 在寫匾字甚多 眼花殊甚 旋閱陶尚韵二頁 三點睡 四更三點醒 是日阜陽令程垕和等開補藥二方 申刻服一帖

十二日

早飯後清理文件 見客並見共四次 又見共一次 視奧亭 談最久 圍棋二局 改公稿一件 中飯後與蔣中友久談 翻閱淞波楊叢書 閱本日文件 寫流市信約四百餘字 閱本日文件 是日眼疲殊甚 傍夕與蔣中友等周視園牆 燈時歸 疲甚倦之殊劇 甚有大病在身 然猶小睡良久 二更三點睡 四更又盜汗 是日發那已請假一月醫調矣

十三日

早飯後清理文件 見客六次 見共二次 又見共一次 圍棋二局 寫橫披一幅約百七十字 黃軍門來久坐 中飯後閱本日文件 核

改信稿十餘件 與幕友久談 傍夕小睡 核稿批札多種
眼蒙殊甚 略閱易繫辭傳 以不能久視而止 二更三點睡
尚能成寐

十四日

早飯後清理文件 見客立見者一次 坐見者三次 圍棋二局 又
見客立見者二次 坐見者一次 寫橫披一幅 約二百字 中飯後
寫紀澤信一件 沅弟一件 閱本日文件 甚多 日內久不得
劉省三等信 未知戰蹤何如 焦灼之至 屢與幕府久談 眼
蒙不能看書 牙齒疼痛 浮火上爍 體中殊覺不適 食
蒸梨數个 略好 核改信稿多件 二更後朗誦杜公及
各家七律 漸有所得 三點睡 尚能成寐

十五日

早間謝絕各賀節之客 飯後見客坐見者一次 立見者二次
圍棋二局 閱王漁洋選古詩 午刻請黃昌期便飯

添寫朱久香信四葉申刻添寫李眉生信一葉見客坐見一次閱本日文件核信稿數件酉刻至城牆上遊覽良久與幕府久談燈後核信稿二件溫杜公七律甚久二更三點後閱批一件四點睡不能成寐

附記

宗慶　祝三行止

十六日

早飯後清理文件清晨之客一次圍棋二局核信稿批稿數件接劉省三信知朱仙鎮一帶有捻賊來東竄[illegible]沂濛以北代豫軍修濠二千餘丈又閱劉松山與豫軍宗慶和好之函為賊所畏之函但不欲屬黃昌期來久談中飯後閱本日文件甚多見客二次核批札信稿一時許與幕友談二三次薛撫耘彩自無錫來言江以南甚平穩也燈後核信稿五件疲乏殊甚溫杜詩七律數十首若不能成誦

蟄與叶亭鏐一談衰病之狀雖不甚成寐次早展視四肢
兩臂兩腿要看慢去一半膝以下更甚艱不能再撐官矣

十七日

早飯後清理文件圍棋二局與蒂友久談時許午刻寫李
少荃信約四百餘字中飯後見客一次又圍棋二局閱本日文件
甚多核批札各稿傍夕小睡核核信稿數件復溫杜
韓詩二頁後接郭寶昌函即擬批擬札各處四點擬筆
睡尚能成寐連日午瘧上進呂濟大多食蓮藥奉在四
更後覺已稍愈

十八日

早飯後清理文件見客坐見者三次圍棋二局又坐見之客
一次與蒂友久談因不能用心遂不看書治事中飯後閱
本日文件閱周易傳義音訓十餘葉又圍棋二局與吳
摯甫一談傍夕得劉省三潘琴軒信職棋十七棋三又目

朱仙鎮以上孫軍余承恩所守汛地潰竄防河月餘全功盡棄大局益壞憂灼之至擬与幕府友人談兩次辭職摺川名雲波二更三點半睡後竟夕不能成寐內憂身世外憂國事已似戊午春不眠景況

十九日

早飯後清理文件見客坐見者三次劉仲良自朱仙鎮來談甚久接沅弟及兩兒信悉紀鴻兒於初十日子刻生一子憂懸煎迫之餘得抱孫之喜信爲之一慰看人圍棋二局祝與亭來久坐与幕府友談三次中飯請劉仲良黃翼升便飯飯後閱本日文件圍棋二局見客立見者四次二坐見者二次与幕府友談三次核改批札各稿核信稿二件二更後小睡三點後睡三更成寐醒三次所得非美睡

二十日

早飯後清理文件見客坐見者三次觀人圍棋二局至幕府

久談午刻坐見之客一次中飯後清理閱本日文件甚多未
畢　廷寄劉霞仙業已開陝撫之缺申刻核批札各稿未刻
閱文獻通考帝系考三十葉近因病不能用心十一日後未
嘗看書帝系封建物異等考在文獻通考中最為易
看者聊一涉獵當以小說遮眼而已酉刻改摺一件燈後改
密片一件共改六百餘字甚覺疲困二更三點睡頗成寐
而不甚甜適四更末醒

二十一日

早飯後清理文件見客坐見者二次觀人圍棋二局閱帝
系考二卷二十二葉見客坐見者一次立見者二次與萬帥
久談二次中飯後閱本日文件圍棋二局筋骨酸痛
令剃頭匠捶掐一回見客坐見者二次改片稿二百字倦
乃小睡核文改四百字未畢二更三點睡尚能成寐五更
醒一次四更末醒昨核改摺用心今日身疼殊甚不顧

再圖心而無可如何也

二十二日

早飯後清理文件見客坐見者一次立見者三次將昨擬之信改畢共一千三百餘字旋觀人圍棋二局与幕府久談又坐見之客二次中飯後閱本日文件坐見之客一次寫沅弟信二葉寫紀澤等信二葉疲乏殊甚不敢再治事与幕府友久談傍夕小睡夜改摺稿一件二更二點後溫杜詩數十首三點睡睡四更未醒

閱帝系考三卷二十六葉

二十三日

早飯後清理文件見客坐見者二次立見者二次改信稿一件又將昨日寫信斟酌一番圍棋二局寫李少泉信五葉閱帝系考第四卷二十五葉中飯後与幕府友久談見客坐見者一次立見者一次閱本日文件核批二摺三信核批札各稿傍夕小睡夜接沅弟信知甲五姪於八月初一日辰時生子以斗之

於初四日申時生者 先外叔父於十日之內得二曾孫亦
家庭之幸也 又核批札稿 二更後溫杜詩五律 疲乏殊
甚 若不能舉手支者 三點睡

二十四日

早飯後清理文件 見客立見者六次 坐見者三次 圍棋二局
又觀人一局 閱事系考廿七葉 中飯後見客一次 與沅甫
府久談 閱本日文件 剃頭一次 核批札各稿 傍夕小睡 夜
寫零字甚多 寫沅弟信六葉 朗誦詩經二十餘篇 三
點睡 尚能成寐 五更醒

廿五日

早飯後清理文件 見客立見者三次 觀人圍棋一局 自下一局
又寫沅弟信三葉 閱事系考七八兩卷數十葉 七卷載
開元禮納后納妃儀草三二編 未細看也 中飯後與沅甫府
久談 閱本日文件 又觀人圍棋一局 核批

札記稿，傍夕小睡，燈後核信稿甚多，二更後誦古文識度之屬，若有所得，三點睡

廿六日

早飯後清理文件，見客，坐見者二次，立見者二次，圍棋一局，又觀人一局，閱錢幣考八九卷四十餘葉，又坐見之客一次，與幕友一談，中飯後又與幕中一談，閱本日文件，寫對聯七付，核批札信稿，傍夕小睡，燈後又核信稿三件，二更後温杜詩七律二十餘首，接奉 廷寄，昌御史參劾之事，為不懌者久之，三點睡

二十七日

早飯後清理文件，見客，坐見者一次，圍棋二局，閱錢幣考三十餘葉，與幕府諸人一談，中飯後閱本日文件，寫對聯七付，又與幕友久談，核批札信稿，傍夕小睡，燈後又核信稿二件，温陶杜諸詩，三點睡

二十八日

早飯後清理文件見客坐見者四次立見者二次圍棋一局又觀人一局午刻閱帝系考十九葉帝系考十卷閱畢又閱封建考十葉中飯後與幕友久談寫對聯八付閱本日文件見客坐見者一次立見者一次接沅弟七月卅日信核批札各稿傍夕小睡夜閱明史熊廷弼傳二更後溫古文辭類三點睡

二十九日

早飯後清理文件見客坐見者一次立見者二次圍棋一局又觀人一局閱封建考三十餘葉與幕府邑談中飯後閱本日文件寫對聯六付見客二次劉松山談最久閱明史楊鎬袁應泰袁崇煥等傳傍夕小睡夜寫零字甚多因余作字不專師一家終無所成定以後楷書學虞劉李王取橫勢以求自然之致利在稍肥行書學

張歐黃鄧取直勢以盡睨視之態利在精瘦二者並
擅并進庶有歸於一條鞭之時二更後補防氣弱在
室中散步三點睡

三十日

早飯後清理文件見客坐見者三次圍棋一局又觀人一局
寫楷書橫幅三百餘字閱書經考二卷與幕府友一談中
飯後又與幕府一談閱本日文件寫對聯六付將所閱
書經考略加題識見客一次與幕府久談傷夕小睡
夜核批札稿極少誦黃山谷七律若有所得三點睡

九月初一日

早見賀朔之客飯後劉壽卿來談甚久清理文件圍棋一
局又觀人一局閱書經考五十三葉略一涉獵考不仔細
與幕府久談兩次中飯後閱本日文件疲倦不能治事又圍
棋三局見客一次久談核批札各稿傷夕小睡夜核信稿

共件。二更後溫漢書霍光傳。三點睡。為蚊蟲擾，四更末醒。

初二日

早飯後清理文件，見客一次，圍棋一局，又觀人一局。閱書史考七十餘葉，西漢王侯平日尚熟，故涉獵較易也。中飯請何敬之便飯，未正散。閱本日文件，保田郡史間可遊勦。宋史胡銓傳一閱，并閱道學周程張邵傳。寫對聯五付，寫沅弟信一件。偏夕小睡。核批札稿，溫孟子韓文數多。二更三點睡。

初三日

早飯後清理文件，圍棋二局，又觀人一局，殊覺疲乏。閱書史考東漢二卷，見客坐見者一次，立見者一次。中飯後與幕府一談，閱本日文件，寫郭雲仙信一件，見客一次，談頗久。核批札各稿，与幕友久談。偏夕小睡。夜溫韓文雜詩

夥多二更三點睡尚能成寐四更三點醒

初四日

早飯後清理文件見客坐見者一次圍棋一局又觀人一局閱書建考魏晉二卷習字一紙中飯後與幕府一談見客坐見者三次閱本日文件寫對聯三付挂屏二葉申正李子和中丞來久談燈後始去核批札稿二更後溫韓詩七古十首三點睡

初五日

早飯後清理文件見客二次旋出門拜李子和久談歸圍棋一局又觀人一局閱書建考宋齊梁陳一卷中飯後燥熱殊甚又圍棋二局閱本日文件李子和來久談酉刻尹杏農來久談燈後去在核批札稿二更後倦甚小睡三點睡

初六日

早飯後清理文件，旋出門至圍棋二局。巳刻李子和、尹杏農來，先後久談。與筱帥府一談。寄澄弟信。中飯後寄澤、鴻二兒信。閱本日文件。接沅甫信，知二十六日已拜疏劾同鄉官相矣。與筱帥友談良久。又添紀澤信，言三葉酒刻。張子青漕帥來談良久，燈後去。核批札信稿多件，倦之殊甚。二更三點睡。

附記

吳元炳 編修，因得保開坊 光州人，現在京 子青言

張鴻遠 編修，現丁憂在籍 辛亥解元 子青言

于錦堂 西華人，文園門人，艮竹之徒 來見

初七日

早飯後清理文件，出門至張子青處久談。歸，于錦堂來見，一談。圍棋一局，又觀人一局。子青又來一談。閱書建老此觀一卷。中飯後與筱帥友久談。閱本日文件。申刻寫對

聯一付挂屏二幅核批札稿傍夕小睡夜俺甚溫古文四
（象牟）漢雅選付鈔手二更三點睡屢次夢魘向來瘧疾之後
即有此病

初八日

早飯後清理文件見客坐見者一次立見者二次圍棋一局觀
人一局閱封建考高周隋一卷唐一卷見客坐見者二次
閱何騰蛟瞿式耜傳中飯後閱本日文件與泰中夜久
談閱孫傳庭史可法傳核批札各稿傍夕小睡夜眠
蒙甚不能治事默坐良久二更四點睡尚能成寐

初九日

早飯後清理文件見客一次坐談頗久圍棋一局又觀人一局
閱封建考唐一卷又坐見之客一次與泰中夜一談中飯後又
與泰中夜一談閱本日文件得悉劉省三潘琴軒等初一日
大獲勝仗寫對聯付二付挂屏兩葉約百餘字改軍船屋

告示稿改信稿一件摺稿一件均未甚刪潤核批札各稿

傍夕小睡夜改信稿數件因王晏所作駢體信稿多

不工穩批令自為改正倦乏殊甚頭暈目眩二更三點睡

不甚成寐

初十日

早飯後清理文件坐見之客一次圍棋一局又觀人一局閱

封建考宗一卷書建考閱畢中飯後坐見之客一次與

幕府鬯談閱本日文件寫對聯二付掛屏百餘字又

圍棋二局核改信稿二件傍夕與幕友一談小睡片刻

夜核批札各稿二更後溫韓詩七古三點睡倦乏殊甚

十一日

早飯後見客一次清理文件圍棋一局又觀人一局核信稿二件

約改四百字與幕友一談閱王船山叶韻辨中飯後閱本

日文件寫對聯四付掛屏四幅核批札信稿逐正至晝

上眺覽。傍夕小睡。夜核批札信稿頗多，倦甚。二更後誦
義山七律，氣象不能屬出，蓋衰徵也。三點睡。

十二日

早飯後清理文件，推圍棋二局，又觀人一局，見客，坐見者一次，
立見者二次，核改信稿二件。中飯後寫沅弟信一件，閱本日
文件，挂屏寫小字跋百餘字，核批札稿信稿甚多。傍
夕與幕中友一談，小睡片刻。夜改摺稿一件、片稿一件，又核
改批札各稿。二更後溫易繫辭。三點睡，不甚成寐。

十三日

早飯後清理文件，見客，坐見者一次，立見者一次，圍棋一局，又觀
人一局，又坐見之客二次，立見者一次，閱明史陳瑄、宋禮、周忱
傳，核信稿札稿數件。中飯後閱本日文件，寫對聯五付、挂
屏二幅，核批札稿頗多，發報，五摺五片，與幕中友談二次。傍
夕小睡。夜核批札信稿甚多，未寫。二更後倦甚，未寫。

低徊俯仰不復治事三點睡

十四日

早飯後清理文件於圍棋一局又觀人一局習字二紙閱明史楊嗣昌傳羅倫舒芬等傳徐浩等傳未竟見客二次中飯後與幕友一談閱本日文件寫對聯四付挂屏一幅核批札各稿傍夕睡摘一回與幕府一談夜核信稿三件接沅弟信知霆軍在襄樊初五拔營因索餉而譁又所造二輪小車笨重窳脆但顧以不便推行中途委棄所失甚多若倉卒遇戰車混隊亂因而敗挫則所失大矣焦灼之至不復治事二更三點睡

十五日

早間謝絕文武賀望之客飯後清理文件圍棋一局又觀人一局見客一次閱明史謝遷王鏊李東陽等傳李自成傳與幕府一談中飯後閱本日文件見客一次

談頗久習字一紙核批札信稿又圍棋二局與幕府友久

談敘倚夕小睡夜改李子和信稿一件渠恐賊決黃

河與之反復究論寫豐字甚多二更後閱王船山文集

三點睡

十六日

早飯後清理文件見客坐見者一次立見者二次觀人圍棋一局

未刻朱小午來久談劉省三潘琴軒來久談旋議守黃魯河

直至京分鎮心又改李子和信稿中飯後圍棋一局又觀人

一局閱本日文件寫對聯三付扁一幀挂屏一葉核批札

多稿倚夕小睡夜再核信稿批稿旋溫古文識度之屬誦

誦十餘首二更三點睡

十七日

早飯後清理文件圍棋一局又觀人一局劉省三來久坐與幕府

友久談閱明史楊左等傳中飯後閱本日文件與幕府友

一談。寫對聯五付。生見之客一次。寫沅弟信四葉，紀澤信三葉。燈後始畢。傍夕小睡。夜作王船山全書序，約二百餘字，未畢。二更三點睡，不甚成寐，至四更始寐。昔在京每作詩文，即不甚成寐，近年並復此病。本日以圍棋、看書稍多，而作文又稍喫力，故不寐耳。

十八日

早飯後清理文件，圍棋一局，又觀人一局。作船山遺書序，申正畢，約六百餘字。午刻，生見之客一次，與幕府友談二次。未刻閱本日文件，申刻寫對三付，酉刻剃頭。傍夕雪琴來談，至二更三點去。核批札各稿。三點睡。是日巳刻閱嚴嵩、馬士英傳。睡時疲極，頗能成寐，四更未醒。

十九日

早飯後清理文件，見客坐見者二次，立見者一次，觀人圍棋，未畢，彭宮保來久坐，直至中飯後始去。閱本日文件，圍

棋二局改信稿五件將寄京城與蕃帥府久談傍夕小睡起核
批札各稿頗多二更二點粗畢溫古文識度之屬三點睡
出郭成寐五更醒

二十日

早飯後清理文件拜蔭萬壽招園棋一局出城拜雪琴久談
歸未久雪琴程來一晤談又坐見之客閱劉孟塗文集十
餘首其子所送也請雪琴便飯申初客去閱本日文件
圍棋一局添京信三葉傍夕與蕃帥友一談但核批札稿甚
多二更後溫古文氣勢之屬二更三點睡

二十一日

早飯後清理文件圍棋二局見客坐見者二次立見者二次雪琴
來久坐未刻始去閱儀禮士喪禮以張稷若句讀張皐文圖
考之而參看徐健庵江慎修秦味經諸書申初止閱本日文
件坐見之客一次核批札各稿傍夕小睡燈後在閱惜抱

集核信稿多件 二更三點睡甚成寐

廿二日

早飯後清理文件見客坐談一次圍棋一局又觀人一局閱士喪禮中飯後止閱本日文件又圍棋一局雪琴來久坐至燈後始去寫沅弟信一件又核批札信稿二更後溫韓詩說話稍多氣若不能屬者三點睡三更二點後乃克成寐

廿三日

早飯後清理文件坐見之客二次圍棋二局與莼甫一談閱士喪禮中飯後止將張皋文儀禮圖酌加批識閱本日文件申初雪琴來久談燈後始去核批札信稿頗多二更後與叶亭甥一談三點睡

廿四日

早飯後見客一次談甚久旋圍棋一局又觀人一局見客二次午初閱士喪禮至中飯後止巳刻與莼甫一談穆海航、高明丁嫡母疑將奔喪於黔，殊不易易。午初見客，坐見者一次。未刻閱本日文件。申刻雪琴來，久談，至酉始去。核批稿數件。小睡。二更三點睡。

廿五日

早飯後清理文件，旋圍棋二局，又觀人一局。閱既夕篇，將張皋文圖酌加批識，至未正止。閱本日文件。雪琴來坐。核批札各稿，與幕府久談。核改信稿數件。二更二點後溫杜律數首，疲乏殊甚。三點睡。

廿六日

早飯後清理文件。祝與亭來久談。路漁賓來一談。圍棋一局，又觀人一局。閱枚星使綿尚書森譚侍郎全棠至河南查辦之件、河南各多函查覆條、至湖北查案函各件。巳，雪琴來久談，中飯後始去。閱本日文件。閱既夕禮，申正畢。見客二次。曾恒德自口外買馬回營，詢問一切。寫李少泉信三葉，傍夕小睡，夜又寫李信三葉，畢，核批札信稿，二更三點睡，因食羊肉稍多，太飽不能成寐，三更後成寐，四更末醒。

廿七日

早飯後清理文件，圍棋一局，又觀人一局，閱既夕禮，雪琴來久談，中飯後始去，閱本日文件，又閱既夕禮，申正寫對聯五付，與筱帥府久談，傍夕小睡，夜核批札信稿頗多，二更後溫杜韓七古，三點睡，尚能成寐，五更醒。

廿八日

早飯後清理文件，坐見之客一次，圍棋一局，又觀人一局，寫冊葉一幅，閱士喪禮及既夕記，未正畢，閱本日文件，雪琴來，觀我圍棋二局，申正去，改信稿一件，約改四百字，傍夕小睡，夜寫沅弟信，核批札信稿多件，倦甚，二更二點後溫古文識度之屬，三點睡，夢魘。

廿九日

早飯後清理文件圍棋一局又觀人一局閱讀禮通考疾病正終二卷及始死斂開元政和二禮書儀家禮等考證頗同閱衎石齋記事稿中飯後與莘友一談閱本日文件寫扁三付雪琴來久談傍夕小睡柏核批札各稿改信稿一件二更後溫古文識度類三點睡接沅弟廿三信知渠以廿六日出省矣

十月初一日

早飯後清理文件圍棋一局又觀人一局將古文四象編成目錄以為三讀之本 雪琴來久談又出見之客一次中飯後閱本日文件閱讀禮通考中襲及小斂大斂後世各儀寫對聯七付見客坐談頗久傍夕接沅弟十九日信內有密摺稿閱之妥愜詳明焦灼彌月至是始放心矣柏核批札各稿二更後清理古文讀本 將韓蘇雖熟則朗誦數遍三點

睡得頗成寐

初二日

早飯後清理文件 圍棋一局 觀人一局 見客坐見者一次 立見者一次 午初雪琴冒雨步行來談 中飯後去閱讀禮通考五葉 閱本日文件 寫沅甫信 交專兵帶去 周鎮來一談 傍夕小睡 夜將彭氏譜序 翻閱湖海文傳中各家之文 又閱宰相世系表 遂忘作文之多矣 二更四點睡

初三日

早飯後清理文件 圍棋一局 又觀人一局 將唐書宰相世系表細閱數族 雪琴來久談 中飯後去閱本日文件 寫對聯八付 申刻作彭氏族譜序 至二更四點畢 約五百餘字 至三更四點後乃稍成寐 五更初醒 向來僅作詩文 即不能甘寢 此故態不足異也

初四日

早飯後清理文件圍棋一局又觀人一局雪琴來久談因昨夜不寐精神困倦殊甚中飯後寫字閱喪服閱本日文件与莘中府久談核批札各稿傍夕小睡夜核批批稿後改稿二更与叶甥一談三點睡尚能成寐

初五日

早飯後清理文件圍棋一局又觀人一局見客二次閱喪服余於古人冠服制度向未究心故考核極難雪琴來久談又出見之客一次中飯後与莘中久一談再閱喪服申正寫對聯六付酉刻核批札各稿傍夕小睡夜再核批稿複溫漢書蕭樊朱王貢等傳朗誦數過二更四點睡尚能成寐

附記

取唐鏡海先生行述　羅山文集年譜

初六

早飯後清理文件圍棋一局又觀人一局至幕府一談寫澄弟信一件因弟查季弟卹典因將第二次　恩旨加內閣學士銜兵部文抄出付回其第一次　恩旨暨[illegible][illegible]攻陽卹第三次　恩旨予以直隸州補用兵部文未查出者因將此　恩旨抄出付回閱喪服雪琴來一談閱本日文件喪服閱至申正止將雪琴所作譜序略以八分大門書〻之書二百字旋核批札稿旋又書譜序百字核信稿十件二更後溫韓詩七古朗誦十餘首三點睡不甚成寐

初七日

早飯後清理文件圍棋一局又觀人一局與幕府一談午刻閱喪服中飯後閱至申初止閱本日文件寫譜序三百餘字筆易散匠來一談傍夕雪琴來[illegible]深始去倦甚不[illegible]

治了核批札稿數件 二更後在室中散步游行閱歐文數

首三點睡甚酣成寐

初八日

早飯後清理文件圍棋一局又觀人一局見客坐見者一次雪

琴來久談閱[illegible]脈至午正二刻赴雪琴舟次便申初歸閱

本日文件圍棋二局見客多一次与幕府一談核批札各稿

偏夕小睡燈寫冊葉二開日內作字手甚吃力擬用鉄

款注意四字訣為之用力輕勻或精可歷久不變溫相

如子雲各賦二更五點睡三更後成寐一更後閱桐城

張承華蓉溪所著學庸臆解三十四葉畢其言大學文

本

須用古文而不煩補傳家須宗朱子而不取陽明与余平

日之說相合餘亦多獨得之見

附記

張承華

潤承觀 彰郡人

曹甫功 洛陽人

蘇源生 鄢陵人 方存之 張蓉溪 識

徐達英 杞縣人 易齋

初九日

是日恭逢先大夫七十七冥壽 向在署不異饌設祭 今亦照之
早飯後清理文件 見客未見者二次 亦見者一次 觀人圍棋
一局 雪琴來一坐 何紹彩來 晚課 片刻閱喪服為衰不杖
期章 中飯後圍棋二局 閱本日文件 核批札各稿 喬鶴
儕來久談 渠自壽州赴秦撫任 自此經過也 傍夕打辮
子 時忽覺右腰痛 [illegible] 旋核信稿數件 亦見客二次
二更後稍溫古文 而腰之疼殊甚 腰疼轉劇 三點睡後腰
愈疼不能成寐 四更二點用鎮江膏藥貼之 稍愈 亦仍
不能酣睡 展轉床褥 五更後因明日拜[illegible]

初十日

是日恭逢 慈禧皇太后萬壽 五更三點起 喬鶴儕[illegible]

雪琹偕來氏一行同禮祭明禮章早飯後見客三見客一次
生見客二次閱本日文件圍棋一局又觀人一局腰疼不止
閱喪禮張稷若三葉素味經本二十葉中飯後至藩府一
談閱本日文件見客一次申刻出門至河干拜晉堂信
久談傍夕歸雪琹來與之棋飯因腰疼略飲酒五杯送
客後核批札信稿臨睡又飲酒四鍾自來未飲酒如此
之多而腰疼似覺稍愈睡後出汗寐是夜閱彭詠
莪松風閣詩二十五卷中約抽看二三卷

十一日

是日為余五十六生日各客一概不見惟雪琹一早即來至
此同早飯辰正歸去午初又同來中飯飯後補理文件
圍棋一局又觀人一局寫沅弟信一件又閱彭詠莪詩
集中飯後閱本日文件寫紀澤兒信一件又圍棋二
局傍夕小睡片刻核改摺稿一件約五百餘字二更三點

睡腰疼異常三更三點愈疼愈緊將鎮江膏藥揭
去易換張家口狗皮膏藥四更後始能成寐五更醒

十二日

是日本請喬中丞便飯因腰疼恐難陪客遣人辭之早
飯後清理文件英中丞翰來久談請視疾了未診脈
張謂腰疼因用心勞傷心腎不交病在本源非驟能
風寒其膏藥追骨換搜風過於霸道故愈覺作疼
因立將狗皮膏藥拔去而疼稍減乃知藥不對症
餘膏藥且呈為患沅孟藥手雪琴來辭川至申初
去閱本日文件已刻園棋一局又觀人一局申刻寫
壽對一付改摺稿二件傍夕小睡在与叶錫及蕉甫夜久
談議及畢摺開缺了又改行稿一件 二更三點睡腰疼
較前二夜稍減始能成寐

十三日

早飯後見客坐見者一次立見者一次圍棋二局英中丞來

坐閱儀禮喪服至未正止閱本日文件出門至酉正拜英西

林酉初歸核批札各件傍夕與幕府一談燈後核改四

摺五片一清單內一摺請開缺一片請注銷書壽核

各信稿二更後溫楚辭與叶亭甥一談三點睡四更

三點醒

十四日

早飯後清理文件圍棋二局英中丞來久談閱喪服至申正

止閱本日文件核批札各件閱紀鴻兒新到察看渠所住

之室剃頭一次校核信稿多件二更後溫古文各家之

有氣勢亦於書家喜黃山谷趙松雪輩讀其書而川

不必盡合於理法但求氣之昌耳故南宋以後文人好言

蓋理與氣皆不盛大抵凡事皆宜以氣為主氣能扶理

以行而後能言理而不厭否則氣既衰苶說理雖精未

有不可厭其拙之心字其氣不貫注雖筆筆有法
不足觀也　二更四點睡　四更四點醒

十五日

早飯後清理文件　圍棋一局　又觀人一局　巳初紀鴻兒來
閱家常瑣屑事　又立見之客二次　坐見者二次　閱喪服至
未正止　閱本日文件甚少　與幕友久談　核批札各稿
見客一次　寫少泉信一件　傍夕小睡　夜核信稿數件　與
鴻兒一談　說話漸多　便覺疲困　腰疼殊甚　深以為苦
二更三點睡　勉強成寐　四更三點醒　腰疼不耐　又睡　披
衣起坐約半時之久　又復倒睡　老病之態　近年所未見
也

十六日

早飯後清理文件　觀屠晉卿與薛炑耘圍棋一局　又觀
紀鴻與炑耘一局　見客二次　談均甚久　午初閱喪服中

飯後即不敢再閱因醫言腰疼由於用心太過也与幕
友久談閱本日文件閱明史儒林傳一卷核批札各稿
傍夕小睡起閱明史文苑傳一卷蓋讀史本易於讀
經而喪服尤經中之極精深者是以病中閱之吃力
二更後核信稿數件温子虛上林等賦三點睡三
更後成寐五更後醒在近日爲美睡矣

十七日

早飯後清理文件圍棋一局又觀人一局視爽亭來久談
午巳正閱喪服至中飯後畢与幕府友久談閱本日
文件寫挽幛對聯酉刻核批札各稿与鴻兒一談
与幕府一談起閱明史儒林傳一卷未畢二更後
温古文氣勢之屬三點睡三更甫成寐丑刻即醒
四更後成寐是日腰疼略愈而起閱仍不得熟睡

十八日

早飯後清理文件覯人圍棋二局閱喪服記至未正止
閱本日文件鄢陵蘇菉村名源生送所輯中州文徵
四函鄢陵文獻志二函又記過齋叢書一函內刻讀書錄
儒門法語省心紀鄢陵講義聖門入門書諸種又記過
齋藏書則其所自著文稿省身錄大學臆說諸種略一
涉獵見客坐見者一次立見者一次將儒門法語細讀
一過又將讀書錄閱一卷比昔年曾閱之書故翻閱
較易二更後溫古文識度之屬三點睡四更四點醒

十九日

早飯後清理文件覯人圍棋二局見客二次閱喪服記畢
中飯後閱本日文件因喪服記衽二尺有五寸向制度苦
思不得又命紀鴻及吳摯甫代為籌思改信稿數件
旋將制衽法想出摯甫亦另思得一法各為記出閱明史
蔡懋德傳趙南星等五人傳是日接奉 寄諭將首

詰責鬱抑久之二更三點睡三更後成寐四更四點醒

二十日

早飯後清理文件與人圍棋二局見客一次談頗久与幕府閱張皋文喪服四表中飯後金丙亭來久談申正去閱本日文件核批札各稿与幕府友久談小睡片刻柜閱心緒抑鬱譫囈若無所向閱明史袁崇煥等傳於默坐不作一事二更後与王子雲一談三點睡四更四點醒

二十一日

早飯後清理文件見客坐見者二次與人圍棋一局出門拜金丙亭久談午正歸閱王雲禮王味匪申祚心閱本日文件摺差歸閱京信數件京報數十本至幕府久談倦甚小睡旋核批札各稿二更後溫古文識度之屬五點睡尚能成寐五更後醒

廿二日

早飯後清理文件觀人圍棋二局見客一次寫沅弟信一件閱士喪禮中飯後与幕中友一談接澄弟沅弟信閱本日文件見客二次閱元史儒學傳又老儒夕小睡植閱謝海文傳十餘首又借閱通鑑綱目續編十餘葉二更三點睡五更醒

附記

五禮通考　文獻通考　衍義補

元明國朝兵食略　宋元明續鑑

廿三日

早飯後清理文件見客三次圍棋一局又觀人一局閱士喪禮并記未畢午刻見客又一次未初請金可亭便飯甚談申正散閱本日文件竟見客二次核批札稿信夕小睡植核批稿觀吳摯甫張敬堂所為明史說又觀大

戴禮明堂篇二更後与執甫久談戲以說經之法說
話太多舌端蹇澁二更三點睡四更末醒

廿四日

早飯後清理文件見客立見者一次坐見者二次圍棋一
局又觀人一局立見之客二次閱士虞禮特牲饋食
禮至未正止閱本日文件寫對聯七付与幕府一
談核批札稿傍夕小睡核信稿數件閱呂晚
村所選八家文閱紀鴻所讀四書文本二更三點
睡腰疼不甚成寐

廿五日

早飯後清理文件見客立見者四次觀人圍棋二局閱
特牲饋食禮中飯後与幕府友久談見客立見者一次
坐見者一次閱特牲饋食禮核年　送寄令弟進京少
荃暫署欽差關防閱儀禮申未正核批札各稿与

幕夜久談棋与紀鴻兒一談二更後温周易屯卦五
點睡竟夕不能成寐
附記
○沅弟信　○紀澤信带呈文煋儀禮句讀
○少泉信
廿六日
早飯後清理文件見客張敬堂談甚久觀人圍棋二局
午刻見客坐見者一次立見者一次閱儀禮特牲禮寫
少泉信中飯後再閱儀禮因眼乏不眠看書不能入
寫沅弟信一封紀澤信一封閱本日文件核批札
各稿与幕府久談偶夕小睡夜倦甚与鴻兒一論八股
二更後閱易屯卦蒙卦三點睡四更三點醒
廿七日
早飯後清理文件圍棋一局又觀人一局祝奐亭張

敘堂先後久坐。閱特牲禮至申初止。閱本日文件，核批札各稿。與幕府久談二次。傍夕小睡。旋核信稿，寫紈扇一柄。二更後溫訟、師二卦。五點睡，四更五點醒。

附記

○復雲仙信

○復韞齋信

廿八日

早飯後清理文件。見客，坐見者一次，談頗久。圍棋一局，又觀人一局。閱特牲禮畢。中飯後西亭步行來，久談。閱本日文件。寫對聯三付，掛屏四幅，約二百餘字。與幕府一談。核批札各稿。傍夕小睡。旋將桌上叢雜清理良久乃畢。二更後溫易比、小畜二卦。是夕閱東股賊四竄太康一帶。二更五點睡，四更末醒。

廿九日

早飯後出見之客二次圍棋一局又觀人一局与荃帥友一談午刻閱少牢禮中飯後閱本日文件与荃帥客一談寫對聯三付橫披三張約三百餘字扁一幅見客一次談頗久傍夕与荃帥友一談核批札信稿二更後溫易履泰二卦五點睡四更五點醒

廿日

早飯後清理文件見客坐見者三次圍棋二局又觀人一局閱少牢禮坐見之客一次中飯後改信稿一件約五百字与荃帥友一談閱本日文件寫扁三幅核批札各稿傍夕見客坐見者一次立見者一次閱賊匪自陳利未既國家口糧二十餘里營中戒嚴各營於夜間出隊截剿核信稿五件共改五六百字二更後溫易否卦同人大有四點睡四更四點醒

十一月初日

早間雨絕賀揖之客多 接見客二次 早飯後清理文件 圍棋一局 又觀人一局 閱少年鐵倉禮 中飯後至南門外湖廣会館 名爲王宮 金子亭在彼陪同門禮者人 至周家口者黄陂人最多也 申刻歸 閱本日文件 寫劉韞齋信 寫雲仙信 傍夕登城牆一望 本日楊少銘張敬堂等出隊獲勝 賊已從下游渡沙河而南矣 核改摺稿一件 楊張等來久談 二更後溫謡豫二卦 四點睡 四更四點醒

初二日

早飯後清理文件 見客坐見者一次 觀人圍棋一局 改信稿一件 約改四百字 又坐見之客二次 閱少年禮 中飯後與幕友一談 約刻許 屠來久談 閱本日文件 又改信稿一件 寫沅弟信一件 核批一摺二行 傍夕與幕友久談 核批札稿 寫雲字甚多 溫易隨蠱二卦 閱吳摯甫所寫明堂考 二更四點睡 五更醒 是夕尚為美睡

初三日

是日為江太夫人八十二生日在堂歷未設祭見客坐見者三次立見者一次清理文件圍棋一局又觀人一局對仲良來久坐立見之客五次坐見者一次閱少宰禮章又閱有司徹至申正止中飯後與幕府久談閱本日文件酉初寫紀澤信一封令其無庸來營傍夕燈後坐見之客二次談甚久夜核批札各稿二更後溫易臨觀二卦溫韓詩七古四點睡五更醒

初四日

早飯後清理文件見客坐見者一次立見者二次圍棋一局又觀人一局閱儀禮有司徹至申正止中飯後與幕府一談閱本日文件申刻寫對聯七付扁三幅剃頭一次夜核批札各稿甚多二更後疲困之至溫韓詩七古數首二更三點睡四更四點醒

初五日

早飯後清理文件見客一次談頗久圍棋一局又觀人一局與幕府一談閱儀禮有司徹至未正止閱本日文件寫澄弟信申正後寫扁字二十餘個傍夕小睡燈寫零字甚多核批札各稿溫易噬嗑賁二卦寫少泉信二葉未畢二更三點睡三更後成寐五更睡

初六日

早飯後清理文件見客一次圍棋一局又觀人一局閱有司徹寫少泉信一封中飯後與幕府一談再閱有司徹閱本日文件接奉 廷寄令余回江督本任仍擬具疏辭之寫對聯八付傍夕小睡再與幕友一談燈核批札信稿寫零字甚多寫冊頁二幅百餘字溫易剝復二卦溫太史公自序二更四點睡四更五點醒

附記

抄信与沅

初七日

早飯後清理文件圍棋一局又觀人一局坐見客一次寫沅弟信一封閱有司徽至申初閱畢閱本日文件金亦亭求作試律詩序申正為作一首約三百餘字推寫扁字十餘方与幕府久談傍夕至圩壖一看旋核批札稿甚多約改五六百字二更後溫易无妄大畜二卦是日治事太多用心太勞疲乏之至腰疼心亦疼三點睡後深以為苦三更後勉強成寐四更四點醒遂覺筋絡疼痛

初八日

早飯後清理文件圍棋一局又觀人一局見客立見者一次坐見者二次因體中不適本日全不看書不治事但在室中偃仰与幕友閒談而已中飯後閱本日文件自申刻以後久睡直至燈時始起旋閱五禮通考中宗廟時享儀節二更後

不復閱看三點睡屢醒屢寐四更未覺病已減矣

初九日

早飯後清理文件圍棋二局又觀人一局閱五禮通考宗廟時享儀一卷四十葉至未正畢閱本日文件劉仲良金可亭先後來久坐傍夕小睡夜核批札各稿寫冊葉一幅二更後不作一事在室間偃仰閑適閱王船山詩經稗疏裸將黃流在中等條心折無已三點睡三更後夢魘殊甚

初十日

早飯後清理文件圍棋一局又觀人一局見客一次久坐閱宗廟時享儀一卷中飯後劉省三來久坐閱本日文件寫扁字十餘方與幕友久談傍夕小睡夜核批札稿寫雨亭函信約二百餘字二更後溫古文識度之屬三點睡三更成寐五更醒

十一日

早飯後清理文件圍棋一局又觀人一局蟄笛仙來久談閱宗廟時享儀僅五葉見客一次中飯後與芾友一談下晡亭來久談至傍夕始去又與芾友一談擬閱本日文件疲乏殊甚因說話太多舌端蹇滯核批札多稿二更後偃息室中不復治事三點睡四更四點醒

十二日

早飯後清理文件圍棋一局又觀人一局見客三見者二次王耆鳳來久坐又坐見客一次閱宗廟時享儀畢卷請蟄笛仙便飯久談閱本日文件坐見客一次與芾府一談擬核批札稿二更後溫易頤大過二卦三點睡上齶右輔一莊齒久已將脫僅掛一絲者又半年矣至是脫去四更醒於又漸睡

十三日

早飯後清理文件，圍棋一局，又觀人一局。見客，坐見者一次。閱宗廟時享儀十一葉。中飯後與幕友談二次，與彭笛仙談一次。閱本日文件，核批札信稿。旋笛仙又來一談。核批札各稿。二更後溫坎離二卦。三點睡，三更後成寐，五更醒。

十四日

早飯後清理文件，圍棋一局，又觀人一局。見客，坐見者一次。閱宗廟時享儀。午刻劉仲良來，久坐。中飯後與幕府一談。閱本日文件，極少。閱宗廟時享儀，至酉刻畢，酌加題識。王孝鳳來久坐。旋核批札信稿〻信，約改四百餘字。二更後溫易咸恆二卦，倦甚。閱鴻兒在鄂所為文三首。小睡。三點睡，五更醒。

十五日

早間絕賀望之客。飯後清理文件，圍棋一局，又觀人一局。見客，坐見者二次。閱宗廟時享儀，至中飯後畢。閱本日文件。劉仲良來久坐，閱錢楞仙制藝十餘首，與幕府久談。傍夕供帳，為明日拜牌之所。核改摺稿一件，約改四百餘字，疲乏殊甚。二更後小睡，三點睡，幸尚成寐，四更三點醒。

十六日

早飯後清理文件，圍棋一局，又觀人一局。閱宗廟時享漢魏晉宋梁共三十三葉。中飯後與幕府友一談。金眉生之世兄慶瀾來見，一談。閱本日文件，改摺稿一件。傍夕與幕府友久談。核改信稿三件，約改三百餘字。二更後疲乏殊甚。溫韓詩七古二十餘首。二更三點睡。是日五更三點起，未明冬至慶賀禮，昨日間治事甚多，睡後幸尚成寐，四更一點即醒，為時太驟，老境益增

十七日

早飯後清理文件，圍棋一局，又觀人一局。閱宗廟時享陳及三

敘隋唐與幕府友一談，中飯後又一談，閱本日文件頗多，蓋發二摺三片，核批札各稿，傍夕與幕府友久談，旋與彭笛仙一談，核信稿多件，二更後溫古文氣勢類，點三更睡，四更後成寐，五更醒，旋又成寐

十八日

早飯後清理文件，圍棋一局，又觀人一局，見客一次，寫少泉信一件，改信稿二件，中飯後與幕府友久談，閱本日文件，見客，立見者一次，坐見者二次，核批札稿，核信稿多件，傍夕與幕府友久談，擬寫紀澤信一件，核批札稿，二更後溫易遯、大壯二卦，旋選劉蒙數首，將令紀鴻及叶甥抄讀

十九日

早飯後清理文件，圍棋一局，又觀人一局，閱士喪禮，因前次未將張蒿庵本圈點，故此次補加圈點，未正畢，閱本日文件，將欽差大臣關防封好，派文武二員賫送徐州交李帥

祇領閱紀鴻所選制藝三十篇半多以辭掩意者相藝
不明廓大顢頇之心擬另選二三十首傍夕與幕友久
談旋批核札信稿二更後溫易晉明夷二卦三點睡四
更一點睡旋又小睡

廿日

早飯後清理文件圍棋一局又觀人一局至幕府一談
閱既夕禮中飯後將五禮通考喪禮題識一冊殊覺倦
至核批札各稿傍夕與幕友一談旋核信稿二件二更
後溫易家人睽二卦是日未刻閱本日來文僅一件閱通
之至惟看書稍多眼覺倦之極間不能多治事向來
用心過則夢魘二更三點上床甫成寐即夢魘矣
竟夕不得佳眠

廿一日

早飯後清理文件圍棋二局至幕府一談閱既夕禮并記申

初畢閱本日文件 核批札稿 寫沅弟信 未畢 與彭宙仙一談 燈後李芋泉來一談 將沅弟信寫畢 并查弟履歷兩本 諭旨於溫項羽本紀一過 二更後溫易蹇解二卦 疲倦殊甚 三點睡 三更後成寐 五更醒

廿一日

早飯後清理文件 圍棋一局 又觀人一局 見客坐見者一次 立見者一次 與幕府一談 閱五禮通考中喪服篇補加題識 中飯後見客坐見者一次 立見者二次 閱本日文件 與幕府友久談 閱喪服二十葉 傍夕打聯子 近每日養一時常打聯子 未及寫記 每日早飯中飯後小走若干步 亦課寫記也 夜核批札各稿 溫史記荊軻傳 二更後溫易損益二卦 閱路閏生文數首 二更三點睡 四更四點醒 醒後又小睡片刻

廿二日

早飯後清理文件見客坐見者三次立見者二次圍棋一局又觀人一局閱喪服幕補加題識至申正始畢中飯後與仲良等未一坐閱本日文件寫李少泉信一件 接澄弟十月三十日信紀澤十一月初三日信又接沅弟二十日信內有筠仙一信議論透快傍夕與幕友久談核批札信稿寫零字甚多二更後溫易夬姤二卦 三更點睡四更五點醒

廿四日

早飯後清理文件圍棋一局又觀人一局見客坐見者一次閱喪服幕喪禮或問補加題識中飯後至幕府一談閱本日文件寫對聯十付申刻少泉仲良省三來一談良久傍夕去又與幕友一談核批札稿信稿旋令孫甚二更後溫易萃升二卦旋又閱小說十葉三點睡五更二醒是夕可謂佳眠

廿五日

早飯後清理文件見客坐見者三次圍棋一局又觀人一局閱
大夫士廟祭一卷廿九葉中飯後始畢与希帥申一談計希村未
久談閱本日文件寫對聯六付橫披一幅核批札各稿傍夕又
与希帥友一談核寫雁字甚多近覺小楷少有長進改
摺稿一件即鄂省鋪簡明清單摺也約改三百字二更後溫易
困井二卦三點後稍睡成寐四更三點即醒是夕睡殊不甜

廿六日

早飯後清理文件見客坐見者一次圍棋一局又觀人一局
坐見之客二次閱儀禮特牲饋食將五禮通考二卷補加
題識至中飯後畢与希帥友一談閱本日文件見客坐
見一次閱時文二千餘首將選与兒姪輩讀傍夕与希帥府久
談在閱墨選觀止二十餘首稚核批札信稿二更後溫易
革鼎二卦接澄弟十一月十一日信紀澤兒六月有[illegible]

知全眷於初十日到家大小平安三點睡是日疲乏極間
夢魘仍無佳眠

廿七日

早飯後清理文件見客未見者一次互見者二次圍棋一局
又觀人一局對省三所作各體詩求加題識為題二百餘
字於卷首午刻未見者一次閱少牢饋食有司徹
中飯後酌加題識閱本日文件省三等來久坐於丞
幕府邀談寫對聯六付傍夕閱時文數首檢核批札
信稿二更後溫易震艮二卦聞鴻兒言每日多吐濃
痰為時已久為之懸系三點睡改蓋新厚被因昨
夕被略薄本日不適也

廿八日

早飯後清理文件摺差自京回帶有京信邸抄細閱一過
內有御史穆緝香阿劾守之摺奉　旨著劉聯雅圖抵

一局，又觀人一局。巳午初，坐接沅弟信，知鄭子美在德安獲一勝仗。閱大夫士廟祭一卷。中飯後與幕友久談，閱本日文件，寫對聯六付，祭幛二幅，寫紀澤兒信一件。接年廷寄，仍令余回江督本任。傍夕與幕友一談，核批札各稿。彭笛仙來久談。二更後溫易，漸、歸妹二卦。三點睡，不甚成寐。

附記

湖北抄祝易

廿九日

早飯後清理文件，見客一次，圍棋一局，又觀人一局。閱五禮通考中士大夫廟祭十葉。未正至幕府一談，閱本日文件，與彭笛仙一談，核批札各稿。傍夕與幕府一談，核改瓊尹筆畫信，約五百餘字。申刻寫冊葉二幅，約二百字。二更後溫易，豐、旅二卦。三點睡，三更二點後始略

成寐後点属理

附記

寫笛仙横披　開李眷譚四湘禮單　核銘保單

三十日

早飯後清理文件見客一次圍棋一局又觀人一局閱士大夫家祭中書儀等篇十一葉午正坐見之客一次未正閱書單接京信數封与英帥友一談閱本日文件開單送禮數處寫款笛仙横披一幅约二百餘字傍夕与英帥友久談旋核批札稿寫內子信未畢笛仙來一談核銘營保單二更後溫易巽兌二卦三點睡不甚成寐新棉被太厚太硬五更令人更换仍未甜睡

十二月初一日

早飯後見客一次清理文件圍棋一局又觀人一局閱五禮通考中朱子家禮祭禮至申刻始畢午刻坐見之客二次

將家信寫畢。中飯後與幕府一談，料理李翥漢回湘事。旋見客二次。閱本日文件。核批札各稿。傍夕，又與幕友一談。極核保單二件，改摺稿一件，約改四百字。二更後溫易渙節二卦。三點睡，不能成寐。是日接沅弟信、郭軍有四營不穩之說，為之憂灼。

初二日

早飯後清理文件。見客，坐見之客一次。圍棋一局，又觀人一局。閱朱子祭禮，至申正畢。午刻往見之客一次。中飯後與幕友一談。閱本日文件。寫沅弟信一件。又接沅信，言郭軍廿六日阜市之戰互有勝負，尚無妨礙。申正核批札各稿。酉刻與幕府一談，極核改摺稿一件、片稿二件。二更後溫易中孚、小過二卦。三點睡，不甚成寐。

初三日

早飯後清理文件。圍棋一局，又觀人一局。閱大夫士家祭

一卷至申刻畢中飯後至莘帥府一談閱本日文件見客一
次核批札各稿剃頭一次又與莘帥友芝談柏蔭根二摺
三片一保單閱四書文十餘首二更後溫易既濟
未濟二卦三點睡不能成寐五更醒

初四日

早飯後清理文件見客一次圍棋一局又觀人一局閱五
禮通考中冠禮至中飯後止與莘帥友一談閱本日文
件寫少泉信寫沅弟信又與莘帥友一談核批札
各稿粗閱四書文十餘首二更後溫繫辭上傳九
章三點睡

初五日

早飯後清理文件圍棋一局又觀人一局閱冠禮八葉中飯
請唐煥章金度瀾便飯未刻閱本日文件至莘帥府一
談核批札各稿寫雲仙信未畢傍夕又與莘帥友久談

核寄雲仙信年約五百餘字旋閱江鄭堂漢學師承記二
更二點後眼蒙不能再看三點睡三更後成寐

初六日

早飯後清理文件圍棋一局又觀人一局寫澄弟信一封
閱冠禮半坐見之客一次中飯後又坐見者一次與幕府
一談再閱冠禮寫對聯八付傍夕與幕府友久談核批札
信稿二更後溫易經繫辭上傳畢三點睡三更成寐五更醒

初七日

早飯後清理文件圍棋一局又觀人一局閱冠禮二十葉疲
困殊甚神不清爽看書不能入理至幕府一談中飯後閱本
日文件又至幕府一談王孝鳳來一談寫對聯八付改信稿
數件核核批銷簡明清單又改信稿十餘件二更後
溫易經繫辭下傳三點睡尚能成寐四更三點醒醒後又
小寐片刻五更一點醒

初八日

早飯後清理文件見客一次圍棋一局又觀人一局閱開元禮皇帝及皇太子冠申刻始畢僅閱十葉益覺目光素鈍係求精審稍遲遲矣常也中飯後與幕府久談閱本日文件寫挂屏四幅約三百字寫對聯一付傍夕與吳摯甫等一談渠本日作讀荀子一首甚有識量也核核批札各稿核定送同鄉京官炭敬單二更後溫易雜卦傳至末祝氏所刻程傳朱義呂氏音訓至是溫一編矣閱祝氏此版現存漢口當多買幾部編給家中子姪三點睡四更未醒

初九日

早飯後清理文件坐見之客一次圍棋二局又觀人一局巳午初矣甚矣稽之費日力也閱冠禮開元禮見其所撰與呂與儀禮不合者至申正畢中飯後至幕府一談閱本日文

件申刻寫對聯罷至慕巾府一談核核批札各稿再閱
京官單二更後温杜公七律古三點睡不甚成寐
附記
五朝紀覽一歲　　五禮通考二歲
文獻通考一歲　　皇食考略一歲
初十日
早飯後清理文件圍棋一局又觀人一局閱宗世魁禮酌加批
識至申刻始畢中飯後与慕巾友久談閱本日文件旋
核批札各稿傍夕又与慕巾友久談寫少泉信一封 旋改劉
壽卿信改京信數件二更後温古文氣勢之屬二更三
點睡四更四點醒是日始嚴寒硯冰筆凍望雪甚殷陽
天皆有雪意而竟不成雪自八月至今五个月甘雨無雪
麥不能下種明歲必大災歎憂灼曷極
十一日

早飯後清理文件圍棋一局又觀人一局閱冠禮十葉至
未刻止中飯後至幕府一談閱本日文件見客坐見者二
次立見者二次寫寸大楷書百餘因紀鴻字畫不圓故書以
示之添京信五書中改一葉式二葉寫對聯三付與幕友
久談核批札各件料理京信等至二更後溫古文辭
賦類二更三點睡五更醒

附記
偉勇一案　　審考式

十二日
早飯後同禮拜發元旦賀摺清理文件圍棋二局又觀人一
局又添信一葉清理京信二十餘件見客坐見者二次立見者
一次中飯後至幕府一談閱本日文件接沅弟初七初八及
初九夜信知郭子美軍於初七日在媽陸之四口挫敗夏炳
之亟既慮弟名之日損又慮流寇日熾不可收拾也傷

談与幕客久談旋核批札各稿信甚不能治事二更後寐三點睡三更二點成寐五更醒

十三日

早飯後清理文件圍棋一局又觀人一局閱五禮通考中冠禮至未正畢中飯後見客一次与幕府久談閱本日文件核批札各稿傍夕又与幕友一談旋寫大楷書百字核批札信稿頗多二更後倦甚不願治事閱古文略數首三點睡四更醒醒後又成寐數刻

十四日

早飯後清理文件圍棋一局又觀人一局閱昏禮一卷至未正畢酌加題識中飯後与幕友一談閱本日文件悉陝西之戰由臨潼渡至渭北憂灼之至閱陸淳春秋纂例蘇轍集解傍夕又与幕友久談旋核批札信稿寫大楷百字二更後溫蘇詩七律四點睡四更三點醒

十五日

早飯後清理文件 圍棋二局 又觀人一局 午刻閱儀禮士昏禮 至申初止 僅閱十葉 中飯後至幕府一談 閱本日文件 寫對聯九付 傍夕與幕府久談 核批札各稿 二更後溫蘇詩七律 寫大楷一百 二更三點睡 三更二點成寐 四更末醒 旋又漸成寐

十六日

早飯後清理文件 見客一次 談頗久 圍棋一局 又觀人一局 與幕府談二次 計甫村未久談 中飯後閱本日文件 坐見之客一次 閱士昏禮 至申正畢 寫對聯三付 又與幕府久談 大聲風震如吼 驚沙漲霧 一片迷濛 久旱六月 明歲荒歉 流寇又將日增 此歲諸軍五万人入楚 合之鄂軍將七万人 乃鄂軍西潰挫衂 而皖軍未及一戰 深為可惜 而余以衰病 肩任不獲 咎遂無辭 則此風聲震撼百憂

文集不計 自黃框核批札各稿核老湘營保單 核各稿

件二更後温蘇詩七律三點睡

十七日

早飯後清理文件圍棋一局又觀人一局見客坐見者一次閱

昏禮二十葉中飯後至莘巾府一談閱本日文件核各保

單 傍夕與莘巾府久談框字大楷一百字核批札各稿二

更後温蘇詩七律四點睡四更未醒

十八日

早飯後清理文件見客坐見者一次圍棋一局又觀人一局閱

昏禮十餘葉中飯後至莘巾府一談閱本日文件抄儀禮詁

刊 詁類記見客一次傍夕與莘巾府久談框摺十二十三日四次 寄

諭澤侄與沅弟約五百餘字核批札各稿二更後温東坡

七律四點睡竟夕不甚成寐

十九日

早飯後清理文件，見客一次，圍棋一局，又觀人一局，閱五禮
通考中士相見禮二十葉。中飯後與幕府一談，閱本日文
件，錄詁訓類記，傍夕與幕友久談，核批札信稿甚多。
二更後溫蘇詩七律，三點睡，尚能成寐，五更醒。秋冬亢
旱，五个月天氣過暖，昨日下雪寸許，本日始有寒意，檐間
則頗寒矣。

廿日

早飯後清理文件，圍棋一局，又觀人一局，閱士相見禮。
中飯後閱本日文件，至幕府一談。接沅弟十三、十四日兩
信，云各軍被圍於沙港，焦灼之至。寫霆信一封，甫畢，
又接十六日兩信，云十一日鏖戰獲勝，為之少慰，然賊已東
竄，下游甚為可慮。又寫少荃信一封。傍夕與幕府一
談，核改摺稿、片稿各一件，約改五百字。二更後溫蘇詩
七律，三點睡，四更三點醒，稍又小寐。

廿一日

早飯後清理文件 圍棋二局 見客坐見者一次 立見者二次 改信稿數件 閱五禮通考中軍制 未刻看讀 中飯後坐見之客三次 至希帥府久談 閱本日文件甚多 寫對聯九付 又與希帥府久談 粗核批札各稿 發秋三摺五件一條 單溫蘇詩七律畢 東坡七律共五百餘首 向所選十八家詩鈔中全數抄之 此次約選一百五十七首 將另行抄錄 以為三復之本 二更後溫古文識度之屬 三點睡 三更二點成寐 五點醒

附記

再與少泉信

抄後另催兩信

廿二日

早飯後清理文件 圍棋二局 閱軍制數葉 寫沅弟信一件 中飯後與希帥府久談 閱本日文件極多 寫對聯九付

傍夕又与蒋中府久談在寓大楷一百核批札各稿二更
後温放翁七律三點睡尚能成寐五更醒

廿三日

早飯後清理文件圍棋二局寫少泉信約三百字寫紀澤信
約五百字閱軍制於遂人匠人之說多不能通改閱鄉飲
酒禮於申初閱畢至蒋中府一談閱本日文件申正寫
對聯八付添郭意城信二葉傍夕与蒋中府久談在核批
札信稿二更後閱放翁七律三點睡四更醒甚大汗
旋又少成寐

附記

改平右信稿　　心到碑　　定東單

廿四日

早飯後清理文件圍棋一局又觀人一局見客坐見者二次
閱鄉飲酒禮至申初心請金世兄便飯飯後閱本日文件

中刻寫對聯九付傍夕又與幕府久談燈後核批札信稿甚多二更後溫小杜七律又選蘇陸二家詩之可為對聯句共三點睡三更後成寐五更醒余數十年來常於夢於小河淺水中行舟動輒膠淺間或於陸地村徑中行舟每自以為涉世艱難之象本夜則夢舟行山上艱難殆又有甚於前此者錄以志之

廿五日

早飯後清理文件圍棋二局閱鄉飲酒禮草中飯後閱本日文件閱十二月邸鈔與幕府久談寫沅甫信添毛寄雲信共五百餘字寫對聯九付又與幕府一談燈後核批札稿添朱久香信一葉二更後溫杜公七律四點睡尚能成寐

廿六日

早飯後清理文件圍棋一局又觀人一局見客坐見者一次

竟甚一次閱鄉飲酒承中飯後與幕中前久談飯後
閱本日文件寫寸大楷字二百又至幕中府將軍單細核
考正月移營之用寫對聯十付見客坐談甚一次閱倘
夕又與幕中友久談夜又寫楷字二百前寫二紙與鴻兒二紙與
叶錫以述幕年來來日所寫四紙寄瑞姪官姪各二紙核批札
信稿頗多二更後溫杜公及王右丞五言律詩三點睡五更
醒

廿七日

早飯後清理文件見客多次談頗久圍棋一局又觀人一局
與幕中友久談閱鄉射禮至申初平中飯後閱本日文件
申刻寫對聯七付橫披一幅約百餘字傍夕與幕中友久談夜
核批札各稿是日接沅弟廿四日信言十九二十日接仗獲勝為之一
慰午初後信并將審考式書人送去夜核信稿頗多二更
後溫文選蜀都賦三點睡三更成寐四更四點醒

廿日

早飯後清理文件坐見之客多一次圍棋一局又觀人一局接沅弟
信知張總鎮樹珊於廿一日陣亡傷悼憂灼不能自已旋寫信
於少泉約六百字閱鄉射禮申刻畢與幕府友久談閱本日
文件閱劉印渠為其父母行述未畢見客一談次久核批
劉家行述閱畢洵盛德長者也將改莪士誌眼蒙不能起
草核批札各稿二更後不能治事念捻匪猖獗如此大局竟
難挽回百感交集三點睡五更醒在近日可為美睡

廿二日

早飯後清理文件坐見之客三次臨朝霖談頗久淮寧令瓚之子
也圍棋二局天已晏竟未看書寫添李次青信三葉中飯後
與幕府久談閱本日文件將改劉太公莪士碑久未下筆鞠
少仲新送筆五支試用寫二寸大之書二百餘字偏與幕友
久談擬寫墨字甚多改莪士碑僅數十字文思艱澀之至不堪

偶然機滯耶抑衰老而心血已枯耶 三點二更睡四更未醒

廿日

早飯後清理文件 圍棋一局 又觀人一局 接沅弟廿六七
日兩信 知鄂撫署中五福堂於廿二日發明焚燒 幸人口無
恙 上房無恙 然受驚不小矣 核改蕓生碑 至夜二更止
約改六百字尚未完 午中飯後閱本日文件 至幕府鬯
談 寫大楷百字 剃頭一次 傍夕又与幕府鬯談 夜寫零
字頗多 二更後核批札各稿 本年治軍之象無成效
捻匪較去冬之勢更盛 殊為焦灼 惟一年看書未甚
間斷 三禮略有所得 二更三點睡 四更四點醒